AF613963

PROBLÈMES D'ALGÈBRE

ET

EXERCICES DE CALCUL ALGÉBRIQUE

AVEC

LES SOLUTIONS

PAR G. RITT

Ancien élève de l'École normale supérieure, Inspecteur général de l'Instruction publique

OUVRAGE AUTORISÉ

PAR LE CONSEIL DE L'INSTRUCTION PUBLIQUE

CINQUIÈME ÉDITION

PARIS

LIBRAIRIE DE L. HACHETTE ET Cie

RUE PIERRE-SARRAZIN, N° 14

(Près de l'École de médecine)

1860

PROBLÈMES

D'ALGÈBRE

ET

EXERCICES DE CALCUL ALGÉBRIQUE

AUTORISATION UNIVERSITAIRE.

Extrait de la lettre adressée à M. Ritt pour lui notifier la décision du Conseil de l'Instruction publique, relative à ses Problèmes d'Algèbre.

Paris, le 31 janvier 1837.

« Monsieur,

« Le Conseil de l'Instruction publique a examiné, dans sa séance du 30 décembre dernier, l'ouvrage intitulé *Problèmes d'Algèbre et Exercices de calcul algébrique*, que vous avez présenté à l'adoption universitaire.

« Le Conseil a décidé que l'usage de cet ouvrage est autorisé pour l'enseignement dans les colléges.

« Cette décision sera notifiée incessamment à MM. les recteurs des diverses académies.

« Recevez, Monsieur, l'assurance de ma parfaite considération.

« Pour le Ministre de l'Instruction publique,

« Le conseiller, vice-président,

« VILLEMAIN. »

Paris. — Imprimerie de Ch. Lahure et Cie, rue de Fleurus, 9.

PROBLÈMES
D'ALGÈBRE.

PREMIÈRE PARTIE.

PROBLÈMES D'ALGÈBRE ET EXERCICES DE CALCUL ALGÉBRIQUE.

VALEURS NUMÉRIQUES DES QUANTITÉS ALGÉBRIQUES.

Calculer la valeur numérique des polynômes suivants pour des valeurs déterminées des quantités littérales.

1. 2. x^3+5x^2+7x-6 $\quad$ $x^4+ax^3-a^2x^2+a^3x-a^4$

pour $x=2$. $\quad$ pour $x=5$, $a=3$.

3. $ax^3+bx^2-a^2x+b^2x-abx+a^3-3a^2b+b^3$,

pour $x=5$, $a=4$, $b=4$.

4. 5. $\dfrac{5x^2+48x-18}{2x^2-15x+27}$ $\quad$ $\dfrac{5x^3+12ax^2+8a^2x-9a^3}{4x^2+7ax-3a^2}$

pour $x=6$. $\quad$ pour $x=2$, $a=3$.

6. $\dfrac{2ay^3+5a^2y^2-7a^3y+4a^4}{5a^2y^2+7a^3y-8a^4}$

pour $a=5$, $y=4$.

7. 8. $x = \frac{5a + 3b - 2c}{a^2 + 3(b - c) - 4}$ $\qquad y > \frac{3h^2 - 8kh + 7k^2}{h^3 - 13h^3}$

pour $a = 8$, $b = 7$, $c = 6$. $\qquad$ pour $h = 10$, $k = 4$.

9. $$z < \frac{5a^2 - 3b^2}{4a^3 - 9a^2b - 7ab^2 - 20b^3}$$

pour $a = 2$, $b = \frac{1}{2}$.

ADDITION DES QUANTITÉS ALGÉBRIQUES.

Faire les additions suivantes.

10. 11. $7a-5b+3c$ $\quad$ $5a+4b-3c-7d+8$
$2a-3b-7c.$ $\quad$ $3a-12b+7c-10d-4.$

12.
$$\begin{array}{l} 12b-3c-7m+3n \\ -3b+8c-2m-9n+5h. \end{array}$$

13.
$$\begin{array}{l} 16a-5b+10c-9d \\ 3a+18b-5c-7d+3e \\ -7a-2b-3d+5e-9f \\ 11a-3b+2c+8d+7f. \end{array}$$

14.
$$\begin{array}{l} 7x-6y+5z-a+3 \\ -x-3y-a-8 \\ -x+y-3z+7a+1 \\ -2x+3y+3z-a+1 \\ x+8y-5z+a+9. \end{array}$$

15.
$$\begin{array}{l} 4a^3-5a^2b+7ab^2-9b^3 \\ -2a^3+4a^2b-2ab^2-4b^3 \\ 6a^3-10a^2b+8ab^2+10b^3 \\ -3a^3-8a^2b+5ab^2-8b^3. \end{array}$$

16.
$$\begin{array}{l} 5a^4+3a^2b^2c-7ab^4 \\ -6a^4+2a^2b^2c-17ab^4 \\ +9a^4-8a^2b^2c-10ab^4 \\ +3a^4-5a^2b^2c-7ab^4. \end{array}$$

17. $ax^m+bx^m+cx^m+dx^m+ex^m.$

18.
$$10^4+2.8^3-9.7^2+12.6$$
$$3.10^4-8.8^3-5.7^2+15.6$$
$$7.10^4-2.8^3+4.7^2-17.6$$

19.
$$3x^m+7x^{m-1}+9x^{m-2}-12x^{m-3}+\dots$$
$$2x^m+8x^{m-1}+7x^{m-2}-7x^{m-3}+\dots$$
$$x^m-4x^{m-1}+4x^{m-2}-9x^{m-3}+\dots$$

20.
$$ax^3+abx^2+a^2bx$$
$$px^3-pqx^2+p^2qx$$
$$-rx^3+rsx^2+s^3x.$$

21.
$$ax^k+a^2x^{k-1}+a^3x^{k-2}+a^4x^{k-3}+\dots$$
$$+x^k+6x^{k-1}-b^4x^{k-2}+8x^{k-3}+\dots$$
$$-2x^k+7x^{k-1}-a^2bx^{k-2}+b^4x^{k-3}+\dots$$

22. x représentant un nombre, exprimer le nombre qui le surpasse de a.

23. Une personne qui possédait une fortune exprimée par x reçoit en deux héritages les sommes a et b : combien possède-t-elle actuellement ?

24. En désignant par x l'âge actuel d'une personne, comment exprimer l'âge qu'elle aura dans 20 ans ?

25. On a partagé un héritage entre trois personnes ; la deuxième a eu a francs de plus que la première, et la troisième b francs de plus que la deuxième : exprimer la valeur de l'héritage, la part de la première étant x.

26. On a vendu une marchandise, avec un bénéfice de a francs, à une personne qui la revend, avec bénéfice de b francs, à une autre personne qui gagne c francs en la revendant à son tour : exprimer le prix auquel la marchandise a été vendue la dernière fois, x étant le prix d'achat.

27. Un négociant a gagné, pendant quatre années consécutives, une somme a chaque année, pendant trois autres années une somme b : son capital primitif étant x, exprimer son capital actuel.

28. On a fait quatre achats : le deuxième a coûté a francs de plus que le premier ; le troisième, b de plus que le deuxième ; le quatrième, c de plus que le troisième. Le premier achat ayant coûté x francs, combien a-t-on dépensé en tout ?

29. Les trois chiffres d'un nombre sont tels que le chiffre des dizaines surpasse de 2 le chiffre des unités, et celui des centaines surpasse de 3 celui des dizaines : quelle est la somme des chiffres, x étant le chiffre des unités ?

30. Dans un rectangle, le grand côté surpasse de a mètres le plus petit, quel est le contour, x étant le plus petit ?

31. Deux nombres de trois chiffres sont tels que le chiffre des dizaines du premier surpasse de a celui des unités, et celui des centaines de b celui des dizaines ; dans le deuxième le chiffre des dizaines surpasse de a' celui des unités, et celui des centaines surpasse de b celui des dizaines : le chiffre x des unités étant le même dans les deux nombres, exprimer la somme des six chiffres.

SOUSTRACTION DES QUANTITÉS ALGÉBRIQUES.

Faire les soustractions suivantes.

32. 33. $3x-2a+6$ $\quad 12a-b+9c-3d$
$2x-7a-3.$ $\quad 7a-5b+9c-10d+12.$

34. $-7f+3m-8x$
$-6f-5m-2x+3d+8.$

35. $-14b+3c-27d+3e-5f$
$7a+3b-5c-8d-12e+7f.$

36. $(32a+3b)-(5a+17b).$

37. $(-8a+5b-3c)-(7a-3b-2c).$

38. $(a+b)-(2a-3b)-(5a+7b)-(-13a+2b).$

39. $(5a^3-4a^2b-4ab^2+8b^3)-(2a^3-5a^2b-6ab^2+b^3).$

40. $15a^4-18a^3b+17a^2b^2+11ab^3-9b^4$
$7a^4-13a^3b-19a^2b^2+20ab^3-10b^4.$

41. 42. ax^3+bx^2+cx+d $\quad ax^4-bx^3+cx^2-dx+e$
$mx^3-nx^2-px+q.$ $\quad x^4-3x^3-7x^2+8x-9.$

43.
$x^{m+1}+ax^m+a^2x^{m-1}+a^3x^{m-2}+a^4x^{m-3}+\ldots.$
$x^{m+1}-(m+1)ax^m-(m-1)a^2x^{m-1}+(m+1)a^3x^{m-2}-(m-1)a^4x^{m-3}+\ldots.$

44. Une personne qui possédait x francs en a perdu a : combien lui en reste-t-il ?

45. Quel était, il y a neuf ans, l'âge d'une personne dont l'âge actuel est exprimé par x?

46. La somme de deux quantités étant représentée par s, si l'une de ces quantités est exprimée par x, quelle sera l'autre?

47. La valeur en degrés de l'un des angles d'un triangle étant a, exprimer la somme des deux autres angles (la somme de 3 angles vaut 180°).

48. Une personne, allant chez son créancier pour lui payer une partie a de sa dette x, rencontre en route une autre personne, à qui elle donne une somme b, et remet le reste à son créancier : exprimer ce qui lui reste de sa dette.

49. Un commissionnaire porte un nombre de vases exprimé par x, il en remet un nombre a à un autre commissionnaire qui en avait déjà le double de ce qu'il portait : combien chacun d'eux en porte-t-il actuellement?

50. A dit à B : Donne-moi a de tes francs, puisque tu en as 3 fois autant que moi, et moi j'en donnerai b à C, qui en a c de moins que moi : cela fait, exprimer ce que chacun possède, x, représentant ce que possédait A.

51. D'un jeu de 32 cartes on tire d'abord x cartes et 3 de plus ; une seconde fois on en tire le double de ce qu'on en a tiré, et 4 de plus : exprimer ce qu'il en reste.

52. A possède a francs ; B, b francs : ils mettent

en commun leurs fonds, et dépensent à trois reprises différentes une somme inconnue, x. Au moment de se séparer, A prend une somme c, et laisse le reste à B; combien?

53. Dans un mélange composé de deux substances A et B, et pesant a kilogrammes, dont b de A, on ajoute un nouveau poids c de A, et on tire d de B: combien en reste-t-il de B? et quel est le poids du mélange?

54. J'ai dans la main gauche 3 pièces de plus que dans la droite; j'en prends 5 de celle-ci pour les mettre dans la première: combien y en a-t-il dans chacune, x représentant le nombre de pièces de la droite?

55. Des trois angles d'un triangle, A, B, C, B est plus petit que A de a degrés: exprimer la valeur de C, x étant le nombre de degrés de A.

MULTIPLICATION DES QUANTITÉS ALGÉBRIQUES.

Effectuer les multiplications suivantes.

56. 57. 58. $3a \times 5b$. $7a^2 \times 8ab$. $12a^3b \times 7a^2bc^2$.

59. 60. $-5abc \times 8abd$. $14a^2bcx \times (-8ab^3x)$.

61. 62. $7ab \times 8a^2 \times 7bc$. $(6a + 2b - 8c)7a$.

63. $(-5a^2 + 3ab - 8b^2)(-9ab)$.

64. 65. $(a+b)(a+b)$. $(a-b)(a-b)$.

66. 67. $(a+b)(c+d)$. $(a+b-c)(d-e)$.

68. $(2a-3b-8c-d+9e)(7f+2g-h)$.

69. $(a+b)(a-b)$.

70. $(5ab+3ac-4bc)(7ab-18ac+2bc+d)$.

71. $(x^2-3x-7)(x-2)$.

72. $(4a^2-16ax+3x^2)(5a^3-2a^2x)$.

73. $(a^2+a^4+a^6)(a^2-1)$.

74. $(a^4-2a^3b+4a^2b^2-8ab^3+16b^4)(a+2b)$.

75. $(7a^3-5a^2b+6ab^2-2b^3)(3a^4-4a^3b+16a^2b^2)$.

76. $(a^5-5a^4b+10a^3b^2-10a^2b^3+5ab^4-b^5)(a^3-3a^2b$
$+3ab^2-b^3)$.

77. $(5a^3b^3c^2-6a^4b^2c^5+7a^8b^5c^6)(2a^3b^3c^2+3a^4b^2c^5-6a^7b^4c^3)$

78. $(a^m + b^p - 2c^n)(2a^m - 3b).$

79. $(3x^2 - 5x + 7)(x + 4) + (2x^2 - 8x + 3)(x - 5).$

80. $(2x^2 + ax - a^2)(x^2 + 2ax - a^2) - (x^2 + 3ax - 2a^2)$ $(x^2 - a^2).$

81. $[x^3 + (a+1)x^2 - (a^2 + 2a - 3)x + (a^3 - 5a^2 + 8a$ $- 7)][x^2 + (a - 1)x + (a^2 - 3a + 1)].$

82. $[y^3 + (a + b)y^2 + (a^2 - b^2)y + a^3 - 3a^2b + 3ab^2$ $- b^2][y^2 - (a - b)y + a^2 - 2ab + b^2].$

83. Exprimer le quintuple de l'âge qu'une personne a eu il y a sept ans, x étant l'âge actuel.

84. Un ouvrier, payé d'abord à raison de x francs par jour, a reçu une augmentation de paye de a francs pendant n jours : exprimer la somme qu'il a reçue pendant tout ce temps.

85. Exprimer algébriquement un nombre qui, divisé par 11, donne pour reste 5, x étant le quotient inconnu.

86. Deux marchands ont vendu, le premier, a kilogrammes, le second b kilogrammes, d'une même marchandise; le second l'a vendue m francs de plus le kilogramme que le premier : exprimer le prix de vente pour ces deux marchands, x désignant le prix auquel le premier a vendu le kilogramme, et la somme totale de ce que les deux marchands en ont retiré.

87. On a fait un mélange de trois sortes de vin; le litre de la deuxième coûte a francs de plus que la première, et la troisième, b de plus que la deuxième;

il y en a m litres de la première sorte, n de la deuxième, p de la troisième : quel est le prix total du mélange, x étant le prix du litre de la première espèce ?

88. Exprimer algébriquement la valeur d'un nombre de 3 chiffres, x, y, z, dans le système décimal ; exprimer ce nombre renversé.

89. Exprimer algébriquement un nombre de 5 chiffres, a, b, c, d, e, dans un système quelconque dont la base est x.

90. En multipliant un polynôme de m termes par un autre de n termes, combien y aura-t-il de termes au produit, en supposant qu'il n'y ait pas de réduction ?

91. Une personne a un certain nombre x de jetons dans la main droite et 4 de plus dans la main gauche ; elle double le nombre de ceux qu'elle a mis dans la main droite, et triple le nombre de ceux qu'elle a dans la main gauche : exprimer le nombre de jetons qu'elle a actuellement dans les deux mains.

92. Combien de plus dans la main gauche que dans la droite ?

93. Trois fontaines coulent successivement dans un bassin, la première pendant a heures, la deuxième b heures, la troisième c heures ; la deuxième donne par heure m litres de plus que la première, la troisième n litres de plus que la deuxième : combien ces trois fontaines ont-elles fourni de litres d'eau, x désignant le nombre de litres que la première donne par heure?

94. L'aire d'un rectangle étant égale au produit de deux côtés contigus, on demande d'exprimer la surface d'un rectangle dont l'un des côtés a d mètres de moins que l'autre, x étant la longueur du côté le plus grand.

95. Les espaces parcourus par les corps tombant dans le vide étant proportionnels aux carrés des temps employés à les parcourir, exprimer l'espace parcouru pendant le temps t, sachant que les corps parcourent l'espace $\frac{1}{2}g$ pendant la première seconde de la chute.

DIVISION DES QUANTITÉS ALGÉBRIQUES.

Effectuer les divisions suivantes.

96. $$\frac{4x^3+4x^2-29x+21}{2x-3}.$$

97. $$\frac{72x^4-78x^3y-10x^2y^2+17xy^3+3y^4}{6x^2-4xy-y^2}.$$

98. $$\frac{a^4-9a^2b^2-6abc^2-c^4}{a^2-3ab-c^2}.$$

99. $$\frac{32a^5+b^5}{2a+b}.$$

100. $$\frac{3a^5+16a^4b-33a^3b^2+14a^2b^3}{a^2+7ab}.$$

101. $$\frac{a^8-16x^8}{a^2-2x^2}.$$

102. $$\frac{2a^4-13a^3b+31a^2b^2-38ab^3+24b^4}{2a^2-3ab+4b^2}.$$

103. $$\frac{5a^5b^3c^5-22a^4b^3c^6+5a^3b^3c^7+12a^2b^3c^8-7a^2b^2c^8+28ab^2c^9}{a^2bc^2-4abc^3}.$$

104. $$\frac{a^6+2a^3y^3+y^6}{a^2-ay+y^2}.$$

105. $$\frac{a^{m+n}b^n-4a^{m+n-1}b^{2n}-27a^{m+n-2}b^{3n}+42a^{m+n-3}b^{4n}}{a^mb^n-7a^{m-1}b^{2n}}.$$

106. $$\frac{4a^2+(6b-4x)a+9bx-15x^2}{2a+3b-5x}.$$

107. $$\frac{12a^2+(26b-36c+18d)a-10b^2+29bc-6bd-21c^2+9cd}{6a-2b+3c}.$$

108. $$\frac{33ab+18a^2-12ad-30b^2+42ac+124bc+8bd-16c^2-32cd}{6a+15b-2c-4d}.$$

109. $$\frac{8ax^3+15x^4-4x^3+7ax^2+10x^2+2a^2x^2+2ax-33x+8a^2x+a^3x-2a^4+24a-72-3a^3+25a^2}{x+3x^2+ax+8-a^2}.$$

110. $$\frac{8y^5+(6a+6)y^4-(13a^2-7a+18)y^3+(14a^3-41a^2+24a-11)y^2+(10a^4-25a^3+31a^2+7a-5)y-(25a^5-25a^4+11a^3+18a^2-33a+10)}{2y^3+(a+2)y^2-(a^2-3a+5)y+(5a^3-8a^2+9a-5)}.$$

111. $$\frac{a^m-b^m}{a-b}.$$

112. Quel est le reste de la division du polynôme $Ax^m+Bx^{m-1}+Cx^{m-2}+Dx^{m-3}+\ldots+Rx^2+Sx+T$ par $x-a$?

113. En désignant par x la base d'un système quelconque de numération, et en donnant à a la valeur 1, trouver les conditions de divisibilité d'un nombre quelconque de 7 chiffres, par exemple, par la base diminuée ou augmentée de l'unité.

114. Trouver la condition de divisibilité par 7 d'un nombre quelconque dans le système décimal.

115. Trouver la condition de divisibilité par 13 d'un nombre quelconque dans le système décimal.

116. Deux marchands ont vendu au même prix de la même marchandise, le second 30 kilogrammes de plus que le premier, qui en a vendu une quantité inconnue x; le premier en a retiré 150 francs, le second 246 francs : exprimer le prix du kilogramme.

117. On a fait un mélange de 4 substances A, B, C, D, composé de a litres de A à m francs le litre, de b litres de B à n francs, de c litres de C à p francs, de d litres de D à q francs : quel est le prix du litre du mélange?

118. Un mobile a parcouru d'un mouvement uniforme un espace x en un temps t : quelle est sa vitesse, c'est-à-dire l'espace parcouru dans l'unité de temps?

119. Deux fontaines remplissent un bassin, l'une en un temps représenté par x, l'autre en 3 heures de plus : quelle portion du bassin remplissent-elles chacune dans une heure?

120. Un nombre N divisé par d a donné pour reste le nombre r : exprimer le quotient.

121. Une somme A a produit r francs d'intérêts simples : quel est le taux pour 100?

122. Une somme A placée à intérêts simples est devenue B au bout d'un temps n : quel est le taux?

123. Trois ouvriers, payés au même prix, ont travaillé le premier n jours, le deuxième n', le troisième n''; ils ont reçu ensemble A francs : quel est le prix de la journée d'ouvrier?

124. Quelle est la valeur actuelle d'un billet de a francs payable dans le temps t, l'escompte étant à i francs pour 100 dans l'unité de temps?

125. Quel est l'escompte du billet?

126. Quel est le taux de l'escompte d'un billet de a francs, payable dans le temps t, et pour lequel on a reçu la somme b?

127. La force attractive d'un corps étant proportionnelle à sa masse et en raison inverse du carré de la distance, si f représente cette force pour l'unité de masse et à l'unité de distance, comment exprimer cette force pour la masse M et à la distance d?

FRACTIONS ALGÉBRIQUES.

Effectuer les opérations indiquées sur les fractions suivantes.

128. 129. 130. $\frac{a}{b}+x.$ $\frac{x}{a}+\frac{y}{b}.$ $\frac{a}{b}+\frac{c}{d}+\frac{e}{f}.$

131. 132. $\frac{a}{b}+\frac{c}{d}-\frac{e}{f}-\frac{g}{h}-k.$ $\frac{1}{a}-\frac{1}{b}+\frac{1}{c}.$

133. $c+2ab-3ac-\frac{b^2c-5ab^2c+a^3}{b^2-bc}.$

134. 135. $\frac{a+b}{2}+\frac{a-b}{2}.$ $\frac{a+b}{2}-\frac{a-b}{2}.$

136. $\frac{13x-5a}{4}-\frac{7x-2a}{6}-\frac{3x}{5}.$

137. $\frac{3a-4b}{7}-\frac{2a-b-c}{3}+\frac{15a-4c}{12}.$

138. $\frac{a}{b}+\frac{a-3b}{cd}+\frac{a^2-b^2-ab}{bcd}.$

139. $\frac{3a+b+x}{5a}-\frac{2a+b}{3b}+\frac{7a-2b}{9a}.$

140. 141. $\frac{a}{a+z}+\frac{z}{a-z}.$ $\frac{f+g}{3f-2g}-\frac{5f-2g}{2f-9g}.$

142. $\frac{a}{b+x}-\frac{c}{x}+\frac{3c}{4x}+2b.$

143. 144. $\frac{3a+2x}{a+x}-\frac{5a-x}{a-x}+\frac{a}{2x}.$ $\frac{az}{a^2-z^2}-\frac{a-z}{a+z}.$

145. $\frac{a^3}{(a+b)^3}-\frac{ab}{(a+b)^2}+\frac{b}{a+b}.$

146. $\dfrac{2ax+x^2}{(a-x)^2}-\dfrac{a^2+5ax}{(a+x)^2}-\dfrac{x}{a-x}.$

147. $\dfrac{3a}{(a-2x)^2}+\dfrac{2a+x}{(a+x)(a-2x)}-\dfrac{5}{a+x}.$

148. $\left(\dfrac{a+x}{a-x}+\dfrac{b-x}{b+x}\right)\left(\dfrac{a-x}{a+x}+\dfrac{b+x}{b-x}\right).$

149. $\left(\dfrac{3a+2x}{2a-x}+\dfrac{4x}{2a}\right)\left(\dfrac{5a-3x}{4a-x}+\dfrac{7x}{5a}\right).$

150. 151. $\dfrac{\dfrac{a}{b}+\dfrac{c}{d}}{\dfrac{e}{f}+\dfrac{g}{h}}.\qquad\dfrac{\dfrac{a}{b}+\dfrac{c}{d}+\dfrac{e}{f}}{\dfrac{g}{h}+\dfrac{i}{k}+\dfrac{l}{m}}.$

152. $\dfrac{\dfrac{a^3f^3}{b^2c^2}-\dfrac{a^4f}{bc}+a^3c}{\dfrac{a^2g}{bc^2d}-\dfrac{a^6c}{b^2g^2h}+\dfrac{a^3}{bc}}.$

153. 154. $\dfrac{\dfrac{x}{x-a}+\dfrac{a}{x+a}}{\dfrac{x}{x-a}-\dfrac{a}{x+a}}.\qquad\dfrac{\dfrac{y^2}{d^2}-\dfrac{y^3}{a+b}}{\dfrac{y^3}{a+b}-\dfrac{y^4}{dh^2}}.$

Effectuer les opérations suivantes sans réduire au même dénominateur.

155. $\left(\dfrac{a^2}{x^2}-\dfrac{ab}{2xy}+\dfrac{b^2}{y^2}\right)\left(\dfrac{3a^2}{x^2}-\dfrac{2ab}{5xy}+\dfrac{b^2}{y^2}\right).$

156. $\dfrac{3a^2-\dfrac{7ab}{2}-\dfrac{21ac}{4}-\dfrac{5b^2}{2}+\dfrac{3bc}{8}-\dfrac{3c^2}{2}}{3a-5b+\dfrac{3c}{4}}.$

157. $\dfrac{\dfrac{a^2}{bc}-\dfrac{2a}{d}+\dfrac{ac}{be}+\dfrac{bc}{d^2}-\dfrac{c^2}{de}}{\dfrac{a}{b}-\dfrac{c}{d}}.$

158. $$\frac{\frac{3}{4}x^5 - 4x^4 + \frac{77}{8}x^3 - \frac{43}{4}x^2 - \frac{33}{4}x + 27}{\frac{1}{2}x^2 - x + 3}.$$

159. Si l'on ajoute la même quantité m aux deux termes d'une fraction $\frac{a}{b}$, la valeur de cette fraction change-t-elle?

160. Si l'on diminue de la même quantité m les deux termes d'une fraction $\frac{a}{b}$, la valeur de cette fraction change-t-elle?

161. Si l'on augmente ou diminue de la même quantité m les deux termes d'une fraction $\frac{a}{b}$, quelle est la différence entre la fraction primitive et la fraction résultante? Énoncer la valeur de cette différence.

162. Trouver par un calcul plus simple que le calcul ordinaire la différence entre deux fractions données $\frac{a}{b}$, $\frac{m}{n}$.

163. Dans quel rapport doivent être les deux quantités différentes x et y qu'on ajoute aux deux termes d'une fraction $\frac{a}{b}$, pour que la valeur de la fraction n'en soit pas changée?

RÉDUCTION DES FRACTIONS ALGÉBRIQUES A LEUR PLUS SIMPLE EXPRESSION.

Simplifier les fractions suivantes.

164. 165. $\frac{ax+x^2}{3bx-cx^2}$. $\quad \frac{21a^3b^3c-9ab^3c^2}{15a^2b^2c+3a^3b^4c^2-12ab^3c}$.

166. 167. $\frac{14x^2-7ax}{10bx-5ab}$. $\quad \frac{6ax+9bx-5x^2}{12adf+18bdf-10dfx}$.

168. 169. $\frac{5a^2+5ax}{a^2-x^2}$. $\quad \frac{a^3+(a+1)ay+y^2}{a^4-y^2}$.

170. 171. $\frac{6ac+10bc+9ad+15bd}{6c^2+9cd-2c-3d}$. $\quad \frac{n^3-2n^2}{n^2-4n+4}$.

172. 173. $\frac{x^2+2x-3}{x^2+5x+6}$. $\quad \frac{9x^3+53x^2-9x-18}{x^2+11x+30}$.

174. 175. $\frac{2x^3+3x^2+x}{x^3-x^2-2x}$. $\quad \frac{a^3b^3+c^3x^3}{a^2b^2-c^2x^2}$.

176. $\frac{2x^3-(3c+d+2)x^2+(3c+d)x}{x^4-x}$.

177. $\frac{x^2+y^2+z^2+2xy+2xz+2yz}{x^2-y^2-z^2-2yz}$.

178. $\frac{x^2-3xy+xz+2y^2-2yz}{x^2-y^2+2yz-z^2}$.

179. $\frac{(a+b)(a+b+c)(a+b-c)}{2a^2b^2+2a^2c^2+2b^2c^2-a^4-b^4-c^4}$.

180. $\frac{8x^3-10x^2-16x-3}{6x^4-22x^3+31x^2-23x-7}$.

RÉSOLUTION DES ÉQUATIONS DU PREMIER DEGRÉ A UNE SEULE INCONNUE.

Résoudre les équations suivantes :

181. $8x - 5 = 13 - 7x.$

182. $13\frac{3}{4} - \frac{x}{2} = 2x - 8\frac{3}{4}.$

183. $2x + 7 + \frac{3}{2}x = 6x - 23.$

184. $\frac{37x}{6} + 158\frac{1}{2} - 6\frac{1}{3}x = 10x + 19 + \frac{3}{8}x.$

185. $\frac{3x}{5} - \frac{7x}{10} + \frac{3x}{4} - \frac{7x}{8} + 15 = 0.$

186. $\frac{x}{2} + \frac{x}{3} + \frac{x}{4} = 7x - 712 + \frac{x}{5}.$

187. $32\frac{1}{10}x + 176\frac{3}{4} - x = 19\frac{1}{3}x + 7345 - \frac{2}{3}x.$

188. $3{,}25x - 5{,}007 - x = 0{,}2 - 0{,}34x.$

189. $\frac{7{,}53x}{18} + 100 = \frac{2x}{5} + 3{,}86 - \frac{x}{6}.$

190. 191. $ax \pm b = c. \quad ax + b = cx + d.$

192. $\frac{f^2x}{cg} - \frac{a^2}{f} + cx = \frac{hx}{g} - c + (a + c)x.$

193. $\frac{ax}{b} + \frac{cx}{d} + \frac{ex}{f} = g + h.$

194. $\frac{5ab}{6} + \frac{4ac}{5} - \frac{2cx}{3} = \frac{3ac}{4} + 2ab - 6cx.$

195. $\frac{a+3x}{4a}-\frac{7a-5x}{6b}+3-\frac{9x}{4}=\frac{x}{ab}+\frac{5x}{6b}.$

196. $5a^3cx+ac^2x-5abc^2-3a^3c^2=5a^2bcx+bc^3x$
$-3a^2bc^2-5a^2c^2.$

197. 198. $\frac{ab}{x}-\frac{1}{x}=bc+d.$ $\frac{a^2x}{b-c}+dc=bx-ac.$

199. 200. $b=a+\frac{m(a-x)}{3a+x}.$ $\frac{a(d^2+x^2)}{dx}=\frac{ax}{d}+ac.$

201. $$\frac{cx^m}{a+bx}=\frac{fx^m}{d+ex}.$$

202. $$\frac{7x^n}{x-1}+\frac{3x^n+6x^{n+2}}{x^2-1}=\frac{6x^{n+1}+x^n}{x+1}.$$

203. $$\frac{a}{bx}+\frac{c}{dx}+\frac{fx}{e}+\frac{g}{hx}-k=0.$$

204. $$\frac{3abc}{a+b}+\frac{a^2b^2}{(a+b)^3}+\frac{(2a+b)b^2x}{a(a+b)^2}=3cx+\frac{bx}{a}.$$

205.
$$\frac{bx}{2b-a}-\frac{(3bc+ad)x}{2ab(a+b)}-\frac{5ab}{3c-d}+\frac{5a(2b-a)}{a^2-b^2}=\frac{(3bc-ad)x}{2ab(a-b)}.$$

206. $(a+x)(b+x)-a(b+c)-x^2=\frac{a^2c}{b}.$

Problèmes du premier degré à une seule inconnue.

207. Deux banquiers font le relevé de leur caisse; l'un d'eux possède le double de l'autre, et à eux deux ils ont 38 700 francs : combien chacun a-t-il en caisse?

208. On a à partager 2500 francs entre deux personnes, de manière que l'une ait autant de fois 20 francs que l'autre 5 francs : combien revient-il à chacune?

209. Partager 30 francs entre deux personnes, de

manière que l'une ait autant de pièces de 2 francs que l'autre de 50 centimes.

210. Partager 237 en deux parties telles que l'une soit d'un quart plus grande que l'autre.

211. Trouver deux nombres dont la somme soit a et tels que l'un soit m fois aussi grand que l'autre.

212. Partager 1800 francs entre deux personnes, A et B, de manière que la part de A soit à celle de B comme 2 est à 7.

213. Partager un nombre a en deux parties dont le rapport soit égal à $\frac{m}{n}$.

214. Le quart et le cinquième de ce que j'ai dans ma bourse font 2 fr. 25 c. : combien ai-je?

215. Deux amis veulent acheter un cheval à frais communs ; l'un d'eux ne pourrait payer que le cinquième du prix et l'autre le septième ; et en réunissant les deux sommes, il leur faudrait donner encore 276 francs pour payer le cheval : quel est le prix du cheval?

216. Trouver un nombre tel que, si, après l'avoir divisé successivement par m et par n, on ajoute les deux quotients, la somme soit égale à a.

217. Partager 46 en deux parties telles que la somme des quotients qu'on obtiendra en divisant l'une par 7 et l'autre par 3 soit égale à 10.

218. Partager un nombre a en deux parties telles

que la somme des quotients obtenus en divisant l'une par m et l'autre par n soit égale à b.

219. Dans une société de 266 personnes, composée d'hommes, de femmes et d'enfants, il y a 2 fois autant d'hommes que de femmes, et 2 fois autant de femmes que d'enfants : combien y a-t-il d'hommes, de femmes et d'enfants?

220. La garnison d'une place se compose de 2600 hommes, parmi lesquels il y a 9 fois autant de fantassins et 3 fois autant d'artilleurs que de cavaliers : combien de chaque arme?

221. Dans tous mes voyages, dit un voyageur, j'ai parcouru 3040 lieues, sur lesquelles j'en ai fait 3 fois $\frac{1}{2}$ autant par eau qu'à cheval, et 2 fois $\frac{1}{3}$ autant à pied que par eau. Combien de lieues ce voyageur a-t-il parcourues par eau, à cheval et à pied?

222. Diviser un nombre a en trois parties telles que la deuxième soit m fois et la troisième n fois aussi grande que la première.

223. En multipliant un certain nombre par 4, et divisant le produit par 3, on obtient 24 : quel est ce nombre?

224. On a partagé entre trois personnes, A, B et C, un terrain de 864 ares ; la part de A est à celle de B comme 5 est à 11, et celle de C est égale à la somme des deux autres : combien chacune d'elles a-t-elle reçu en partage?

225. On a partagé 1150 francs entre trois personnes A, B, C, proportionnellement à leur âge ; l'âge de B est d'un tiers plus grand que celui de A, qui n'est que la moitié de celui de C : combien chacune d'elles a-t-elle reçu.

226. Dans une levée de 594 hommes, trois villes, A, B, C, doivent fournir leur contingent proportionné à leur population ; A est à B comme 3 est à 5, et B à C comme 8 à 7 : combien chacune de ces villes fournira-t-elle d'hommes?

227. Quatre créanciers, A, B, C, D, ont à se partager 21 000 francs ; la créance de A est à celle de B comme 2 à 3, celle de B à celle de C comme 4 à 5, et celle de C à celle de D comme 6 à 7 : combien revient-il à chacun d'eux ?

228. Partager un nombre a en trois parties telles que la première soit à la deuxième comme m est à n, et la deuxième soit à la troisième comme p est à q.

229. Un ouvrier dépense le tiers de ce qu'il gagne pour sa nourriture, le huitième pour son habillement et son logement, le dixième en dépenses courantes, et il place chaque année 318 francs à la caisse d'épargne ; combien gagne-t-il?

230. Un marchand a calculé que ses bonnes spéculations lui ont rapporté le 15 pour 100 de son capital, ce qui porte son avoir total à 15 571 francs : quel était ce capital?

231. Un capital a rapporté le $4 \frac{1}{2}$ pour 100 dans l'année ; le revenu et le capital réunis donnent une somme de 13 167 francs : quel est le capital?

232. Le rapport d'une propriété mieux administrée s'est amélioré de 8 pour 100, comparé à celui de l'année précédente; il est de 1890 francs : quel a été celui de l'année d'avant?

233. Au prix de 1 fr. 30 c. le kilogramme, un marchand gagne 12 $\frac{1}{2}$ pour 100 : combien lui ont coûté les 100 kilogrammes?

234. Un capital est tel que, augmenté de ses intérêts simples pendant 5 ans, à 4 pour 100, il s'élève à la somme de 8208 francs : quel est le capital?

235. Un marchand fait trois ventes dans un jour; sur la première la perte est du sixième de la valeur totale des objets mis en vente, sur la deuxième du dixième, mais sur la troisième il gagne le tiers; son compte fait, il trouve qu'il a gagné 3 francs : quelle était la valeur totale des objets vendus?

236. Quels sont les deux nombres dont la somme est 96, et dont l'un est plus grand que l'autre de 16?

237. Deux marchands se partagent 500 francs de manière que l'un d'eux ne doit avoir que la moitié de ce qu'il revient à l'autre, plus 50 francs pour ses peines; combien chacun aura-t-il?

238. Partager 1520 francs entre trois personnes, A, B, C, de telle sorte que B ait 100 francs de plus que A, et C 270 francs de plus que B.

239. Une veuve, d'après le testament de son mari, a 7500 francs à partager avec ses cinq enfants, deux garçons et trois filles; la part des garçons doit être double de celle des filles, et la sienne égale à celle de tous les enfants ensemble, avec 500 francs de plus : combien lui revient-il, ainsi qu'à chacun de ses enfants?

240. Dans une société composée d'hommes, de femmes et d'enfants, en tout 90 personnes, il y a 4 hommes de plus que de femmes, et 10 enfants de plus que d'adultes : combien y a-t-il d'enfants, de femmes et d'hommes?

241. Trois fermiers A, B, C, se partagent 8000 ares de bois; B en a 276 de moins que A, et C 1112 de plus que B : combien chacun d'eux en a-t-il pour sa part?

242. Un père envoie à ses cinq enfants 1000 francs, qu'ils se partagent de manière que chacun ait 20 francs de plus que celui qui le suit immédiatement par ordre d'âge : quelle est la part du plus jeune?

243. Trois personnes, A, B, C, ont une certaine somme à se partager; A doit avoir 3000 francs de moins que la moitié de la somme totale, B 1000 francs de moins que le tiers, et C 800 francs de plus que le quart : trouver la somme à partager et la part de chacune des trois personnes.

244. Un homme, en mourant, laisse à sa femme la moitié de sa fortune, à chacun de ses deux enfants la sixième partie, la douzième partie à son domestique, et 600 francs qui restent aux pauvres : à combien se monte l'héritage?

245. Une prairie de 2850 ares est partagée entre trois cultivateurs, A, B, et C; la part de A est à celle de B comme 6 est à 11, et C doit avoir 300 ares de plus que A et B réunis : combien chacun recevra-t-il pour sa part?

246. Un père laisse 2520 francs à ses quatre enfants, A, B, C, D; C reçoit 360 francs, B autant que C et D ensemble, A le double de B, moins 1000 francs : combien recevront A, B et D?

247. Cinq héritiers ont 5600 francs à partager; B doit avoir le double de A, et 200 francs de plus; C 3 fois autant que A, moins 400 francs; D la moitié de la somme des parts de B et C réunies, et 150 francs de plus; E le quart des quatre autres parts réunies, plus 475 francs : combien revient-il à chacun?

248. Cinq joueurs ont perdu ensemble 17 fr. 75 c. La perte de B dépasse d'un demi-franc le triple de la perte de A; la perte de C est égale au double de celle de B, moins 2 francs; D á perdu un quart de franc de moins que A et B ensemble; et E 2 fois autant que B, moins 3 francs : combien chacun d'eux a-t-il perdu?

249. Un marchand a vendu un certain nombre de kilogrammes de marchandises sur 40; il en garde 8 de plus qu'il n'en a vendu : combien en a-t-il vendu?

250. J'avais 41 francs sur moi; j'en ai dépensé une portion, mais il m'en reste 3 fois autant que j'en ai dépensé : combien?

251. Deux personnes A et B jouent au billard, à 1 fr. la partie; avant de commencer, A avait 42 francs, et B 24; au bout d'un certain nombre de parties, A se trouve avoir 5 fois autant que ce qui reste à B : Combien A a-t-il gagné de parties de plus que B?

252. Une garnison se compose de 1250 hommes :

cavalerie et infanterie. Chaque cavalier reçoit 15 francs par mois, et le fantassin 10 francs. La solde du mois des soldats de la garnison entière coûte 13 500 francs : combien y a-t-il de fantassins et de cavaliers ?

253. Le maître maçon, 12 maçons et 4 manœuvres, ont coûté 196 francs 65 c. ; le maître reçoit 3 fr. 45 c. par jour, chaque maçon 1 fr. 25 c., et chaque manœuvre 85 c. : combien de jours ont-ils travaillé ?

254. Un capitaliste a placé les $\frac{4}{5}$ de ses fonds à 4 pour 100, et le $\frac{1}{5}$ restant à 5 pour 100, il retire en tout 2940 francs : combien a-t-il prêté en tout ?

255. Dites à quelqu'un de penser un nombre ; faites-le multiplier par 7, ajoutez 3 au produit, divisez le résultat par 2, et retranchez 4 du quotient : si on vous répond que le reste est 15, quel est ce nombre ?

256. Trouver trois nombres dont la somme soit égale à 70, et tels que le deuxième divisé par le premier donne 2 pour quotient et 1 pour reste, et que le troisième divisé par le deuxième donne 3 pour quotient et pour reste.

257. Combien d'argent as-tu ? demandait quelqu'un à son ami. — Le nombre de francs que j'ai, répondit celui-ci, est tel, qu'en retranchant 3 de son produit par 5, et ajoutant 2 au produit du reste par 4, le résultat est égal à 23, sans tenir compte du 0 qui termine le nombre : combien a-t-il ?

258. Un maître proposait à ses élèves de deviner

un nombre qu'il avait pensé. En multipliant, disait-il, ce nombre par 5 et retranchant du produit 24, puis divisant le reste par 6, et ajoutant 13 au quotient, vous retrouverez le nombre pensé lui-même. Quel est ce nombre.

259. Un voyageur parti 10 jours après un autre suit ses traces pour le rattraper; le premier ne fait que 4 myriamètres par jour, tandis que le deuxième en fait 9: après combien de jours l'aura-t-il rejoint?

260. Soient n le nombre de jours d'avance du premier voyageur, qui fait a myriamètres par jour, b le nombre de myriamètres que fait le second voyageur. trouver le nombre de jours qu'il faut au second pour rejoindre le premier.

261. Dans combien de temps le second rejoindrait-il le premier si l'on disait qu'il part 12 jours après lui, mais que sa vitesse est à celle du premier comme 8 est à 3?

262. Deux mobiles se meuvent dans la même direction; le deuxième commence son mouvement n secondes plus tard que le premier, et sa vitesse est à celle du premier comme q est à p: après combien de secondes le deuxième aura-t-il atteint le premier?

263. On a expédié un courrier qui fait 7 myriamètres en 5 heures; 8 heures après son départ on fait partir, pour le rejoindre, un autre courrier, qui fait 5 myriamètres en 3 heures: dans combien de temps l'autre l'aura-t-il atteint?

264. Les données étant les mêmes, et le premier

courrier ayant 8 myriamètres d'avance, combien faudrait-il de temps au deuxième pour le rejoindre?

265. Soient, en général, a le nombre de myriamètres d'avance du premier courrier, b le nombre d'heures d'avance, c le nombre de myriamètres qu'il fait en d heures, e le nombre de myriamètres que le deuxième courrier fait en f heures : trouver la valeur générale du temps qu'il faut au deuxième pour rejoindre le premier.

266. Et si le premier courrier, au lieu de partir de a myriamètres en avant, partait de a myriamètres en arrière du lieu du départ du deuxième?

267. D'un lieu A un régiment se met en marche vers le lieu B, en faisant $3\frac{1}{2}$ myriamètres par jour; de B, 8 jours plus tard, un autre régiment se met en route pour aller vers A, en faisant $5\frac{1}{6}$ myriamètres par jour; la distance des deux points de départ est de 80 myriamètres : à quel jour de départ du premier régiment se fera la rencontre?

268. Deux mobiles se meuvent en sens contraire; l'un fait c mètres par seconde, et l'autre C'; leur distance avant le mouvement est de d mètres : dans combien de temps se rencontreront-ils?

269. Après combien de temps les mobiles se rencontreraient-ils si celui qui fait C' mètres par seconde allait après l'autre?

270. Une division ennemie, partie deux jours d'avance d'une position, fait $4\frac{1}{2}$ myriamètres par jour; la division qui la poursuit se met en marche du même endroit dans le dessein de l'atteindre le sixième jour : combien doit-elle faire de myriamètres par jour?

271. Deux mobiles vont dans le même sens; le premier a une avance de d unités de longueur et de t unités de temps; il parcourt c unités de longueur dans l'unité de temps, et le second C : combien faut-il d'unités de temps pour que les mobiles se rencontrent?

272. Combien en faudrait-il si les mobiles allaient à la rencontre l'un de l'autre?

273. Les deux aiguilles d'une montre marquent midi : quand se rencontreront-elles la première fois, et combien de fois dans les douze heures?

274. Deux corps se meuvent dans le même sens sur la circonférence d'un cercle de b mètres; leur distance initiale est de d mètres; le premier fait c et le deuxième C mètres par seconde : quand ces deux mobiles se rencontreront-ils la première fois, la deuxième fois, etc., en supposant que leur mouvement ne soit pas altéré par le choc?

275. Quand se rencontreraient-ils si le premier partait t secondes avant le deuxième?

276. Et si le premier partait t secondes après l'autre?

277. Si le premier, au lieu d'aller dans le même sens que le deuxième, allait à sa rencontre, ayant t secondes d'avance sur lui?

278. Enfin si le premier partait t secondes plus tard?

279. Un bassin est rempli par deux orifices de dimensions inégales, d'où l'eau tombe avec une vitesse différente ; les dimensions sont dans le rapport de 5 à 13, et les vitesses d'écoulement de 8 à 7 ; on sait, de plus, que l'un de ces orifices verse dans un certain temps 561 centimètres cubes d'eau de plus que l'autre : combien d'eau chaque orifice verse-t-il dans ce temps ?

280. Un lévrier poursuit un lièvre qui a 50 sauts d'avance sur lui ; le lévrier en fait 5 pendant que le lièvre en fait 6, mais 9 sauts du lièvre n'en valent que 7 du lévrier : combien le lièvre fera-t-il de sauts avant d'être atteint par le lévrier ?

281. Deux mortiers lancent des bombes sur une ville assiégée. Le premier en a lancé 36 avant que le second ait commencé son feu, et il en envoie 8 dans le même temps que le deuxième en envoie 7 ; mais le second dépense en 3 coups la même quantité de poudre que le premier en 4 : on demande combien de bombes doit lancer le deuxième mortier pour dépenser la même quantité de poudre que le premier ?

282. Comment se fait-il, disait un voyageur à son compagnon, que tu m'aies dépassé de 3000 pas, quand chacun de mes pas est le double de chacun des tiens ? — C'est vrai, répondit l'autre, mais je fais dans le même temps 5 fois plus de pas que toi. Combien chacun des voyageurs a-t-il fait de pas ?

283. Soit en général a le nombre de pas dont le deuxième voyageur a dépassé le premier, $\frac{b}{c}$ le rapport de grandeur de leurs pas, $\frac{d}{e}$ le rapport du nombre de pas dans le même temps : exprimer le nombre de pas de chacun des deux voyageurs.

284. Deux grandeurs, dont la différence est exprimée par d, sont, par l'effet d'une première cause, dans le rapport $\frac{m}{n}$, et, par l'effet d'une seconde cause, qui n'altère en rien l'effet de la première, dans le rapport $\frac{m'}{n'}$: exprime ces deux grandeurs.

285. Deux grandeurs, dont la différence est d, sont, par l'effet de trois causes, dont aucune ne trouble l'effet des autres, dans les rapports $\frac{m}{n}$, $\frac{m'}{n'}$, $\frac{m''}{n''}$: quelles sont les expressions générales de ces grandeurs ?

286. Si l'on donnait, au lieu de la différence d, la somme s de ces grandeurs, que deviendraient les expressions générales de ces grandeurs ?

287. Une personne fait valoir deux capitaux, l'un de 5500 francs à 4 pour 100, et 4 ans $\frac{1}{2}$ plus tard, l'autre de 8000 francs à 5 pour 100 : dans combien de temps ces deux capitaux auront-ils rapporté le même intérêt ?

288. Dans le trajet d'une voiture on a remarqué que la roue de devant, dont la circonférence est de 5 pieds $\frac{1}{4}$, a fait 2000 tours de plus que la roue de derrière, qui a 7 pieds $\frac{1}{8}$ de circonférence : quelle est en pieds la longueur du trajet ?

289. Soient a la circonférence de la roue de devant,

b celle de la roue de derrière, n le nombre de tours qu'a faits la plus longue roue de devant : exprimer la longueur du trajet.

290. Un marchand a deux espèces de vin, à 36 centimes et à 20 centimes le litre ; il veut en faire un mélange de 50 litres qu'il puisse vendre, sans profit ni perte, au prix de 30 centimes : combien devra-t-il prendre de litres de chaque espèce ?

291. Soient a le prix du vin de la première qualité, b le prix du vin de la seconde, n le nombre de litres, et c le prix du litre du mélange : quelle est l'expression de l'une et de l'autre des quantités à prendre pour faire ce mélange ?

292. Un orfévre a deux lingots d'argent à deux titres différents, le premier à 0,910 de fin, le second à 0,875 ; il veut en faire un alliage de 100 grammes à 0,889 de fin : combien doit-il prendre de grammes de chaque espèce?

293. Un marchand de vin a acheté 136 litres de vin à 2 francs le litre ; mais, craignant que ce prix ne soit trop élevé pour ses pratiques, il s'avise d'y mettre de l'eau, afin de pouvoir le vendre 1 fr. 60 c. : combien de litres d'eau doit-il mettre dans son vin?

294. On a 35 kilogrammes d'argent à 0,900 de fin : combien faut-il y mêler de cuivre pour que l'alliage soit à $0{,}787\,\frac{1}{2}$?

295. Combien faut-il allier d'or au titre de 0,780 à $3^{\text{kilog.}}$,20 d'or au titre de 0,640 pour que le kilogramme d'alliage contienne 0,720 de fin !

296. Quelqu'un demande pour la valeur de 14 francs des pièces de monnaie de 50 centimes et de 2 francs, 16 en tout : combien lui donnera-t-on de pièces de chaque espèce ?

297. On demande deux nombres dont la somme soit a, et tels que la somme des produits de l'un par m et de l'autre par n soit b.

298. Un de mes amis, âgé de 40 ans, a un fils de 9 ans : dans combien d'années l'âge du père, qui est maintenant un peu plus du quadruple de celui de son fils, n'en sera-t-il plus que le double ?

299. De deux personnes l'une a 30 ans et l'autre 20; leurs âges sont par conséquent dans le rapport $\frac{3}{2}$: dans combien d'années ce rapport sera-t-il égal à $\frac{5}{4}$?

300. Combien y a-t-il de temps que l'âge de la première personne était le sextuple de celui de la seconde ?

301. Ces deux personnes ont un frère qui n'a maintenant que 6 ans : dans combien de temps l'âge réuni des deux plus jeunes sera-t-il égal à celui de leur aîné ?

302. L'oncle de ces trois frères a 49 ans, et par conséquent l'âge réuni des trois frères dépasse de 7 ans le sien ; il y a eu un moment où l'âge des trois neveux a été précisément égal à celui de l'oncle : combien y a-t-il de temps que cela est arrivé ?

303. Un jour l'oncle disait à ses deux neveux (le plus jeune n'était pas encore né) que son âge était d'un quart plus grand que l'âge réuni des deux frères : quand cela est-il arrivé ?

304. On a mêlé du salpêtre et du soufre dans la

proportion de 7 parties de salpêtre et de 3 de soufre, pour en faire une masse de 80 kilogrammes : combien faudrait-il ajouter de salpêtre pour que la proportion des deux éléments fût de 11 parties de salpêtre et de 4 de soufre?

305. Combien, au contraire, faudrait-il retrancher de soufre pour que le rapport des ingrédients fût encore de 11 à 4?

306. Si l'on suppose qu'on ait retranché autant de soufre qu'ajouté de salpêtre, sans que la proportion de la masse $\frac{11}{4}$ ni le poids en soient altérés, combien a-t-on ajouté de salpêtre?

307. Dans une société nombreuse il y avait primitivement 3 fois autant d'hommes que de femmes; après le départ de 8 couples, le nombre des hommes devint 5 fois aussi grand que celui des femmes : combien y avait-il d'abord d'hommes et de femmes?

308. Étant donnés deux nombres a et b, quel nombre faut-il ajouter à chacun d'eux pour que le rapport des deux sommes soit égal à $\frac{m}{n}$?

309. Quel nombre faut-il ajouter à a et retrancher de b pour que les deux nombres résultants soient dans le rapport $\frac{m}{n}$?

310. Quel nombre faut-il retrancher de a et de b pour que les deux différences soient dans le rapport $\frac{m}{n}$?

311. Un tonneau plein de vin a trois robinets; si le

premier robinet était ouvert, le tonneau serait vidé dans 2 heures; dans 3 heures et dans 4 si le deuxième et le troisième restaient tour à tour ouverts : combien faudrait-il de temps pour vider le tonneau, si les trois robinets restaient ouverts à la fois?

312. Un bassin est rempli par trois fontaines qui, coulant chacune seule, rempliraient le bassin en $1\frac{1}{3}$, $3\frac{1}{3}$, 5 heures; combien leur faudrait-il de temps pour remplir le bassin si elles coulaient toutes les trois ensemble?

313. En général, soient a, b, c, le temps que chacune des fontaines emploierait pour remplir seule le bassin : exprimer d'une manière générale le temps qu'il leur faudrait à toutes ensemble pour le remplir.

314. Que devient l'expression de ce temps si quatre fontaines concourent à remplir le bassin, a, b, c, d étant les temps employés par chacune d'elles en particulier?

315. Trois maçons construisent une muraille; le premier peut en bâtir 8 mètres cubes en 5 jours, le deuxième 9 mètres cubes en 4 jours, et le troisième 10 mètres cubes en 6 jours : combien leur faudra-t-il de temps pour en bâtir 756 mètres cubes en travaillant ensemble?

316. Soient a le travail fait dans le temps b par un premier ouvrier, c et d le travail et le temps pour un deuxième, e et f pour un troisième : combien faudra-t-il de temps à ces trois ouvriers, travaillant ensemble, pour faire un travail exprimé par g?

317. Un bassin de la contenance de 755 mètres cubes $\frac{1}{4}$ doit être rempli par trois fontaines :

La première donne 12 m. cub. d'eau en 3 heures $\frac{1}{4}$,
La deuxième — $15\frac{1}{3}$ — 2 — $\frac{1}{2}$,
La troisième — 17 — 3 — :

dans combien de temps le bassin sera-t-il rempli par les trois fontaines coulant ensemble ?

318. Soient e, e', e'', trois effets produits par trois causes dans les temps t, t', t'' : si ces trois causes concourent au même effet E, dans combien de temps cet effet sera-t-il produit ?

319. On a trois petits lingots de métal de même volume, mais de poids différents :

5 centimètres cubes du premier pèsent 69 gram. $\frac{3}{4}$,
$3\frac{1}{2}$ — du deuxième — 41 —
$4\frac{2}{7}$ — du troisième — 91 —

Les trois lingots pèsent ensemble 949 grammes $\frac{2}{3}$: quel est le volume de chacun ?

320. Dans une société nombreuse quelqu'un proposait de faire une collecte pour les pauvres ; en donnant chacun 16 francs, il trouvait que ce serait trop de 240 francs, mais qu'en ne donnant que 10 francs c'était trop peu de 300 francs pour faire la somme nécessaire : on demande le nombre de personnes et la somme dont on avait besoin.

321. Un marchand se trouve contraint de vendre au prix coûtant une partie de sa marchandise pour payer une dette pressante ; la négligence qu'il apporte dans le soin de ses affaires fait qu'il a oublié le poids et le prix de sa marchandise ; tout ce dont il peut se souvenir, c'est qu'en la vendant au prix de 30 francs les 100 kilogrammes, il aurait gagné 120 francs, mais qu'il aurait perdu 360 francs en la vendant au prix de 22 francs les 100 kilogrammes : on demande ce qu'il a vendu de sa marchandise, et le prix auquel il l'avait achetée.

322. Quelqu'un veut mettre sa montre en loterie, en faisant un certain nombre de billets ; à 4 francs le billet il perdrait 30 francs sur le prix de sa montre, il gagnerait au contraire 50 francs à 5 francs le billet : combien a-t-il fait de billets, et quel est le prix de la montre?

323. Un maître maçon a pris un certain nombre d'ouvriers pour bâtir un édifice ; il a calculé qu'en donnant m francs par jour il dépenserait a francs de moins qu'il n'est passé aux ouvriers, et en leur accordant n francs par jour il serait obligé de débourser b francs de plus : combien a-t-il retenu d'ouvriers, et quelle est la somme accordée journellement pour eux ?

324. Si l'on multiplie un certain nombre par m et par m' successivement, on obtient deux produits qui surpassent un autre nombre de a et de a' : on demande l'un et l'autre de ces deux nombres.

325. Trouver un nombre tel que son produit par 5 surpasse d'autant le nombre 20 qu'il est lui-même au-dessous de 20.

326. Pour payer toutes mes dépenses, disait un ouvrier, il me faudrait gagner 540 francs par an ; mais je ne les gagne pas ; et, si je gagnai 3 fois $\frac{1}{2}$ autant que ce que je gagne réellement, non-seulement je payerais toutes mes dépenses, mais j'épargnerais chaque année autant que ce qui me manque maintenant pour faire le revenu nécessaire : combien gagne cet ouvrier ?

327. On demandait à un copiste combien il écrivait de feuilles par semaine. En n'y travaillant que 4 heures par jour, répondit-il, je ne puis pas en écrire, comme je le voudrais, 70 feuilles; mais, si je travaillais 10 heures par jour, je dépasserais ce nombre d'autant que je reste en dessous : combien écrit-il de feuilles par semaine ?

328. En faisant n de mes pas, je parviendrais à peu près au bout d'une distance l; mais, en les augmentant chacun d'une quantité égale $\frac{1}{m}$, je la dépasserais d'autant que je serais resté en deçà dans le premier cas : quelle est la longueur de mes pas ?

329. Quelle distance y a-t-il entre ces deux bornes ? demandait-on à un arpenteur. — Elle n'est pas de plus de 1000 mètres, répondit celui-ci; et si, après y avoir ajouté le tiers et 176 mètres de plus, on multipliait le résultat par $2\frac{1}{2}$, le nombre de mètres ainsi obtenu surpasserait d'autant 1000 que la distance en est au-dessous. — Quelle est cette distance ?

330. Un individu, voulant acheter une maison, se décide à retirer d'entre les mains de chacun de ses débiteurs une somme égale pour en payer le montant; en leur demandant à chacun 1250 francs il lui manquerait encore 10000 francs, tandis qu'il aurait 1200 francs de trop s'il leur demandait 1600 francs à chacun : quel est le nombre de débiteurs, le prix de la maison, et la somme qu'il doit réclamer de chacun d'eux ?

331. Un marchand a trois billets à acquitter à trois termes différents, 2832 francs à 3 mois, 2560 à 9, et 1450 à 16 mois de date; le créancier voudrait recevoir la somme totale de 6842 francs en un seul payement : à quelle échéance?

332. Soient quatre sommes a, b, c, d francs, à payer à des termes différents de l, m, n, p mois : si l'on pouvait payer la somme totale $a+b+c+d$ en une seule fois, quand arriverait l'échéance?

Pour comprendre cet énoncé, il faut concevoir qu'à taux égal, les intérêts de capitaux pour des temps différents sont dans le rapport des produits des capitaux par les temps. En effet, soient a et b deux capitaux placés au taux t pendant m et n années, les intérêts d'un an seront évidemment $\frac{at}{100}$, $\frac{bt}{100}$, et pour m et n années $\frac{amt}{100}$, $\frac{bnt}{100}$: d'où l'on voit que les intérêts sont dans le rapport de am à bn.

333. Un capitaliste s'était engagé à prêter à un marchand 16000 francs pour 15 mois : mais, ne pouvant lui remettre toute la somme à la fois, le capitaliste convient avec le marchand de lui remettre d'abord 5000 francs, 6 mois après 3000 francs, et au bout de 8 mois encore 8000 francs : combien de temps le marchand peut-il garder le capital prêté de 16000 francs sans faire tort ni à l'un ni à l'autre?

334. Un propriétaire s'était engagé, par contrat, à laisser paître sur sa prairie 400 vaches de son voisin pendant 16 mois; le voisin en envoie d'abord 200 du consentement du propriétaire, 7 mois après 250, et 8 mois encore après 150 autres : combien de temps le propriétaire doit-il laisser paître ce troupeau de 600 vaches sur sa prairie pour remplir son engagement ?

335. Quelqu'un a acheté des marchandises pour 6000 francs, qu'il s'était d'abord engagé à payer dans un an ; mais il obtient de payer comptant 1200 francs, de solder les 4800 francs restants en 4 payements égaux de 1200 francs à des termes équidistants : quel est l'intervalle d'un terme à l'autre ?

336. On a à payer une somme aux conditions suivantes : 1376 francs dans 5 mois, 2550 francs 3 mois après, et le reste 5 mois plus tard ; si l'on avait dû payer le capital en une seule fois, l'échéance serait arrivée dans 10 mois : quel est ce capital ?

337. Un débiteur s'est engagé à payer une dette de 7000 francs aux termes qui suivent : 2000 francs dans 3 mois $\frac{1}{2}$, 3500 francs dans 4 mois, et 1500 francs dans 14 mois ; son créancier lui fait la proposition d'acquitter sa dette en deux payements, chacun de la moitié, de manière que le second terme arrive un mois après le premier : le débiteur y ayant consenti, quand aura lieu la première échéance ?

338. A l'occasion d'une vente dont le montant s'élevait à 7705 francs, le vendeur et l'acquéreur discutaient les conditions de payement. Le premier proposait au deuxième de terminer l'affaire en payant 3365 francs argent comptant, et les 4340 fr. restants dans 8 ans, ou, si cela lui convenait, cette dernière somme aussi comptant, avec remise de 5 pour 100. Le deuxième proposait de son côté de payer le montant en trois payements égaux, de 2 ans en 2 ans : le premier tiers dans 2 ans, le second dans 4, le troisième dans 6; ou bien, si le vendeur y consentait, d'effectuer chacun des trois payements argent comptant, avec remise de 5 pour 100. Les deux dernières conditions ayant paru égales au vendeur, quelle somme proposait l'acquéreur?

339. Trois marchands, A, B, C, se sont réunis pour un achat; A donne 1200 francs, B 800, et C 600 fr.; A laisse pendant 8 mois son argent dans la société, B pendant 10 mois, C pendant 14; ils gagnent à cette affaire 500 francs : comment ce gain doit-il être partagé entre les trois marchands?

340. Soient a, b, c, les capitaux fournis par A, B, C; l, m, n, les temps pendant lesquels ils restent en société, et d le gain : exprimer la part de chacun des sociétaires.

341. Trois négociants ont fait une société; le premier a mis 17 000 francs, le second 13 000 francs, le troisième 10 000 : pour éviter de payer un agent commercial chargé de la direction de l'affaire, le sociétaire qui a le moins avancé de fonds s'offre à remplacer cet agent, en se réservant un bénéfice de 3 pour 100 sur la part qui lui revient aux termes du règlement de société. Le gain total a été de 35 262 fr. 50 c. : combien revient-il à chacun?

342. Trois créanciers, porteurs de titres de créance, le premier de 2000 francs, le deuxième de 2500 francs et le troisième de 3500, ont à se partager la somme de 3139 francs provenant d'une faillite; cette somme ne suffisant pas pour solder les créanciers, et d'ailleurs les titres n'ayant pas paru également valides, un jugement intervient, qui prescrit le partage de la somme proportionnellement au montant des créances, en laissant un bénéfice de 10 pour 100 au deuxième créancier, et de 25 pour 100 au troisième, outre et sur la part qui revient à chacun : combien chaque créancier retire-t-il?

343. Soient a la somme à partager; f, g, h les montants des créances, m et n les bénéfices pour 100 des deux créanciers : exprimer en général les parts de chacun.

Quel changement faudrait-il faire à ces valeurs générales, si, au lieu d'avoir m et n pour 100 de plus, les créanciers devaient avoir m et n pour 100 de moins?

344. A, B, C ont mis en commun une somme pour affaire commerciale; B a mis la moitié de plus que A, et C 300 francs de plus que A et B ensemble; C retire du gain total, qui se monte à 5020 fr., la somme de 2570 francs; quelle est la mise de chacun des sociétaires?

345. Trois négociants ont fait une entreprise à frais communs; la mise de C est de 5600 francs, celle de A de 320 fr. moindre que celle de B; A laisse ses fonds pendant 7 mois, B 14 et C 12; le gain total est de 2402 francs $\frac{1}{6}$, à partager entre les sociétaires, proportionnellement à la mise et au temps; B reçoit pour sa part 879 fr. $\frac{2}{3}$: quelle est la mise de A et celle de B?

346. Un père en mourant laisse quatre enfants et une petite somme de 1100 francs; le testament n'est ouvert que dix mois après, et pendant l'intervalle les enfants ont dépensé le montant de cette somme avec les intérêts; toutes choses étant égales, trois enfants auraient dépensé un capital de 1200 francs avec les intérêts dans quinze mois : quel était le taux de l'intérêt, et combien de temps, dans les mêmes circonstances, six enfants mettraient-ils à depenser le capital et les intérêts de 1650 francs ?

347. Cinq frères ont dépensé en 9 mois un capital de 4800 francs avec les intérêts; avec les mêmes conditions, deux autres personnes auraient dépensé 3320 francs avec les intérêts, en 16 mois : le taux étant le même dans les deux cas, quel est le montant de la dépense par mois de chacun des cinq frères?

348. Un domestique reçoit de son maître 240 fr. par an et sa livrée; à la fin du cinquième mois, il demande à quitter la maison; son maître lui paye 37 francs, et lui laisse la livrée : combien est-elle estimée par le maître?

349. Un fermier a deux journaliers qu'il paye au même prix; il donne à l'un, pour 56 jours de travail, 4 boisseaux de blé et 56 francs, et à l'autre, pour 84 jours, 7 boisseaux $\frac{1}{2}$ et 69 francs : combien fait-il payer le boisseau de blé?

350. Un domestique allemand a reçu de son maître 7 frédérics d'or et 16 thalers 22 gros de monnaie, pour 7 mois de gages; une autre fois, il en reçoit, pour 9 mois, 5 frédérics d'or 44 thalers 2 gros : quelle est la valeur du frédéric d'or? (Le thaler vaut 24 gros.)

351. Un maître maçon loue un ouvrier à qui il promet 1 fr. 50 c. pour chaque jour de travail, à condition qu'il lui retiendra 0 fr. 60 c. pour chaque journée d'absence; après 50 jours, l'ouvrier ne reçoit que 49 fr. 80 c. : combien de jours a-t-il manqué au travail?

352. Une fermière porte au marché une corbeille pleine d'œufs, qu'elle se propose de vendre 7 centimes la pièce; en déposant sa corbeille, elle casse 5 de ses œufs; la fermière fait son compte, et trouve qu'en vendant les œufs 8 centimes, elle en retirera le même argent : combien y avait-il d'œufs dans la corbeille?

353. On demandait à un cuisinier, qui portait des oranges, combien il en avait dans son panier. Le cuisinier, calculateur habile, répondit : La douzaine m'a coûté 90 centimes, et si j'en avais eu 4 de plus pour l'argent que j'ai dépensé, la douzaine m'aurait coûté 10 centimes de moins : combien avait-il d'oranges?

354. Un marchand reçoit une pièce de drap, qu'il paye à raison de 10 fr. le mètre; en la mesurant, il trouve que la pièce a effectivement 5 mètres de plus qu'il ne croyait, mais que le drap est de si mauvaise qualité, qu'il se verra forcé de le revendre au prix de 8 francs le mètre; la pièce vendue à ce prix, il ne fait qu'une perte de 13 $\frac{1}{3}$ pour 100 : de combien de mètres est la pièce de drap.

355. Je ne dépense, pour mes plaisirs, que le septième de mon revenu, et tout le reste pour mes dépenses ordinaires; si j'avais 400 francs de plus de revenu, je pourrais en prendre le cinquième pour mes plaisirs, et ajouter encore 160 francs à mes dépenses ordinaires; quel est mon revenu?

356. Un amateur, qui avait dépensé jusqu'alors le quart de son revenu en achats de livres, se décide à y consacrer le tiers de son revenu, qui vient de s'augmenter, parce qu'il a calculé qu'il lui restera même somme pour fournir à ses autres dépenses : de combien s'est augmenté son revenu, par rapport à ce qu'il était auparavant !

357. Dans une certaine ville, chaque propriétaire payait en contributions la septième partie de ses revenus ; les contributions ayant été augmentées, et portées au sixième du revenu, de combien doit-il augmenter le prix de ses loyers pour avoir le même revenu ?

358. J'avais une somme dans un sac, j'en retirai le tiers, et j'y remis 50 francs; quelque temps après je pris le quart de ce qu'il y avait dans le sac, et j'y mis encore 70 francs; il y avait alors 120 francs : combien y avait-il d'abord ?

359. On a retiré d'un sac d'argent 50 francs de plus que la moitié de la somme totale, du reste 30 fr. de plus que le cinquième, et de ce second reste 20 fr. de plus que le quart; il ne reste plus dans le sac que 10 francs : combien y avait-il d'abord?

360. Un homme laisse par son testament une somme à partager entre ses trois domestiques; le valet de chambre doit avoir 200 francs et la moitié du reste, la cuisinière le cinquième du reste et 400 fr. en sus, et les 520 francs qui restent reviendront au cocher : quelle est cette somme ?

361. Un fermier va à la ville pour y vendre des œufs; il en vend d'abord la moitié plus 4; un peu plus loin il en vend encore la moitié de ce qui lui reste plus 2 ; on lui en prend la moitié de ce qui lui reste et 6 de plus ; il revient à la ferme avec 2 œufs qui lui restent : combien portait-il d'œufs à la ville?

362. Un marchand augmente chaque année sa fortune d'un tiers ; il en prend à la fin de chaque année 1000 francs pour sa dépense ; à la fin de la troisième année, après avoir prélevé comme d'ordinaire 1000 francs pour sa dépense, sa fortune est augmentée du double : combien avait-il d'abord?

363. Un négociant augmente chaque année sa fortune de 20 pour 100, il en prélève 4000 fr. pour l'entretien de sa famille ; après trois ans de bonnes affaires, et après avoir retiré les 4000 fr., il trouve que sa fortune s'est accrue de 800 francs au delà des $\frac{3}{5}$ de son capital primitif : quel était ce capital?

364. Un père apporte des pommes à ses enfants, et les partage comme il suit : il donne au plus âgé la moitié des pommes moins 8, au deuxième la moitié du reste moins 8, et ainsi de suite au troisième et au quatrième ; le cinquième reçoit les 20 pommes qui restent ; combien le père avait-il apporté de pommes ;

365. Je prends un nombre ; je le multiplie par $3\frac{3}{7}$ et je retranche 60 du produit ; je multiplie le reste par $2\frac{1}{2}$ et j'ôte 30 du produit ; il ne me reste rien : quel est ce nombre?

366. Un dissipateur prête toute sa fortune à 4 pour 100 : 2 ans après il en retire le quart, et laisse le reste pendant 7 mois ; après ce temps il prend encore le quart du reste, et laisse son capital ainsi diminué pendant 13 mois, après lesquels il retire tout ce qui lui en reste ; dans l'espace de ces 44 mois, il n'avait pas retiré moins de 24 375 francs d'intérêts : quel était son capital ?

367. Un père laisse un certain nombre d'enfants et une somme qu'ils doivent se partager de la manière suivante : le premier aura 100 francs et le dixième du reste, le deuxième 200 francs et le dixième du reste, le troisième 300 francs et le dixième du reste, et ainsi de suite, chacun des enfants devant avoir 100 francs de plus que le précédent et le dixième du reste ; le partage fait, chacun des enfants a reçu la même somme : quelle est cette somme? quel est le nombre des enfants ?

368. Quel aurait dû être le montant de cette somme si, chaque enfant recevant 30 francs de plus que le précédent et le neuvième du restant, les parts avaient été toutes égales ?

369. En général, quels seraient la valeur de la somme et le nombre des enfants si a exprime le surplus accordé à chaque enfant, et n le dénominateur de la fraction de la somme, les parts étant toujours égales ?

370. Un colonel veut ranger son régiment en carré. Il essaye de deux manières : d'après la première il lui reste 39 hommes ; et en mettant un homme de plus sur le côté il lui manque 50 hommes pour former le carré : de combien d'hommes se compose le régiment ?

371. On a un certain nombre de pièces de monnaie qu'on peut disposer en carré ; d'après un premier essai il y aurait 130 pièces de trop, et en mettant 3 pièces de plus par côté il ne resterait que 31 pièces ; combien a-t-on de pièces de monnaie ?

372. Trouver un nombre tel que, si on lui ajoute successivement les nombre a et b, la différence des carrés des deux nombres résultants soit égale à d.

373. Pour déterminer la capacité de 3 tonneaux, on sait que, si l'on remplit le premier avec ce que contient le second tout plein, il ne reste dans celui-ci que les $\frac{2}{9}$ du contenu ; qu'en remplissant le deuxième avec le contenu du troisième, il ne reste dans celui-ci que le tiers ; enfin que, si l'on vidait le premier pour en remplir le troisième, il faudrait y ajouter 50 litres ; quelle est, en litres, la capacité des 3 tonneaux ?

374. On a 4 tonneaux de différentes capacités ; avec le premier on remplit le deuxième, et il en reste les $\frac{4}{7}$; du deuxième on remplit le troisième avec $\frac{1}{4}$ du contenu pour reste ; avec le troisième on ne remplit que les $\frac{9}{16}$ du quatrième ; enfin, si l'on remplissait le troisième et le quatrième avec le contenu du premier, il resterait encore 15 litres dans le premier : quelle est la capacité de ces 4 tonneaux ?

RÉSOLUTIONS DES ÉQUATIONS DU PREMIER DEGRÉ A PLUSIEURS INCONNUES.

Résoudre les équations suivantes :

375.
$$3x + 2y = 118$$
$$x + 5y = 191.$$

376.
$$7x + \frac{5}{2}y = 411\frac{1}{2}$$
$$39x - 14y + 935\frac{9}{10} = 0.$$

377.
$$5\frac{3}{4}y - 11x = 4y + 117\frac{1}{8}$$
$$8x + 175 = 2y.$$

378.
$$7y = 2x - 3y$$
$$19x - 60y = 621\frac{1}{4}.$$

379.
$$113\frac{1}{2}x - 27\frac{5}{7}y = 10y + 5488\frac{4}{7}$$
$$9y - 347 = 5x - 420.$$

380.
$$(x+5)(y+7) = (x+1)(y-9) + 112$$
$$2x + 10 = 3y + 1.$$

381.
$$\frac{a}{b+y} = \frac{b}{3a+x}$$
$$ax + 2by = d.$$

382.
$$bcx + 2b - cy = 0$$
$$b^2y + \frac{a(c^3 - b^3)}{bc} = \frac{2b^3}{c} + c^3x.$$

383. $(b+c)(x+c-b)+a(y+a)=2a^2+b^2-c^2$

$$\frac{ay}{(b-c)x}=\frac{(b+c)^2}{a^2}.$$

384. $$3x+5y=\frac{(8b-2f)bf}{b^2-f^2}$$

$$b^2x-\frac{bcf^2}{b+f}+(b+c+f)fy=f^2x+(b+2f)bf.$$

385. $$x+y=10$$
$$x+z=19$$
$$y+z=23.$$

386. $$x+y+z=29\frac{1}{4}$$
$$x+y-z=18\frac{1}{4}$$
$$x-y+z=13\frac{3}{4}.$$

387. $$x+y+z=a$$
$$my=nx$$
$$pz=qx.$$

388. $$3x+5y=161$$
$$7x+2z=209$$
$$2y+z=89.$$

389. $$y+\frac{x}{2}=41$$
$$x+\frac{z}{4}=20\frac{1}{2}$$
$$y+\frac{1}{5}z=34.$$

390.
$$53-\frac{x}{2}-\frac{z}{2}=y-109$$
$$\frac{x}{4}+\frac{y}{8}=26$$
$$5y=4z.$$

391.
$$2x-\frac{3y}{4}=93-\frac{x}{2}-\frac{y}{4}$$
$$7x-5z=y+x-86$$
$$\frac{x}{2}+\frac{y}{3}+\frac{z}{4}=58.$$

392.
$$3x-100=5y+360$$
$$2\frac{1}{3}x+200=16\frac{1}{2}z-610$$
$$2y+3z=548.$$

393.
$$2x+5y-7z+288=0$$
$$5x-y+3z=227$$
$$7x+6y+z=297.$$

394.
$$18x-7y-5z=11$$
$$4\frac{2}{5}y-\frac{2}{3}x+z=108$$
$$3\frac{1}{2}z+2y+\frac{3}{4}x=80.$$

395.
$$\frac{1}{x}+\frac{1}{y}=a$$
$$\frac{1}{x}+\frac{1}{z}=b$$
$$\frac{1}{y}+\frac{1}{z}=c.$$

396.
$$\frac{2}{x}-\frac{5}{3y}+\frac{1}{z}=3\frac{4}{27}$$
$$\frac{1}{4x}+\frac{1}{y}+\frac{2}{z}=6\frac{11}{72}$$
$$\frac{5}{6x}-\frac{1}{y}+\frac{4}{z}=12\frac{1}{36}.$$

397.
$$3x+6y-2z+9u=6$$
$$4y-5x+5z-6u=5$$
$$2z-3x+8y-3u=3$$
$$9u+10y+3z-4x=9.$$

398.
$$\frac{x}{3}+\frac{y}{5}+\frac{2z}{7}=58$$
$$\frac{5x}{4}+\frac{y}{6}+\frac{z}{3}=76$$
$$\frac{x}{2}+\frac{3z}{8}+\frac{u}{5}=79$$
$$y+z+u=248.$$

399.
$$x+y+z+t+u=a$$
$$x+y+z+u+v=b$$
$$x+y+z+t+v=c$$
$$x+y+u+t+v=d$$
$$x+z+u+t+v=e$$
$$y+z+u+t+v=f.$$

Problèmes du premier degré à plusieurs inconnues.

400. Trouver deux nombres dont la somme soit 70 et la différence 16.

401. a étant la somme et b la différence de deux nombres, exprimer la valeur de chacun de ces deux nombres.

402. Il y a 300 francs dans ces deux bourses ; si vous preniez 30 francs dans la première pour les mettre dans la deuxième, il y aurait la même somme dans les deux : combien y a-t-il dans chaque bourse ?

403. A dit à B : Donne-moi 100 francs, et j'aurai autant d'argent que toi. — Donne-moi 100 francs, dit B à A, j'aurai le double de ce que tu as.

Combien chacun a-t-il?

404. J'ai deux boîtes de différentes valeurs ; en mettant 8 francs dans la première, je ne ferais encore que la moitié du prix de la deuxième, tandis qu'en mettant ces 8 francs dans la deuxième elle vaudrait 3 fois autant que la première : quelle est la valeur de chacune de ces boîtes ?

405. A et B possèdent ensemble 570 francs ; s'ils avaient l'un le triple, l'autre le quintuple de ce qu'ils ont réellement, ils auraient à eux deux 2350 francs : combien chacun possède-t-il ?

406. De deux nombres on multiplie l'un par a, l'autre par b, et la somme des produits est égale à k ; si l'on avait multiplié le premier par a' et le deuxième par b', la somme des produits aurait été égale à k' ; quels sont ces deux nombres ?

407. Quels sont les deux nombres tels qu'en augmentant le premier de 8, on obtient un résultat 3 fois $\frac{1}{4}$ aussi grand que le deuxième nombre, et en augmentant le deuxième de 4, le résultat n'est que la moitié du premier?

408. On a augmenté de a le premier de ces deux nombres, et il est devenu m fois aussi grand que le deuxième; celui-ci augmenté de b devient n fois aussi grand que le premier : quels sont ces deux nombres?

409. Quel âge avez-vous? demandait quelqu'un à son père. — Il y a 6 ans, répondit celui-ci, je dépassais du tiers le triple de ton âge. Dans trois ans, au contraire, il faudra multiplier ton âge par $2\frac{1}{6}$ pour faire le mien.

Quel est l'âge du père et celui du fils?

410. A et B possèdent ensemble 39 200 francs; ils mettent en société A le sixième, B le cinquième de sa fortune, et il leur reste autant à l'un qu'à l'autre : combien chacun possède-t-il?

411. A et B doivent l'un 1200 francs, l'autre 2550 francs; ils n'ont ni l'un ni l'autre assez pour payer leur dette. — Prête-moi, dit A à B, la huitième partie de ce que tu as, et je serai en état de payer ce que je dois. — Si tu voulais me prêter la sixième partie de ce que tu as, je pourrais payer la mienne, répondit l'autre.

Que possédaient A et B?

412. Un capitaliste emprunte 32 000 francs, à un certain taux, parce qu'il a l'occasion de placer 92000 francs à un taux plus élevé; il gagne à cette opération 3620 francs; une autre fois, et aux mêmes conditions, il emprunte 37 600 francs pour prêter 70 000 francs, ce qui lui rapporte un bénéfice de

2157 francs : à quel taux a-t-il emprunté ? et à quel taux a-t-il prêté ?

413. Un fabricant a deux masses de fer; il sait que les $\frac{2}{5}$ de la première pèsent 96 kilogrammes de moins que les $\frac{3}{4}$ de la deuxième, et les $\frac{5}{8}$ de celle-ci pèsent précisément autant que les $\frac{4}{9}$ de la première : quel est le poids de l'une et de l'autre de ces deux masses?

414. Un bassin de 210 litres est entretenu par deux fontaines; on sait par expérience qu'en les faisant couler l'une pendant 4 heures, l'autre pendant 5, elles ont versé à elles deux 90 litres d'eau; dans une autre expérience la première est restée ouverte pendant 7 heures, et la deuxième pendant 3 heures $\frac{1}{2}$, et elles ont donné 126 litres d'eau : on demande combien de litres d'eau fournit chaque fontaine par heure, et combien il leur faudrait de temps pour remplir le bassin si elles coulaient ensemble.

415. On a donné à quelqu'un 185 pièces de monnaie de 5 francs et de 1 fr. 50 c. pour 715 francs : combien de chaque espèce?

416. J'ai payé pour 8 kilogrammes d'une première espèce de marchandises, et pour 19 kilogrammes d'une deuxième, la somme de 16 fr. 45 c. : une autre fois j'ai donné 23 fr. 80 c. pour 20 kilogrammes de la première et 16 de la deuxième : quel est le prix de chaque?

417. Trois pays, A, B, C, se servent de trois mesures différentes pour les étoffes; 15 mesures de A et 33 de B font autant ensemble que 39 $\frac{1}{2}$ de C; on sait encore que 24 de A et 55 de B valent autant ensemble que 65 de C : on demande le rapport de la mesure de A et de B à celle de C, le rapport de celles de A et de B, et de combien pour 100 ces deux dernières diffèrent entre elles.

418. Si l'on savait que 17 $\frac{1}{2}$ de A, plus 19 de B, valent 34 $\frac{3}{4}$ de C, que 5 de A et 9 $\frac{1}{2}$ de B valent 13 $\frac{53}{56}$ de C, quels seraient les rapports et la différence des deux premières pour 100?

419. En admettant que 40 lieues de France valent 12 milles $\frac{1}{2}$ d'Allemagne de plus que 23 milles d'Angleterre, et que 10 lieues de France et 26 milles $\frac{1}{2}$ d'Angleterre valent autant que 11 milles $\frac{3}{4}$ d'Allemagne, quels sont les rapports de la lieue de France et du mille d'Angleterre au mille d'Allemagne, et le rapport de la lieue de France au mille anglais.

420. Un voyageur anglais change un billet de 150 livres sterling pour des ducats, et le banquier lui remet 331 ducats et 3 fr. 50 c. d'appoint; une autre fois il change au même cours un billet de 40 livres sterling, pour lequel il reçoit 88 ducats et 4 francs : quelle est la valeur de la livre sterling et du ducat?

421. Un voyageur allemand disait : J'ai voyagé en Allemagne, en France et en Angleterre, et j'ai dépensé dans ces trois pays 8325 thalers, savoir : 1520 thalers en Allemagne, 7540 francs en France, et 820 livres sterling en Angleterre. — Comme on lui demandait la valeur de la livre sterling et du franc en monnaie allemande, il répondit : 5 livres sterling valent 4 thalers de plus que 108 francs. Combien valent à ce compte le franc et la livre sterling en thalers ?

422. Un homme a deux chevaux et deux selles, dont l'une vaut 200 francs et l'autre 8 francs ; en mettant la meilleure selle sur le premier cheval et la moins bonne sur le deuxième, celui-ci vaut 32 francs de moins que l'autre ; en changeant les selles de place, le deuxième cheval vaut $3\frac{3}{4}$ autant que le premier : quel est le prix de chacun des deux chevaux ?

423. Quelle est la fraction telle que, si l'on ajoute 1 à son numérateur, sa valeur est $\frac{1}{3}$, et si l'on ajoute 1 au dénominateur, sa valeur est $\frac{1}{4}$?

424. Trouver la fraction telle que, si l'on retranche 3 des deux termes, sa valeur se réduit à $\frac{1}{4}$; elle devient égale à $\frac{1}{2}$ si l'on ajoute 5 au numérateur et au dénominateur.

425. B a prêté 12 600 francs de plus que A et à 1 pour 100 de plus par an, aussi retire-t-il 730 francs de plus d'intérêts par an ; C a placé 3000 francs de plus que A et à 2 pour 100 de plus d'intérêts par an, son revenu dépasse celui de A de 380 francs : combien chacun d'eux a-t-il placé, et à quel taux ?

426. Des officiers d'un même régiment ont fait un

repas de corps; s'ils avaient été 5 de plus et qu'ils eussent payé chacun 1 franc de plus, la dépense se serait augmentée de 61 fr. 50 c.; mais s'ils avaient été 3 de moins en payant 1 fr. 50 c. de moins, la dépense eût été réduite de 42 francs : combien étaient-ils? combien chacun a-t-il payé pour son écot?

427. On veut imprimer un livre dont le nombre de lignes dans chaque page et celui de lettres dans chaque ligne sont déterminés; si l'on avait mis 3 lignes de plus par page et 4 lettres de plus par ligne, la page aurait contenu 224 lettres de plus; en mettant 2 lignes de moins par page et 3 lettres de moins par ligne, la page aurait contenu 145 lettres de moins : combien a-t-on mis de lignes à la page et de lettres à la ligne?

428. Trouver deux nombres tels, qu'en augmentant l'un de a, l'autre de b, le produit des deux sommes dépasse de c le produit des deux nombres cherchés; et qu'en augmentant de a' l'un et de b' l'autre, le produit de ces deux nouvelles sommes dépasse le produit des deux nombres de la quantité c'.

429. Il y a peu de temps que l'avoine et le blé coûtaient l'un 2 francs de moins, l'autre 1 franc de moins l'hectolitre, et le rapport des prix de l'hectolitre était égal à $\frac{6}{7}$; maintenant ils sont entre eux comme 8 est à 9 : quel est le prix de l'hectolitre de l'avoine et du blé?

430. Il y a du vin dans deux tonneaux, dans l'un plus que dans l'autre; pour faire qu'il y en ait autant dans les deux, on met du premier dans le second autant qu'il y en avait déjà; ensuite on en met du deuxième dans le premier autant qu'il en reste dans celui-ci, et enfin du premier dans le second autant qu'il y en avait encore; après cela on trouve qu'il y a 16 hectolitres de vin dans chaque tonneau : combien y en avait-il auparavant dans chacun?

431. En représentant par a la quantité égale de vin qui se trouve à la fin dans chaque tonneau, combien y en avait-il d'abord dans le premier et dans le deuxième?

432. Un marchand a des vins de deux qualités; en mêlant 3 hectolitres du meilleur avec 5 du moins bon, il peut vendre le mélange à 20 fr. 50 c. l'hectolitre; et en mêlant $3\frac{3}{4}$ du meilleur avec $7\frac{1}{2}$ du moins bon, il pourrait vendre l'hectolitre à 20 francs : quel est le prix de l'hectolitre de chaque espèce?

433. Désignant par a et b les quantités de vin qui forment le mélange, et c le prix moyen, f et g les quantités de vin du deuxième mélange, dont le prix moyen est h, comment exprimer les prix de l'hectolitre de chaque qualité?

434. 37 kilogrammes d'étain pèsent 5 kilogrammes de moins pesés dans l'eau; 23 kilogrammes de plomb y perdent 2 kilogrammes; une composition de plomb et d'étain de 120 kilogrammes perd 14 kilogrammes dans l'eau : déterminer les quantités de plomb et d'étain qui composent l'alliage.

435. 21 kilogrammes d'argent ne pèsent dans l'eau

que 19 kilogrammes, et 9 kilogrammes de cuivre que 8 : si l'on sait qu'un alliage d'argent et de cuivre du poids de 148 kilogrammes perd 14 $\frac{2}{3}$ kilogrammes pesé dans l'eau, comment déterminer la quantité de chacun des métaux qui composent l'alliage?

436. Soient p le poids d'une masse métallique, a ce qu'elle perd de poids dans l'eau; cette masse est composée de deux autres métaux A et B, dont on sait que le poids p de chacun perd dans l'eau des quantités de poids différentes b et c : exprimer en général ce qu'il entre de A et de B dans l'alliage.

437. D'après Vitruve, la couronne de Hiéron, roi de Syracuse, pesait 20 livres; Archimède trouva qu'elle perdait 1 livre $\frac{1}{4}$ dans l'eau : en supposant qu'il n'y entrât que de l'or et de l'argent, dont les poids spécifiques sont 19,64 et 10,5, combien entrait-il de l'un et de l'autre de ces métaux dans la couronne?

438. Le poids spécifique du plomb est 11,324, celui du liége 0,24, et celui du sapin 0,45; on veut former avec du plomb et du liége un corps du poids de 80 kilogrammes, et qui pèse autant qu'un égal volume de sapin : combien doit-on prendre de plomb et de liége?

439. Soient p et p' les poids spécifiques de deux substances; il s'agit d'en faire un seul corps dont le poids absolu soit q et le poids spécifique p'' : combien faut-il prendre en poids de chaque espèce?

440. Trouver deux nombres dont la différence, la

somme et le produit, soient entre eux comme les nombres 2, 3 et 5.

441. Trouver deux nombres dont la somme soit m fo s et le produit n fois aussi grand que la différence.

442. La somme de deux nombres est 13, et la différence de leurs carrés est 39 : quels sont ces nombres ?

443. a étant la somme de deux nombres, et b la différence de leurs carrés, quels sont ces nombres?

444. Trouver deux nombres dont la somme soit a, et b le quotient obtenu en divisant l'un par l'autre.

445. On demandait à quelqu'un son âge et celui de son père et de son grand-père; il répondit : Mon âge et celui de mon père réunis font 56 ans, celui de mon père et de mon grand-père 100, le mien et celui de mon grand-père 80.

Quel est l'âge de chacun ?

446. Trouver trois nombres qui, ajoutés deux à deux, donnent les sommes a, b et c.

447. A, B, C doivent ensemble 2190 francs; aucun d'eux ne serait en état de payer cette somme, mais ils pourraient le faire en s'associant; par exemple si B réunissait les $\frac{3}{7}$ de ce qu'il a à ce que possède A, C les $\frac{5}{9}$ de ce qu'il possède à ce qu'a B, et A les $\frac{2}{3}$ de ce qu'il a à ce que C possède : combien chacun a-t-il?

448. A et B n'ont à eux deux que les $\frac{2}{3}$ de C; B et C ont à eux deux 6 fois autant que A, et si B avait

680 francs de plus qu'il n'a réellement, il aurait autant que A et C ensemble : combien chacun a-t-il ?

449. Voici trois bourses, dans chacune desquelles il y a une certaine somme. Je prends 20 francs de la première et je les mets dans la deuxième, dans laquelle il y a alors 4 fois autant qu'il en reste dans la première. De la deuxième je retire 60 francs, que je mets dans la troisième : il y aura alors dans celle-ci 1 fois $\frac{3}{4}$ autant que dans la deuxième. Enfin, je prends 40 francs dans la troisième pour les mettre dans la première, et il reste alors dans la troisième 2 fois et $\frac{7}{8}$ autant que ce qui se trouve actuellement dans la première. Combien y avait-il d'abord dans chaque bourse?

450. A, B et C comparent leurs fortunes. A dit à B : donne-moi 700 francs de ton argent, et j'aurai 2 fois autant d'argent que toi. B dit à C : Donne-moi 1400 francs, et j'aurai 3 fois autant que toi. C dit à A : Si tu me donnais 420 francs, j'aurais 5 fois autant que ce que tu as.

Combien chacun possède-t-il?

451. On demande 3 nombres tels, que, si l'on retranche 4 du premier pour les ajouter au deuxième, le rapport de la différence à la somme soit égal à $\frac{1}{2}$; qu'en ôtant 10 au deuxième pour les ajouter au troisième, la différence soit à la somme comme 3 à 10 ; qu'enfin, en retranchant 5 du premier pour les ajouter au troisième, le reste et la somme soient comme les nombres 3 et 11 : quels sont ces nombres?

452. A, B et C possèdent ensemble 1820 francs ;

B donne 200 francs à A, et A se trouve avoir 160 fr. de plus que B; C donne 70 francs à B, et ils ont chacun la même somme : combien chacun d'eux possède-t-il ?

453. Trois personnes ont dépensé une somme qu'aucune d'elles n'est en état de payer seule. A dit à B: Donne-moi le quart de ce que tu as, et je payerai seul. B dit à C: Donne-moi le huitième de ce que tu as, et je payerai la dépense. C enfin dit à A : Donne-moi la moitié de ce que tu as, et je payerai, quoique je n'aie que 4 francs.

Quelle est la somme, et combien chacun a-t-il d'argent ?

454. Un orfévre a trois lingots d'argent à des titres différents, savoir 0,900, à 0,800, à 0,720 de fin; en faisant un alliage des deux premiers lingots, le titre est de 0,840; du premier et du troisième, de 0,780; le poids des trois lingots est de 45 kilogrammes : combien pèse chacun d'eux?

455. Un Allemand paye 67 thalers 6 gros avec 7 frédérics d'or, 5 ducats et 2 carolins; une autre somme de 113 thalers 14 gros avec 9 frédérics d'or, 4 ducats et 8 carolins; et une troisième fois une somme de 96 thalers avec 6 frédérics d'or, 12 ducats et 4 carolins: combien vaut en thalers et gros chacune de ces trois pièces d'or? (Le thaler vaut 24 gros. Le thaler vaut environ 3 fr. 70 c. de monnaie de France.)

456. Un marchand a trois magasins, où il renferme ses marchandises, de trois sortes différentes; le premier contient 8 quintaux métriques de froment, 3 de seigle et 5 d'orge; le deuxième, 3 de froment, 10 de seigle et 7 d'orge; le troisième, 6 de froment, 9 de seigle et 13 d'orge; la valeur des marchandises contenues dans chaque magasin est estimée à 2936 francs, 3248 francs, 4520 francs : quel est le prix du quintal métrique de chaque espèce de céréales?

457. Trois personnes, A, B, C, achètent du café, du sucre et du thé, au même prix le kilogramme; A a payé 51 francs pour 6 kilogrammes de café, 9 de sucre et 3 de thé; B 64 fr. 10 c. pour 8 kilogrammes de café, 7 de sucre et 4 de thé; et enfin C a payé 48 fr. 50 c. pour 5 kilogrammes de café, 10 de sucre et 2 kil. 50 de thé : quel est le prix du kilogramme de chaque espèce?

458. Trois maçons, A, B, C, entreprennent de construire un mur; A et B pourraient l'achever en 12 jours, B et C en 20, et A et C en 15 : on demande combien de temps il faudrait à chacun des maçons, travaillant seul, pour construire le mur; combien de temps il leur faudrait pour achever l'ouvrage lorsqu'ils travailleront tous ensemble.

459. On a retenu trois ouvriers pour faire un ouvrage que A et B achèveraient en a jours, A et C en b jours, B et C en c jours : combien faudrait-il de temps a chacun d'eux, travaillant seul, pour l'achever? à tous les trois, s'ils travaillaient ensemble?

460. Trois fontaines, A, B, C, coulent dans un bassin; A et B le rempliraient en 70 minutes, A et C en 84, B et C en 140 : combien faudrait-il de temps

1° à chaque fontaine, 2° aux trois fontaines à la fois, pour remplir le bassin?

461. On a trois lingots d'alliage d'or, d'argent et de cuivre; le premier contient 5 onces d'or, 15 d'argent, 30 de cuivre; le deuxième 20 onces d'or, 28 d'argent et 48 de cuivre; le troisième 12 onces d'or, 39 d'argent et 24 de cuivre; on voudrait en faire un lingot qui contînt 10 onces d'or, 25 d'argent et 26 de cuivre: combien en prendra-t-on de chaque lingot?

462. Trois soldats, A, B, C, ont trouvé de l'argent sur le champ de bataille, en tout 384 francs; afin de le partager également entre eux, A donne à B et à C autant que ce que chacun des deux en a, B en fait autant à A et à C, et C à A et à B; après cette opération, chacun a réellement la même somme: combien chacun d'eux a-t-il trouvé d'argent?

463. J'avais 810 francs répartis inégalement dans trois tiroirs de mon secrétaire; afin qu'il y en eût autant dans chacun, j'en ai pris du premier pour en mettre dans chacun des deux autres moitié de ce qu'ils contenaient; j'en ai fait autant pour le second et pour le troisième tiroir, et le partage égal s'est ainsi fait: combien y avait-il d'abord dans chaque tiroir?

464. Trois personnes, A, B, C, jouent ensemble, à condition que celui qui perdra payera à chacun des deux autres le tiers de l'argent qu'il a; après trois parties, dont chacun des joueurs a perdu une, ils comptent leur argent, et il se trouve que chacun a la même somme de 64 francs : combien avaient-ils chacun avant de se mettre au jeu ?

465. Cinq personnes, A, B, C, D, E, jouent ensemble à condition que le perdant payera à chacun des quatre autres autant d'argent qu'il a ; après cinq parties perdues successivement par chaque joueur, il se trouve que chacun d'eux a la même somme de 32 francs : combien chacun avait-il avant de commencer ?

466. Un amiral doit distribuer en parts de prises aux équipages des trois vaisseaux qu'il commande la somme de 31 824 francs. Si l'on donnait 12 francs à chaque homme du premier vaisseau, les deux autres ne recevraient que 6 fr. par homme ; si le deuxième vaisseau recevait 12 fr. par homme, les deux autres ne recevraient que 4 francs ; enfin si chaque homme de l'équipage du troisième vaisseau recevait les 12 francs, chaque homme des deux autres ne recevrait que 3 francs : quelle est la force de l'équipage de chaque vaisseau ?

467. Déterminer trois nombres tels, que, si l'on ajoute successivement chacun des trois nombres à m fois, m', m'' fois la somme des deux autres, les sommes ainsi obtenues soient égales à a, a', a''.

468. Pour rendre le problème plus général encore, au lieu de trois nombres seulement, on peut en déterminer un nombre quelconque aux mêmes conditions : trouver l'expression de chacun de ces nombres et de leur somme.

469. Partager le nombre 83 en trois parties telles,

que, si l'on retranche 7 de la première et de la deuxième, le rapport des restes soit égal à $\frac{5}{3}$; et que, si l'on retranche 3 de la deuxième et de la troisième, les deux restes soient entre eux comme les nombres 11 et 9.

470. Déterminer trois nombres tels, que, si l'on ajoute 6 au premier et au deuxième, les deux sommes résultantes soient entre elles dans le rapport de 2 à 3; et que, si l'on ajoute 5 au premier et au troisième, les résultats soient entre eux comme les nombres 7 et 11; que si, au contraire, on retranche 36 du deuxième et du troisième, les restes soient entre eux comme 6 est à 7.

471. Déterminer le nombre de trois chiffres tels, 1° que les chiffres soient en proportion continue par différence; 2° que le quotient de ce nombre par la somme de ses chiffres soit égal à 48; 3° et qu'en retranchant 198 de ce nombre, le reste soit le nombre lui-même renversé.

ARTIFICES DE CALCUL.

Donner une forme plus symétrique aux expressions suivantes.

472. $ab - a'b'$.

473. $ab' - ba'$.

474. ab.

475. $a^2 + b^2$.

476. $(aa' + bb')^2 + (ab' - ba')^2$.

477. $(aa' + bb')^2 + (ab' + ba')^2 + a'^2c^2 + b'^2c^2$.

478. $(aa' + bb' + cc')^2 + (ab' - ba')^2 + (ac' - ca')^2$
$+ (bc' - cb')^2$.

479. $(aa' + bb' + cc' + dd')^2 + (ab' - ba' + cd' - dc')^2$
$+ (ac' - bd' - ca' + db')^2 + (ad' + bc' - b'c - da')^2$.

480. $(ab' - ba')(ab'' - ba'') + (bc' - cb')(bc'' - cb'')$
$+ (ca' - ac')(ca'' - ac'')$.

EXTRACTION DE LA RACINE CARRÉE DES NOMBRES ET DES QUANTITÉS ALGÉBRIQUES.

Extraire la racine carrée des nombres suivants :

481. $\sqrt{144}$.

482. 483. 484. $\sqrt{289}$. $\sqrt{4225}$. $\sqrt{61009}$.

485. 486. $\sqrt{582169}$. $\sqrt{956484}$.

487. 488. $\sqrt{57198969}$. $\sqrt{68492176}$.

489. 490. $\sqrt{25836889}$. $\sqrt{236144689}$.

491. 492. $\sqrt{1607448649}$. $\sqrt{780811249}$.

493. 494. $\sqrt{1420913025}$. $\sqrt{285970396644}$.

495. 496. $\sqrt{41605800625}$. $\sqrt{48303584206084}$.

497. 498. $\sqrt{12088868379025}$. $\sqrt{5}$.

499. 500. 501. $\sqrt{13}$. $\sqrt{22}$. $\sqrt{96}$.

502. 503. 504. $\sqrt{153}$. $\sqrt{101}$. $\sqrt{7{,}65}$.

505. 506. 507. $\sqrt{9{,}6}$. $\sqrt{15{,}2379}$. $\sqrt{0{,}056}$.

508. 509. 510. $\sqrt{0{,}00789}$. $\sqrt{0{,}003}$. $\sqrt{0{,}014}$.

511. 512. 513. $\sqrt{\frac{81}{256}}$. $\sqrt{\frac{7}{4}}$. $\sqrt{\frac{14}{9}}$.

514. 515. 516. $\sqrt{11\frac{16}{23}}$. $\sqrt{7\frac{13}{36}}$. $\sqrt{1\frac{2}{3}}$.

517. 518. 519. $\sqrt{\frac{7}{8}}$. $\sqrt{\frac{5}{12}}$. $\sqrt{\frac{1}{17}}$.

520. 521. $\sqrt{10\frac{3}{10}}$. $\sqrt{x^2+2ax+a^2}$.

522. 523. $\sqrt{x^2-2ax+a^2}$. $\sqrt{a^2-ab+\frac{b^2}{4}}$.

524. 525. $\sqrt{x^2+x+a^2\frac{1}{4}}$. $\sqrt{a^6+6a^3x^4+9x^8}$.

526. $\sqrt{\frac{9a^8}{4}-2a^4n^3+\frac{4n^6}{9}}$.

527. $\sqrt{\frac{25}{5}a^2b^2-\frac{5}{3}abc^2+\frac{1}{9}c^4}$.

528. $\sqrt{a^{2m}+2a^my^n+y^{2n}}$.

529. $\sqrt{\frac{a^2}{b^2}-\frac{4a}{3c}+\frac{4b^2}{9c^2}}$.

530. $\sqrt{a^2+2ab+2ac+b^2+2bc+c^2}$.

531. $\sqrt{9x^2-30ax-3a^2x+25a^2+5a^3+\frac{a^4}{4}}$.

532. $\sqrt{4x^4+8ax^3+4a^2x^2+16b^2x^2+16ab^2x+16b^4}$.

533.

$\sqrt{9a^2-6ab+30ac+6ad+b^2-10bc-2bd+25c^2+10cd+d^2}$.

534. $\sqrt{\frac{9}{4}+6x-17x^2-28x^3+49x^4}.$

535. $\sqrt{9x^4-3ax^3+6bx^3+\frac{a^2x^2}{4}-abx^2+b^2x^2}.$

536.

$\sqrt{\frac{4}{9}a^2x^4-\frac{4}{3}abx^3z+\frac{8}{3}a^2bx^2z^2+b^2x^2z^2-4ab^2xz^3+4a^2b^2z^4}.$

CALCUL DES RADICAUX DU DEUXIÈME DEGRÉ RÉELS OU IMAGINAIRES.

Effectuer les opérations suivantes :

537. $6\sqrt{2}-5\sqrt{2}+\frac{3}{2}\sqrt{2}-\frac{1}{2}\sqrt{2}.$

538. $\sqrt{24}+\sqrt{54}-\sqrt{6}.$

539. $2\sqrt{8}-7\sqrt{18}+5\sqrt{72}-\sqrt{50}.$

540. $3\sqrt{-4}-\sqrt{-25}+4\sqrt{-9}.$

541. $\sqrt{12}+2\sqrt{27}+3\sqrt{75}-9\sqrt{48}.$

542. $2\sqrt{-48}+3\sqrt{-12}+5\sqrt{-18}-7\sqrt{-32}.$

543. $8\sqrt{\frac{3}{4}}-\frac{1}{2}\sqrt{12}+4\sqrt{27}-2\sqrt{\frac{3}{16}}.$

544. $2\sqrt{\frac{5}{3}}+\sqrt{60}-\sqrt{15}+\sqrt{\frac{3}{5}}.$

545. $\sqrt{45c^3}-\sqrt{80c^3}+\sqrt{5a^2c}.$

546. $\sqrt{18a^5b^3}+\sqrt{50a^3b^3}.$

547. $\sqrt{\frac{a^4c}{b^3}}+\sqrt{\frac{a^2c^3}{bd^2}}-\sqrt{\frac{a^2cd^2}{be^2}}.$

548. $3b^2\sqrt{a^3c}+\frac{2}{c}\sqrt{a^5c^3}-c^4\sqrt{\frac{ac}{b^2}}.$

549. $\sqrt{\frac{a^3b^2}{cd^2} - \frac{2a^2b^3}{c^2d}}.$

550. $\sqrt{3a^2c + 6abc + 3b^2c}.$

551. $\sqrt{4a^5b^2 - 20a^3b^3 + 25ab^4}.$

552. $\sqrt{\frac{a^2x - 2ax^2 + x^3}{a^2 + 2ax + x^2}}.$

553. $\sqrt{\frac{a}{a^2bd - 2ab^2d + b^3d}}.$

554. $\sqrt{\frac{x^3 + 2x^2 + x}{a^3 + a^2b}}.$

555. $\sqrt{\frac{a^3 - a^2x - ax^2 + x^3}{b^5c^3d}}.$

556. $\frac{a-b}{a+b}\sqrt{\frac{ac}{a^2 - 2ab + b^2}}.$

557. $(\sqrt{5} + 2\sqrt{7} + 3\sqrt{10})\, 2\sqrt{5}.$

558. $(3 + \sqrt{5})\,(2 - \sqrt{5}).$

559. $(7 + 2\sqrt{6})\,(9 - 5\sqrt{6}).$

560. $(6 + 12\sqrt{7})\,(3 - 5\sqrt{7}).$

561. $(9\sqrt{12} + 3)\,(5\sqrt{12} + 8).$

562. $(9 + 2\sqrt{10})\,(9 - 2\sqrt{10}).$

563. $\left(-5 - \sqrt{\frac{3}{4}}\right)\left(-5 + \sqrt{\frac{3}{4}}\right).$

564. $(\sqrt{2}+\sqrt{3})(2\sqrt{2}-\sqrt{3})$.

565. $(5\sqrt{14}+3\sqrt{5})(7\sqrt{14}-2\sqrt{5})$.

566. $(\sqrt{7}-\sqrt{3})(\sqrt{5}-\sqrt{2})$.

567. $(5\sqrt{3}-7\sqrt{6})(2\sqrt{8}-3)$.

568. $(2\sqrt{8}+3\sqrt{5}-7\sqrt{2})(\sqrt{72}-5\sqrt{20}-2\sqrt{2})$.

569. $(3\sqrt{2}+2\sqrt{5}+\sqrt{7})(\sqrt{6}+5\sqrt{3}+\sqrt{10})$.

570. $(2-\sqrt{-3})(10-\sqrt{-8})$.

571. $(3-\sqrt{-5})(4-2\sqrt{-5})$.

572. $(\sqrt{2}-3\sqrt{-5})(\sqrt{7}-\sqrt{-3})$.

573. $(2\sqrt{3}-\sqrt{-5})(4\sqrt{3}-2\sqrt{-5})$.

574. $(2\sqrt{-3}-5\sqrt{-4}-7\sqrt{-2})(\sqrt{-7}-2\sqrt{-1})$.

575. $(a+\sqrt{b})(a-\sqrt{b})$.

576. $(\sqrt{a}+\sqrt{b})(\sqrt{a}-\sqrt{b})$.

577. $(a+\sqrt{x})(b+\sqrt{y})$.

578. $\left(\sqrt{\frac{ad^2}{c^3}}+\sqrt{\frac{a^2}{b}}\right)(\sqrt{ac}+\sqrt{b^3})$

579. $\left(\sqrt{\frac{ac^2}{a+b}}+\frac{1}{\sqrt{b}}\right)\left(\frac{c}{d}\sqrt{(a+b)a}-\sqrt{\frac{b^5}{c^2}}\right)$.

580. $(a+b\sqrt{-1})(a-b\sqrt{-1})$.

581. $(x-a+b\sqrt{-1})(x-a-b\sqrt{-1})$.

582. $$\frac{\sqrt{72}+\sqrt{32}-4}{\sqrt{8}}.$$

583. 584. $$\frac{2\sqrt{32}+3\sqrt{2}+4}{4\sqrt{8}}. \qquad \frac{1}{2+\sqrt{3}}.$$

585. 586. $$\frac{12}{5-\sqrt{21}}. \qquad \frac{7}{\sqrt{8}-2}.$$

587. 588. $$\frac{\frac{3}{4}\sqrt{\frac{5}{6}}}{\sqrt{\frac{1}{2}}-2}. \qquad \frac{\frac{1}{2}\sqrt{\frac{1}{2}}}{\sqrt{2}+3\sqrt{\frac{1}{2}}}.$$

589. 590. $$\frac{1+\sqrt{2}}{2-\sqrt{2}}. \qquad \frac{5-7\sqrt{3}}{1+\sqrt{3}}.$$

591. 592. $$\frac{\sqrt{3}+\sqrt{2}}{\sqrt{3}-\sqrt{2}}. \qquad \frac{6-3\sqrt{5}}{\sqrt{5}-1}.$$

593. 594. $$\frac{3\sqrt{5}-2\sqrt{2}}{2\sqrt{5}-\sqrt{18}}. \qquad \frac{1}{\sqrt{2}+\sqrt{3}-\sqrt{5}}.$$

595. 596. $$\frac{2-\sqrt{3}}{1+\sqrt{2}+\sqrt{3}}. \qquad \frac{3+4\sqrt{3}}{\sqrt{6}+\sqrt{2}-\sqrt{5}}.$$

597. $$\frac{156+12\sqrt{11}}{6+14\sqrt{2}-2\sqrt{11}}.$$

598. $$\frac{3\sqrt{-4}-2\sqrt{-12}+\sqrt{6}-9}{-3\sqrt{-2}}.$$

599. 600. $$\frac{6}{1+\sqrt{-2}}. \qquad \frac{5-\sqrt{-2}}{1+\sqrt{-2}}.$$

601. $$\frac{4\sqrt{5}-20}{\frac{3}{2}\sqrt{-10}-5\sqrt{-\frac{1}{2}}}.$$

602. $$\frac{14-\sqrt{15}-(7\sqrt{3}+2\sqrt{5})\sqrt{-1}}{7-\sqrt{5}\sqrt{-1}}.$$

603. $$\frac{1}{2+(\sqrt{3}-\sqrt{5})\sqrt{-1}}.$$

604. 605. $$\frac{\sqrt{a}}{b+\sqrt{c}}. \qquad \frac{\sqrt{a}}{\sqrt{b}+\sqrt{c}}.$$

606. $$\frac{(f^2-hg^2-m)\sqrt{m}-2gm\sqrt{h}}{f+g\sqrt{h}+\sqrt{m}}.$$

607. 608. $$\frac{a+b\sqrt{-1}}{a-b\sqrt{-1}}. \qquad \frac{m+n\sqrt{-1}}{p+q\sqrt{-1}}.$$

609. $$\sqrt{ax}+\frac{ax}{a-\sqrt{ax}}.$$

610. $$\frac{c\sqrt{x}}{\sqrt{a+x}}+\frac{d\sqrt{x}}{\sqrt{a-x}}+\frac{a\sqrt{ax^3+x^4}}{\sqrt{a^2-x^2}}-\sqrt{a^2-x^2}.$$

611. 612. $$\frac{a+\sqrt{-b}}{a-\sqrt{-b}}. \qquad \frac{a+\sqrt{-b}}{a-\sqrt{-b}}+\frac{a-\sqrt{-b}}{a+\sqrt{-b}}.$$

613. $$\frac{\sqrt{(a+x)}+\sqrt{(a-x)}}{\sqrt{(a+x)}+\sqrt{(a-x)}}.$$

614. $$\sqrt{a+\sqrt{b}}\pm\sqrt{a-\sqrt{b}}.$$

615. $$\sqrt{\frac{abx+c^2}{bc}+\sqrt{\frac{4ax}{b}}}+\sqrt{\frac{abx+c^2}{bc}-\sqrt{\frac{4ax}{b}}}.$$

616. $$\frac{\sqrt{1-x}+\dfrac{1}{\sqrt{1+x}}}{1+\dfrac{1}{\sqrt{1-x^2}}}.$$

RÉSOLUTION DES ÉQUATIONS DU DEUXIÈME DEGRÉ.

Résoudre les équations suivantes à une seule inconnue.

617. 618. $x^2+6x=27.$ $x^2-7x+3\frac{1}{4}=0.$

619. 620. $x^2-5\frac{3}{4}x=18.$ $3x^2-2x=65.$

621. $622x=15x^2+6384.$

622. $9\frac{3}{5}x-21\frac{15}{16}=x^2.$

623. $9\frac{1}{3}x^2-90\frac{1}{3}x+195=0.$

624. $\frac{18x^2}{5}+\frac{18078x}{65}+4728=0.$

625. 626. $x^2-8x=14.$ $118x-2\frac{1}{2}x^2=20.$

627. $8x^2-7x+34=0.$

628. $80x+\frac{3x^2}{4}+\frac{21x-27782}{12}=1859\frac{1}{3}-3x^2.$

629. 630. $\frac{x}{x+60}=\frac{7}{3x-5}.$ $\frac{48}{x+3}+5=\frac{165}{x+10}.$

631. $\frac{31}{6x}+\frac{16}{117-2x}+1.$

632. $\frac{2x+3}{10-x}=\frac{2x}{25-3x}-6\frac{1}{2}.$

633. $$\frac{25x+180}{10x-81}=\frac{40x}{5x-8}-\frac{3}{5}.$$

634. $$\frac{18+x}{6(3-x)}=\frac{20x+9}{19-8x}-\frac{13}{(3-x)}.$$

635. $$adx-acx^2=bcx-bd.$$

636. $$\frac{a^2x^2}{b^2}-\frac{2ax}{c}+\frac{b^2}{c^2}=0.$$

637. $$abx^2+\frac{3a^2x}{c}=\frac{6a^2+ab-2b^2}{c^2}-\frac{b^2x}{c}.$$

638. $$\frac{2c^2}{d^2}+\frac{ac}{d}-(a-b)(2c+ad)\frac{x}{d}=(a+b)\frac{cx}{d}-(a^2-b^2)x^2.$$

639. $$ax^2+b^2+c^2=a^2+2bc+2(b-c)x\sqrt{a}.$$

640. $$(4a^2-9cd^2)x^2+(4a^2c^2+4abd^2)x+(ac^2+bd^2)^2=0.$$

641. $$ab^3x^2+(c+1)bd\sqrt{c}+cb^2x^2=[b^3d\sqrt{c}+(ab+c)(c+1)]x.$$

642. $$\frac{5a+10ab^2}{9b^2-3a^2b^2}x^2-\left(\frac{5\sqrt{a+b}}{3b^3}+\frac{(2b^2+1)cd\sqrt{c}}{3-a^2}\right)x=\frac{cd}{ab}\sqrt{(a+b)c}.$$

643. $$3\sqrt{112-8x}=19+\sqrt{3x+7}.$$

644. $$\sqrt{2x+7}+\sqrt{3x-18}=\sqrt{7x+1}.$$

645. $$5\sqrt{62+3x}-\frac{1}{2}\sqrt{95\frac{2}{3}-5x}=41.$$

646. $$7\sqrt{\frac{3}{2}x-5}-\sqrt{\frac{x}{5}+45}-\frac{7}{4}\sqrt{10x+56}=0.$$

RÉSOLUTION DES ÉQUATIONS DU DEUXIÈME DEGRÉ A PLUSIEURS INCONNUES.

Résoudre les équations suivantes à plusieurs inconnues.

647.
$$x^2+y^2=a$$
$$x^2-y^2=b.$$

648.
$$x+y=a$$
$$xy=b.$$

649.
$$x+y=a$$
$$x^2+y^2=b.$$

650.
$$xy=a$$
$$x^2+y^2=b.$$

651.
$$x+y=a$$
$$x^3+y^3=b.$$

652.
$$2x+3y=118$$
$$5x^2-7y^2=4333.$$

653.
$$ax+by=h$$
$$cx^2+dy^2=k.$$

654.
$$x^2-y^2=h$$
$$(x+y+a)^2+(x-y+a)^2=k.$$

655.
$$\frac{18x}{y}=\frac{8y}{x}$$
$$3xy+2x+y=485.$$

656.
$$x+y+x^2+y^2=a$$
$$x-y+x^2-y^2=b.$$

657.
$$\frac{ax}{y}=\frac{by}{x}$$
$$cxy+dx+cy=h.$$

658.
$$x+y=xy$$
$$x+y+x^2+y^2=a.$$

659.
$$ax-by=g$$
$$a^3x^3-b^3y^3=hxy.$$

660.
$$(x-y)(x^2-y^2)=a$$
$$(x+y)(x^2+y^2)=b.$$

661.
$$x^2+y^2+z^2=a$$
$$y^2=2xz+b$$
$$cx=dz.$$

662.
$$x(y+z)=a$$
$$y(x+z)=b$$
$$z(x+y)=c.$$

663.
$$\frac{xyz}{x+y}=a$$
$$\frac{xyz}{y+z}=b$$
$$\frac{xyz}{x+z}=c.$$

664.
$$xy=p$$
$$(b-y)z=p'$$
$$(a-x)(c-z)=p''.$$

665.
$$x^2+y^2+z^2=k$$
$$ax+a'y+a''z=0$$
$$bx+b'y+b''z=0.$$

666.
$$axy + bx + cy + d = 0$$
$$a'yz + b'y + c'z + d' = 0$$
$$a''zx + b''z + c''x + d'' = 0.$$

Problèmes du deuxième degré à une seule et à plusieurs inconnues.

667. Quel est le nombre tel, que sa moitié multipliée par son tiers donne pour produit 864?

668. Quel est le nombre dont le septième multiplié par le huitième et le produit divisé par 3 donnent pour résultat $298 \frac{2}{3}$.

669. Trouver un nombre tel, qu'en l'ajoutant à 94 et le retranchant du même nombre, le produit de la somme par la différence ainsi obtenue soit égal à 8512.

670. Trouver deux nombres dont le produit soit 750, et le quotient $3 \frac{1}{3}$.

671. Soient en général a le produit et b le quotient, trouver l'expression des deux nombres.

672. Trouver deux nombres tels, que la somme de leurs carrés soit égale à 13 001, et la différence des mêmes carrés à 1449.

673. Soient a la somme et b la différence des carrés de deux nombres cherchés ; quelle est l'expression de ces deux nombres?

674. Trouver deux nombres dont le rapport soit celui des nombres 3 et 4, et la somme des carrés égale à 324 900.

675. Trouver deux nombres dont le rapport soit $\frac{m}{n}$, et la somme des carrés b.

676. Exprimer la valeur des deux nombres dont le rapport est $\frac{m}{n}$, et la différence de leurs carrés b.

677. On a placé un capital à 4 pour 100; si l'on multiplie ce capital par les intérêts qu'il donne en 5 mois, on obtient 117041 $\frac{2}{3}$: quel est ce capital?

678. On a acheté pour 5525 francs trois sortes de marchandises, dont chacune coûte autant de francs le kilogramme qu'on a acheté de kilogrammes ; on en a de la seconde un tiers de plus que de la première, et de la troisième 3 $\frac{1}{2}$ fois autant que de la deuxième : combien en a-t-on acheté de chaque espèce?

679. Un marchand se plaignait de ne pas vendre assez bien sa marchandise ; comme on lui demandait combien il en avait de klogrammes : si je la vendais 2 $\frac{3}{5}$ fois autant de francs le kilogramme que j'en ai de kilogrammes, je dépasserais 155 francs d'autant que je resterais au-dessous de cette même somme si je vendais le kilogramme la moitié de francs de ce que j'ai de kilogrammes.

Combien avait-il de marchandise?

680. J'ai pensé un nombre; je le multiplie par 2 $\frac{1}{3}$; j'ajoute 7 au produit ; je multiplie le résultat par 8 fois le nombre pensé : je le divise par 14, et je retranche du quotient le quadruple du nombre lui-même; j'obtiens 2352 : quel est le nombre pensé?

681. Trouver trois nombres tels, que le produit du premier par le deuxième soit a, le produit du premier par le troisième b, et la somme des carrés du deuxième et du troisième c.

682. Trouver trois nombres tels, que, si l'on divise les trois produits deux à deux par le troisième nombre, les quotients soient a, b, c.

683. Trouver trois nombres tels, que les produits du premier par le deuxième, du deuxième par le troisième, du troisième par le premier, soient égaux aux nombres a, b, c.

684. Trouver cinq nombres tels, que, si l'on multiplie chacun d'eux par celui qui le suit immédiatement, et le dernier par le premier, les produits soient a, b, c, d, e.

685. Au lieu de cinq nombres, si l'on en demandait sept, a, b, c, d, e, f, g étant les produits donnés, quels seraient ces nombres ?

686. Deux nombres sont tels, que l'un est plus grand que l'autre de 8, et que leur produit est 240 : quels sont ces nombres ?

687. a étant la somme de deux nombres, et b leur produit, quels sont ces nombres ?

688. Trouver un nombre tel, que son carré le surpasse de 306.

689. Si l'on multiplie le tiers d'un certain nombre par son quart, et qu'on ajoute au produit le quintuple du nombre lui-même, le résultat surpasse d'autant le nombre 200 que le nombre lui-même est au-dessous de 280 : quel est ce nombre ?

690. Quelqu'un à qui on demandait son âge, répondit : Ma mère achevait sa vingtième année au moment de ma naissance, et le nombre de ses années multiplié par les miennes surpasse de 2500 ans son âge et le mien réunis.

Quel âge a-t-il?

691. Un marchand a deux quantités différentes de thé de différentes qualités; le poids de la première est à celui de la deuxième comme 4 est à 3; le kilogramme de la première coûte en francs la moitié de son poids, et le kilogramme de la deuxième 6 francs de moins que le kilogramme de la première : la valeur totale est de 5240 francs : combien ce marchand a-t-il de kilogrammes de chaque qualité de thé?

692. Un marchand a trois pièces de velours, dont la deuxième et la troisième contiennent 3 et 5 mètres de plus que la première; le mètre de velours de la première pièce coûte autant de francs qu'elle mesure de mètres; le mètre de la deuxième coûte 10 francs de plus, et celui de la troisième 20 francs de plus que celui de la première; les trois pièces sont estimées à 9530 francs : combien de mètres contient la première pièce?

693. A a autant de fois 5 francs que B 9 francs, et que C 10 francs; si l'on multiplie l'argent de A par celui de B, et celui de B par l'argent de C, et qu'avec ces deux produits on additionne encore ce que tous les trois possèdent ensemble, le résultat sera 8832 francs : combien chacun a-t-il?

694. Les mouchoirs que j'ai achetés m'ont coûté 60 francs; si j'en avais eu trois de plus pour le même prix, ils me seraient revenus à 1 franc de moins pièce : combien en ai-je acheté ?

695. Un homme avait destiné une somme de 864 francs pour les pauvres de son quartier ; 6 d'entre eux n'ayant plus besoin de secours, chacun des pauvres qui restent reçoit 2 francs de plus : combien y avait-il de pauvres auparavant ?

696. Un père, en mourant, avait laissé une somme de 46 800 francs à partager également entre ses enfants ; avant le moment du partage, deux enfants viennent à mourir, et chacun des enfants qui restent reçoit 1950 francs de plus qu'il n'aurait reçu sans ce fatal événement : combien ce père avait-il laissé d'enfants ?

697. Trouver un nombre tel qu'en divisant un nombre donné c successivement par ce nombre, et par ce nombre augmenté de a, la différence des deux quotients soit égale à d.

698. Une société de 20 personnes, hommes et femmes, a dépensé 48 francs dans un hôtel, les hommes 24 francs et autant les femmes : on voit pourtant par le compte que chaque homme a payé 1 franc de plus que chaque femme : combien y avait-il d'hommes ?

699. Un homme achète un meuble, et le revend peu de temps après 144 francs ; à ce compte il gagne autant pour 100 que le meuble lui avait coûté : combien avait-il payé ce meuble ?

700. Un marchand fait venir des marchandises pour lesquelles il paye comptant une certaine somme, et 4 pour 100 de plus pour frais de transport ; il les revend pour 390 francs, et il gagne à ce marché autant pour 100 * que le douzième du prix de revient : combien avait-il acheté ses marchandises ?

701. Deux paysannes portent des œufs au marché, 140 à elles deux, et elles en retirent le même prix. — Si j'avais eu tes œufs, disait l'une, en les vendant au prix auquel j'ai vendu les miens, j'en aurais retiré 30 sous. — Et moi, répondit l'autre, si j'avais vendu les tiens au prix auquel j'ai vendu les miens, j'en aurais retiré 53 sous 4 deniers.

Combien chacune avait-elle d'œufs ?

702. Deux marchands ont vendu des étoffes, l'un 3 mètres de moins que l'autre, et ils en ont retiré à eux deux 35 francs. — Si j'avais vendu ta marchandise au prix de la mienne, disait l'un, j'en aurais retiré 24 francs. — Et moi de la tienne, répondait l'autre, au prix de la mienne, j'aurais retiré 12 fr. 50 c.

Combien de mètres d'étoffe chacun a-t-il vendu ?

703. Deux voyageurs, A et B, partent en même temps de deux lieux différents, C et D, et vont à la rencontre l'un de l'autre; après s'être rencontrés, ils calculent la route qu'ils ont faite et celle qui leur reste à faire; ils trouvent que A a fait 30 myriamètres de plus que B, et que, d'après la vitesse de leur marche, il ne faut plus à A que 4 jours pour arriver en D, et à B 9 jours pour arriver en C : quelle est la distance entre C et D ?

704. Soient en général d le chemin que A a fait

* Sur le prix d'achat.

de plus que B, a le temps qu'il faut encore à A pour achever son voyage, b le temps qu'il faut à B pour achever le sien : quelle est la distance de C à D?

705. Deux marchands ont mis en commun 500 fr. pour une petite affaire; l'un a laissé son capital 5 mois et l'autre 2 en société; après l'affaire chacun retire la même somme de 450 francs en capital et intérêts : quelle est la mise de chacun?

706. Deux personnes ont mis 2000 francs dans une entreprise; l'une a laissé sa mise 17 mois, et elle retire en capital et intérêts 1710 francs; l'autre, qui n'a laissé ses fonds que pendant 12 mois, retire 1040 francs d'intérêts et de capital : quelle est la mise de chacune?

707. Trouver deux nombres dont la somme soit 41 et la somme des carrés 901.

708. Partager un nombre a en deux parties dont la somme des carrés soit b.

709. La différence de deux nombres est 8 et la somme des carrés 544 : quels sont ces nombres?

710. Le produit de deux nombres est 255 et la somme de leurs carrés est 514 : quels sont ces nombres?

711. Partager le nombre 16 en deux parties telles que, si à leur produit on ajoute la somme de leurs carrés, le résultat soit 208.

712. Partager le nombre 39 en deux parties telles, que la somme de leurs cubes soit égale à 17 199.

713. Combien avez-vous dans votre caisse? demandait-on à quelqu'un. — Si j'avais 1578 francs de plus ou 142 francs de moins, la racine cubique du premier nombre serait plus grande de 10 francs que la racine cubique du second.

Combien a-t-il?

714. Quel est le nombre qui, ajouté à sa racine carrée, donne pour somme 1332?

715. Quel est le nombre qui surpasse de $48 \frac{3}{4}$ sa racine carrée?

716. Partager deux nombres donnés, a et b, en deux parties telles, que la première de a soit à la première de b comme m est à n, et que le produit des deux autres donne un nombre égal à p.

717. Sans changer la première condition, si l'on voulait que la somme des carrés des deux autres parties fût égale à un nombre s, quelle serait l'expression de la première partie de chacun des nombres donnés a et b?

718. Deux nombres sont tels, que leur différence ajoutée à la différence de leurs carrés donne pour somme 150, et leur somme ajoutée à la somme de leurs carrés, 330 : quels sont ces nombres?

719. Trouver deux nombres tels, que leur somme, leur produit et la différence de leurs carrés, soient égaux entre eux.

720. On a trois nombres en proportion continue par quotient; la somme de ces trois nombres est 126 et le produit 13824 : quels sont ces nombres?

721. On demande de trouver un nombre de trois chiffres tel, que la somme des carrés de ces chiffres soit 104, que le carré du chiffre moyen soit plus grand de 4 que le double produit des deux autres, enfin qu'en retranchant 594 de ce nombre le reste soit le nombre lui-même renversé.

722. Un bassin est rempli par deux fontaines; on laisse couler la première pendant les $\frac{3}{5}$ du temps que la seconde aurait mis à remplir le bassin; ensuite on l'arrête, et on laisse couler la seconde jusqu'à ce que le bassin soit rempli. Si les deux fontaines avaient coulé ensemble, le bassin aurait été rempli 6 heures plus tôt, et la première n'aurait versé que les $\frac{2}{3}$ de ce que la seconde fontaine a versé pour le remplir, après qu'on a eu arrêté la première : combien d'heures emploierait chaque fontaine coulant seule pour remplir le bassin ?

Extraction de la racine carrée d'une quantité en partie commensurable et en partie incommensurable, les radicaux étant réels ou imaginaires.

723. 724. $\sqrt{7+4\sqrt{3}}$. $\sqrt{43-15\sqrt{8}}$.

725. 726. $\sqrt{5-\sqrt{24}}$. $\sqrt{3-2\sqrt{2}}$.

727. 728. $\sqrt{28+5\sqrt{12}}$. $\sqrt{87-12\sqrt{42}}$.

729. 730. $\sqrt{\frac{3}{2}+\sqrt{2}}$. $\sqrt{2+\sqrt{3}}$.

731. 732. $\sqrt{7+6\sqrt{-2}}$. $\sqrt{31+42\sqrt{-2}}$.

733. 734. $\sqrt{16-24\sqrt{-5}}$. $\sqrt{-3+\sqrt{-16}}$.

735. 736. $\sqrt{4\sqrt{-6}-2}$. $\sqrt{-83-60\sqrt{-3}}$.

737. 738. $\sqrt{2+4\sqrt{-42}}$. $\sqrt{-2-2\sqrt{-15}}$.

739. $\sqrt{a^2+b+2a\sqrt{b}}$.

740. $\sqrt{ac^2+bd^2+2cd\sqrt{ab}}$.

741. 742. $\sqrt{2a+2\sqrt{a^2-b^2}}$. $\sqrt{x+2\sqrt{x-1}}$.

743. $\sqrt{\frac{a^2}{4}+\frac{c}{2}\sqrt{a^2-c^2}}$.

744. $\sqrt{x+xy-2x\sqrt{y}}$.

745. $\sqrt{\frac{3a}{b}+\sqrt{\frac{12a^3c^2}{bd^2}-\frac{4a^4c^4}{d^4}}}$.

746. $\sqrt{b^2-ab+\frac{a^2}{4}+\sqrt{4ab^3-8a^2b^2+a^3b}}$.

747. $\sqrt{\frac{a^2c}{b^2}-cd+\frac{ac\sqrt{4d}}{b}\sqrt{-1}}$.

748. $\sqrt{\frac{25a^2d}{c^2}-\frac{4a^2b}{d}-\frac{20a^2\sqrt{b}}{c}\sqrt{-1}}$.

749. $\sqrt{a^4x^4-a^3b^2-a^2b^3-2a^3bx^2\sqrt{a+b}\sqrt{-1}}$.

Problèmes qu'on peut résoudre par des équations du deuxième degré, au moyen d'un choix convenable des inconnues.

750. Trouver deux nombres dont la différence multipliée par la différence de leurs carrés donne pour produit 160, et dont la somme multipliée par la somme de leurs carrés donne pour produit 580.

751. On demande de trouver deux nombres dont la somme ajoutée avec leur produit donne 34, et tels, que la somme de leurs carrés surpasse de 42 la somme des deux nombres eux-mêmes.

752. Si l'on remplace 34 par a et 42 par b, quelles seront les valeurs générales de ces nombres?

753. Partager un nombre a en deux parties telles, que la somme de leurs quatrièmes puissances soit égale à b.

754. La somme de deux nombres est a, la somme de leurs cinquièmes puissances est b : quels sont ces nombres?

755. Étant donnés la somme a de deux nombres et le produit b de leur produit par la somme de leurs carrés, trouver ces deux nombres.

756. La somme de deux nombres ajoutée à la somme de leurs carrés est a; m fois la somme de leurs carrés ajoutée à n fois le produit de ces deux nombres est b : quels sont ces deux nombres?

757. Dans une proportion par quotient, la somme des moyens $= a$, la somme des extrêmes $= b$, et la somme des carrés des quatre termes $= c$: quelle est cette proportion?

758. La différence des moyens est a, celle des extrêmes b, la somme des carrés des quatre termes c : trouver les quatre termes.

759. Dans une proportion par quotient, on connaît le produit a des moyens ou des extrêmes, la somme b des quatre termes, et la somme c de leurs carrés : déterminer cette proportion.

760. Étant donnés le produit des extrêmes = le produit des moyens a, la différence b entre la somme des extrêmes et celle des moyens, et la somme c des carrés des quatre termes, déterminer la proportion.

761. Dans une proportion par quotient, le produit des extrêmes est égal à a, la somme des quatre termes = b, et la différence entre la somme des carrés des extrêmes et la somme des carrés des moyens = c : quelle est cette proportion ?

762. Déterminer trois nombres en proportion continue par quotient, tels, que la somme soit a, et la somme des carrés b.

763. La somme des trois termes d'une proportion continue par quotient est égale à a, et le reste que l'on obtient en retranchant le carré du terme moyen de la somme des carrés des extrêmes est égal à b : quelle est cette proportion ?

764. La somme des quatre termes d'une progression par quotient est égale à a, et la somme des carrés égale à b : déterminer la progression.

765. Dans une progression par quotient composée de quatre termes, on donne la différence a entre la somme des extrêmes et celle des moyens, et la différence b entre la somme des carrés des extrêmes et la somme des carrés des moyens : déterminer la progression.

766. Dans une progression par quotient de quatre termes, on donne la différence a entre la somme des deuxième et quatrième termes et la somme des premier et troisième, et la somme b des carrés des quatre termes : quelle est cette progression ?

767. On donne la somme a des quatre termes, la différence b entre la somme des carrés des extrêmes et la somme des carrés des moyens : déterminer la progression par quotient.

768. Dans une progression par quotient composée de quatre termes, on donne la somme a des extrêmes et la somme b des moyens : déterminer la progression.

769. Dans une proportion par quotient, on connaît la somme a des moyens, la somme b des extrêmes et la somme c des cubes des quatre termes : quelle est cette proportion ?

770. On connaît dans une proportion par quotient la somme a des quatre termes, la somme b de leurs carrés, et la somme c de leurs cubes : déterminer la proportion.

771. Dans une proportion par quotient, on donne l'excès a de la somme des extrêmes sur la somme des moyens, l'excès b de la somme des carrés des extrêmes sur celle des carrés des moyens, et enfin l'excès c de la somme des cubes des extrêmes sur la somme des cubes des moyens : trouver la proportion.

772. Déterminer les quatre termes d'une proportion par quotient dont on connaît le produit a des moyens ou des extrêmes, la somme b des quatre termes et la somme c de leurs cubes.

773. Connaissant la somme a des extrêmes, la somme b des moyens et la somme c des cubes des quatre termes, trouver la proportion.

774. Résoudre les deux équations suivantes :

$$(x'+x'')(1+x'x''+x'^2x''^2)+x'x''=a$$
$$x'x''(x'+x'')(x'+x''+x'x'')(x'+x''+x'x''+x'^2x''+x'x''^2)=b$$

x' et x'' étant les inconnues.

Questions sur les maxima et les minima dont la solution dépend de la résolution des équations du deuxième degré.

775. Quelle est la valeur de x qui rend la fonction

$$x^2+(8-x)^2$$

un minimum? et déterminer cette valeur minimum.

776. Quelle est la valeur de y qui rend la fonction

$$\sqrt{y}+\sqrt{10-y}$$

un maximum? et déterminer cette valeur.

777. Rendre minimum la fonction

$$\frac{a^2}{x}+\frac{a^2}{a-x}.$$

778. Quelle est la valeur minimum de la fonction

$$\frac{ab}{x}+\frac{b^2}{a-x}?$$

779. Partager un nombre a en deux parties dont le produit soit un maximum.

780. De tous les rectangles de même contour a, quel est celui dont la surface est la plus grande?

781. De tous les triangles de même base b et de même contour $2s$, quel est celui dont la surface est la plus grande, la surface du triangle en fonction des côtés étant

$$\sqrt{s(s-b)(s-x)(s-y)}, \quad x+y+b=2s?$$

782. De tous les triangles de même contour $2s$, quel est le plus grand en surface?

783. Quel est le parallélipipède de plus grande surface dont la somme des trois arêtes contiguës est a?

784. De tous les carrés qu'on peut inscrire dans un carré donné, quel est le plus petit en surface?

785. De tous les cylindres inscrits dans un cône droit dont le rayon est R et la hauteur h, quel est celui dont la surface latérale est un maximum?

RÉSOLUTION DES ÉQUATIONS INDÉTERMINÉES DU PREMIER ET DU DEUXIÈME DEGRÉ, EN NOMBRES ENTIERS ET POSITIFS.

Trouver les valeurs entières et positives des inconnues dans les équations suivantes :

786. $x+y=10.$

787. $17x-23y=19.$

788. $11x+5y=254.$

789. $39x-56y=11.$

790. $20x-31y=7.$

Trouver des valeurs entières de l'inconnue qui rendent entières et positives les expressions suivantes :

791. $\frac{x}{3}\ \frac{x-1}{7}\ \frac{x-6}{10}.$

792. $\frac{x-1}{2}\ \frac{x-2}{3}\ \frac{x-3}{5}.$

793. $\frac{x-16}{39}\ \frac{x-27}{56}.$

794. $\frac{x-3}{11}\ \frac{x-5}{19}\ \frac{x-10}{29}.$

795. $\frac{3x-10}{7}\ \frac{11x+8}{17}\ \frac{16x-1}{5}.$

796. $$3x+5y+7z=560$$
$$9x+25y+49z=2920.$$

797.
$$x+y+z=100$$
$$3\frac{1}{2}x+1\frac{1}{3}y+\frac{1}{2}z=190.$$

798.
$$x+y+z=30$$
$$7x+5\frac{1}{2}y+4\frac{1}{2}z=180.$$

799.
$$x+y+z+u=100$$
$$10x+5y+2z+\frac{1}{2}u=100.$$

800. $$xy=79-(x+y).$$

801. $$xy+2x+3y=42.$$

802. $$5xy=2x+3y+18.$$

803. $$xy+x^2=2x+3y+29.$$

Problèmes indéterminés du premier et du deuxième degré.

804. Quels sont les nombres qui, divisés par 3, donnent 1 pour reste, et divisés par 5, donnent pour reste 2?

805. Trouver un nombre qui, divisé par 8, donne 5, et par 11, 4 de reste.

806. Trouver un nombre divisible par 9, et qui, divisé par 14, donne 8 pour reste.

807. Une paysanne porte des œufs au marché en nombre plus grand que 100, mais au-dessous de 200; si elle les vendait par quinzaine, il lui en resterait 4; en les vendant par douzaine, il lui en resterait 10: combien a-t-elle d'œufs?

808. Un enfant jouait avec des noix (il en avait de

100 à 400), et en faisait de petits tas; en les disposant par tas de 13, il lui en restait 9; par tas de 17, il lui en restait 14 : combien avait-il de noix?

809. Quel est le nombre qui, divisé par les nombres 3, 7 et 10, donne pour restes 2, 3 et 9?

810. Quel est le nombre qui, divisé par 6, 12 et 15, donne pour restes 1, 1, 10?

811. Trouver un nombre qui, divisé par 5, 6, 7, 8, donne pour restes 3, 1, 0 et 5.

812. Quels sont les nombres qui, divisés par 4, 6, 9, 15, donnent, pour les trois premiers nombres, 3 pour reste, et 12 pour le quatrième?

813. On demandait à un colonel quelle était la force de son régiment. Je peux, répondit le colonel, ranger mes hommes sur 5, 6, 7 rangs de profondeur; mais quand je veux les disposer sur 11 rangs ou sur 13, il reste 9 hommes ou 8 hommes qui ne peuvent pas être en ligne.

De combien d'hommes se compose le régiment?

814. Un capitaine fait marcher sa compagnie sur 2, 4, 8 et 10 rangs, et il reste à chaque fois un seul homme; en la faisant marcher sur 6 ou sur 12 rangs, il en reste 5. Combien y a-t-il d'hommes dans la compagnie?

815. Une personne compte 3 à 3 les pièces d'or qu'elle a dans son tiroir, et il lui en reste 2; 5 à 5, et il en reste 1; elle en dépense 6, et compte de nouveau ce qui lui reste, d'abord 7 à 7, ensuite 11 à 11; il lui reste à chaque fois 3 pièces d'or. Combien en avait-elle?

816. Combien faut-il de pièces d'or de 20 francs et de 40 francs, les unes à la suite des autres, pour former la longueur du mètre ? Les diamètres des pièces de 20 francs et de 40 francs sont de 21 et 26 millimètres.

817. Trouver deux nombres tels, que l'excès du produit du premier par 17 sur le produit du deuxième par 26 soit égal à 7.

818. Dans une fonderie de canons, on a fondu des pièces de deux calibres différents ; chaque pièce de la première espèce pèse 16 quintaux et de la deuxième 25 ; et l'on a employé, pour les secondes pièces, un quintal de moins que pour les premières. Combien a-t-on fondu de canons de chaque espèce ?

819. Trouver trois nombres tels qu'en multipliant le premier par 7, le deuxième par 9, et le troisième par 11, le premier produit soit plus petit de 1 que le deuxième, et plus grand de 2 que le troisième.

820. Une société composée d'hommes, de femmes et d'enfants, a fait une partie de plaisir; chaque homme a dépensé 95 centimes, chaque femme 50, et chaque enfant 40 ; les hommes ont dépensé 35 centimes de plus que les femmes, et celles-ci 75 centimes de plus que les enfants. Combien y avait-il d'hommes, de femmes et d'enfants ?

821. Partager 142 en deux parties divisibles exactement l'une par 9 et l'autre par 14.

822. Partager 1591 en deux parties divisibles exactement l'une par 23 et l'autre par 34.

823. Partager 4890 en deux parties telles que la

première, divisée par 37, donne pour reste 3, et la deuxième, divisée par 54, donne 6 pour reste.

824. Une société, composée d'hommes et de femmes, a dépensé 43 fr. 80 c.; la dépense de chaque homme a été de 95 centimes et celle de chaque femme de 65. Combien étaient-ils d'hommes et de femmes?

825. Un fermier a acheté des chevaux et des vaches pour une somme de 7080 francs; chaque cheval lui coûte 124 francs, et chaque vache 84. Combien des uns et des autres?

826. Une personne a acheté 124 pièces de bétail, des porcs, des chèvres et des brebis; chaque porc lui coûte 54 francs, chaque chèvre 38, chaque brebis 15. Il a payé pour le tout 4800 francs. Combien a-t-il acheté de chaque espèce?

827. Partager le nombre 30 en trois parties telles, que la somme des produits de la première par 7, de la deuxième par 19, de la troisième par 38, soit égale à 745.

828. Partager le nombre 100 en trois parties telles, que la somme des produits de la première par 17, de la deuxième par 11, de la troisième par 3, soit égale à 880.

829. Trouver trois nombres tels, que la somme des produits du premier par 5, du deuxième par 13, du troisième par 18, soit égale à 997, et que la somme des produits du premier par 11, du deuxième par 20, du troisième par 37, soit égale à 1866.

830. Une fermière achète des oies, des dindons, des poulets et des pigeons, en tout 76 pièces; elle paye les oies 2 francs pièce, les dindons 1 fr. 5 c., les poulets 70 centimes, et les pigeons 40 ; elle paye pour le tout 70 fr. 70 c. Combien en a-t-elle acheté de chaque espèce ?

831. Trente personnes, hommes, femmes et enfants, ont dépensé ensemble 69 fr. 60 c. : chaque homme a payé 4 fr. 20 c. ; chaque femme, 1 fr. 65 c., et chaque enfant, 30 c. Combien y avait-il d'hommes, de femmes et d'enfants ?

832. Trouver deux nombres dont la somme égale le produit.

833. Trouver deux nombres dont la somme soit au produit comme les nombres m et n.

834. Trouver deux nombres entiers dont la somme et le produit, ajoutés ensemble, donnent 139.

835. Trouver deux nombres entiers tels que l'excès de leur produit sur le double de leur différence soit égal à 100.

836. Trouver en nombres entiers les côtés du rectangle dont l'aire, exprimée en nombres, est égale au contour.

837. Partager la fraction $\frac{230}{77}$ en deux autres dont les dénominateurs soient 7 et 11.

838. Trouver en nombres entiers les côtés d'un triangle rectangle dont l'aire, exprimée en nombres, soit égale au contour.

839. Trouver deux nombres entiers dont la somme des carrés soit aussi un carré parfait.

840. a et c étant des quantités rationnelles, quelles valeurs rationnelles faut-il donner à x et à y pour que l'expression $a^2x^2 + cx^2$ soit un carré parfait?

841. Quelle valeur faut-il donner à x dans l'expression $a^2x^2 + c$ pour la rendre un carré parfait?

842. a, b, c étant rationnels, quelles valeurs rationnelles peut-on donner à x et à y qui rendent un carré parfait l'expression $a^2x^2 + bxy + cy^2$?

843. Quelle est la valeur de x qui rend carré parfait la quantité $a^2x^2 + bx + c$?

844. Trouver pour x une valeur qui puisse rendre $ax^2 + bx + c^2$ un carré parfait.

845. Si $x = \omega$ est une valeur de x qui rend l'expression $ax^2 + bx + c$ un carré parfait, comment trouver d'autres valeurs?

846. On suppose que l'expression $ax^2 + bxy + cy^2$ puisse être décomposée en deux facteurs rationnels de la forme $mx + ny$, $m'x + n'y$, ce qui exige que $b^2 - 4ac$ soit un carré parfait : quelles sont les valeurs de x et de y qui rendront l'expression proposée un carré parfait?

847. Résoudre en nombres entiers l'équation $x^2 - Ay^2 = 1$, A étant un nombre quelconque positif, mais non carré parfait.

848. m et n étant deux racines convenables de l'équation $x^2 - Ay^2 = 1$ (A étant un nombre entier), trouver d'autres valeurs entières de x et de y qui résolvent l'équation proposée.

849. Trouver trois nombres tels, que leur somme et leurs sommes deux à deux soient des carrés parfaits.

850. Trouver deux nombres tels, que leur différence soit égale à la différence de leurs cubes.

851. Si l'on divise un carré quelconque par les nombres 1, 2, 3..., etc., quels sont les restes qu'on peut obtenir?

852. Quels restes peut donner un cube quelconque lorsqu'on le divise par les nombres 7, 8, 9?

853. Trouver deux nombres tels, que la somme de leurs carrés soit un carré de deux facteurs dont chacun soit aussi la somme de deux carrés.

854. Trouver quatre nombres dont la somme des carrés soit le produit de deux facteurs dont l'un est la somme de trois carrés, et l'autre la somme de deux carrés.

855. Trouver quatre nombres dont la somme des carrés soit le produit de deux facteurs dont chacun soit la somme de trois carrés.

856. Trouver quatre nombres dont la somme des carrés soit le produit de deux facteurs dont chacun soit la somme de quatre carrés.

857. Trouver pour x et pour y des valeurs qui rendent l'expression x^2+Ay^2 un produit de deux facteurs de la même forme.

ARRANGEMENTS, PERMUTATIONS, COMBINAISONS.

858. De combien de manières peut-on arranger m éléments n à n, avec répétition?

859. De combien de manières peut-on arranger m éléments pris n à n, sans répétition?

860. Combien n éléments donnent-ils de permutations?

861. Si, dans un nombre, il y avait des éléments répétés, leur produit étant représenté par $a^p b^q c^r d^s \ldots$, de manière que $p+q+r+s\ldots$ fût égal à n, combien ces n éléments pourraient-ils fournir de permutations?

862. Combien m éléments, pris n à n, donnent-ils de combinaisons différentes ou de produits différents?

863. Combien en donnent-ils avec répétition des mêmes éléments?

864. De combien de manières différentes sept personnes peuvent-elles se placer autour d'une table?

865. De combien de manières différentes pourrait-on permuter les vingt-quatre lettres de l'alphabet?

866. Combien y a-t-il de permutations des sept lettres a, b, c, d, e, f, g, qui commencent par l'une d'elles?

867. Combien qui commencent par les deux lettres a, b? Combien par a, b, c? Combien par a, b, c, d?

868. Combien de permutations où les quatre lettres *a*, *b*, *c*, *d* resteront ensemble et dans le même ordre ?

869. Combien de permutations où les lettres *a*, *b*, *c*, *d* resteront ensemble, quel que soit leur ordre respectif?

870. De combien de manières peut-on permuter douze éléments, dont 3 égaux à *a*, 5 égaux à *b*, 4 égaux à *c*?

871. Si l'on représente, pour abréger, par $a^3 b^5 c^4$, les douze éléments dans leur ordre naturel, combien y aura-t-il de permutations qui commenceront par c^3? par $a^2 b^2 c$?

872. Combien de permutations dans lesquelles l'élément *a* occupera un rang déterminé, le quatrième par exemple?

873. Si l'on permute de toutes les manières possibles les cinq chiffres 1, 2, 3, 4, 5, à quoi sera égale la somme de toutes ces permutations?

874. Si l'on dispose en colonnes toutes ces permutations, quelle est la somme de chaque colonne verticale ?

875. Quelle est la somme de chaque colonne verticale lorsqu'on place les unes sous les autres toutes les permutations de 2 557 789?

876. Combien y a-t-il d'extraits, d'ambes, de ternes, de quaternes et de quines, dans 90 numéros?

877. Combien d'extraits, d'ambes, de ternes, de quaternes, de quines, dans 60 numéros?

878. On fait choisir au hasard 15 cartes sur un jeu de piquet de 32 : combien de combinaisons possibles dans ces 15 cartes?

879. De combien de manières peut-on décomposer le produit de $2n$ facteurs, a, b, c, d, etc., en produits de 2 facteurs?

880. De combien de manières peut-on décomposer un produit de $3n$ facteurs en produits de 3 facteurs?

881. En général de combien de manières peut-on décomposer un produit de mn facteurs en produits de m facteurs?

882. Le nombre N étant décomposé en ses facteurs premiers, tels que $N = a^m b^n c^p$, etc., quel est le nombre des diviseurs de N?

883. Trouver un nombre qui ait n diviseurs, ni plus ni moins.

884. De combien de termes se compose un polynome complet du $n^{\text{ième}}$ degré à n inconnues, x, y, z, etc.?

885. Si l'on retranche tous les termes divisibles par x^p, combien en reste-t-il?

886. Si l'on retranche tous les termes divisibles par x^p et y^q, combien en reste-t-il?

887. Si, parmi les n cas possibles dans lesquels un événement peut arriver, il y en a m favorables, et par conséquent $n-m$ défavorables, quelle est la probabilité mathématique de cet événement?

888. En prenant 12 numéros à la loterie, quelle

est la probabilité de gagner un extrait, un ambe, un terne, un quaterne, un quine?

889. Combien faudra-t-il prendre de billets de 5 numéros à la loterie pour avoir la chance de gagner un quine?

890. Combien y aura-t-il de ces billets qui ne gagneraient qu'un quaterne, qu'un ambe, qu'un extrait, enfin qui ne contiendraient aucun des numéros sortants?

891. Quelle est la chance de tirer 6 numéros déterminés d'une urne qui en contient 13? Quelle est la chance de tirer 8 cartes déterminées d'un jeu de piquet de 32? Combien y a-t-il à parier pour l'un plutôt que pour l'autre?

892. De combien de manières peut-on partager 40 boules, toutes différentes, en tas de 7 et de 33 boules?

893. De combien de manières peut-on partager 21 boules, toutes différentes, en tas de 3, de 7 et de 11?

894. De combien de manières peut-on partager 19 boules, toutes différentes, en tas de 2, de 4, de 5 et de 8?

895. D'un jeu de cartes on en tire d'abord 12, et des 20 restantes 9, de sorte qu'on a alors trois paquets, le premier de 12, le deuxième de 9 et le troisième de 11 : à combien de combinaisons différentes ce partage peut-il donner lieu?

896. Au jeu de piquet chacun des deux joueurs

prend 12 cartes, et l'on en laisse 8 au talon : combien de combinaisons différentes ce jeu peut-il offrir ?

897. Au jeu de whist chacun des joueurs reçoit 13 cartes : combien de combinaisons différentes?

898. En prenant 30 numéros à la loterie, quelle probabilité y a-t-il qu'il n'en sorte qu'un ?

899. Quelle probabilité qu'il n'en sorte que 2 ?

900. Quelle probabilité qu'il n'en sorte que 3 ?

901. Quelle probabilité que les 5 numéros sortants soient parmi les 30 qu'on a pris ?

902. En prenant au hasard 9 cartes d'un jeu de piquet, quelle chance a-t-on de tirer 5 cartes d'une même espèce, 5 trèfles par exemple?

903. En prenant 5 numéros à la loterie, quelle est la probabilité d'en avoir trois des sortants, ni plus ni moins ?

904. En général, $\frac{m}{n}$, $\frac{m'}{n'}$, $\frac{m''}{n''}$, etc., étant les probabilités que chacun de trois événements arrive en particulier, quelle est la probabilité pour que les trois événements arrivent à la fois ?

905. 24 boules, dont 6 blanches, 8 noires et 10 rouges, sont renfermées dans une urne ; on en tire d'abord 7 au hasard, et ensuite 3 sur les 17 qui restent : si l'on pariait que les 7 premières seront toutes rouges et que les trois dernières seront blanches, quelle serait la chance de gagner ?

906. Combien de coups différents peut-on amener avec 2, 3, 4 dés, et en général n dés ?

907. Quelle est la probabilité d'amener les quatre mêmes points avec 4 dés ?

908. Quelle est la probabilité de n'amener que deux points égaux avec 3 dés ?

909. Quelle est la probabilité d'amener avec 4 dés seulement 2 points égaux, avec la condition que les autres dés offrent des points différents entre eux ? Quelle est la probabilité avec 5, 6, 7 dés, et enfin avec 8 dés ?

910. Quelle est la probabilité d'amener 3 points égaux seulement avec 4 dés ?

911. Quelle est la probabilité de n'amener que 3 points égaux avec 5 dés, avec la condition que les dés restants offrent des points différents entre eux ? Quelle est la probabilité avec 6, 7 ou 8 dés, et enfin avec 9 dés ?

912. Est-il plus probable d'amener 2 six avec 3 dés que de tirer 3 cartes d'une même couleur d'un jeu de piquet de 32 cartes ?

913. Quelqu'un offrait de parier qu'il amènerait 8 as avec 12 dés, tous les autres dés ayant des points différents ; un autre, qu'il tirerait 5 cartes d'une même couleur d'un jeu de 52 cartes : quel est celui des deux qui avait pour lui plus de chances ?

DÉVELOPPEMENT DES PUISSANCES DES BINOMES ET DES POLYNOMES.

Développer la somme des puissances semblables à deux binomes qui ne diffèrent que par le signe du deuxième terme.

914. $(a+b)^m+(a-b)^m.$

Développer la différence des puissances semblables.

915. $(a+b)^m-(a-b)^m.$

Développer les puissances suivantes :

916. $(5-4x)^4.$

917. $(3ac-2bd)^5.$

Trouver un ou plusieurs termes déterminés dans le développement d'une puissance d'un binome.

918. Quel est le cinquième terme du développement de $(a+b)^{16}$?

919. Le quatrième terme de $(a-b)^{100}$?

920. Le neuvième terme de $(2ab-cd)^{14}$?

921. Le terme du milieu de $(a-b)^{16}$?

922. Les deux termes du milieu de $(a-b)^{19}$?

Développement d'un polynome.

923. De combien de termes se compose le développement de

$$(a+b+c+d\ldots.)^m,$$

n étant le nombre de termes du polynome? et quelle est la somme de tous les coefficients?

924. Développer la puissance

$$(a+2b-c)^3.$$

925. Quel est le terme général du développement

$$(a+b+c+d\ldots.)^m,$$

n étant le nombre des termes du polynome?

926. Qnel est le coefficient du terme qui contient a^2bcd dans le développement de

$$(a+b+c+d)^5?$$

927. Quel est le coefficient du terme qui contient $a^3b^4c^2d^5e^6$ dans le développement de

$$(a+b+c+d+e)^{20}?$$

928. Développer la somme

$$(a+b\sqrt{-1})^m+(a-b\sqrt{-1})^m.$$

929. Développer la différence

$$(a+b\sqrt{-1})^m-(a+b\sqrt{-1})^m.$$

EXTRACTION DE LA RACINE CUBIQUE DES NOMBRES ET DES QUANTITÉS ALGÉBRIQUES.

Extraire la racine cubique :

930. $\sqrt[3]{50653}$.

931. 932. $\sqrt[3]{884736}$. $\sqrt[3]{405224}$.

933. 934. $\sqrt[3]{2460375}$. $\sqrt[3]{11089567}$.

935. 936. $\sqrt[3]{1191016}$. $\sqrt[3]{17173512}$.

937. 938. $\sqrt[3]{49836032}$. $\sqrt[3]{64481201}$.

939. 940. $\sqrt[3]{318611987}$. $\sqrt[3]{340068392}$.

941. 942. $\sqrt[3]{113028882875}$. $\sqrt[3]{12}$.

943. 944. $\sqrt[3]{267}$. $\sqrt[3]{687}$.

945. 946. $\sqrt[3]{5,8}$. $\sqrt[3]{102,875}$.

947. 948. $\sqrt[3]{28,25}$. $\sqrt[3]{58230,605376}$.

949. 950. $\sqrt[3]{465\frac{31}{64}}$. $\sqrt[3]{52034\frac{10}{27}}$.

951. 952. $\sqrt[3]{\frac{2}{3}}$. $\sqrt[3]{\frac{5}{6}}$.

953. 954. $\sqrt[3]{3\frac{4}{5}}$. $\sqrt[3]{15\frac{2}{3}}$.

955. $\sqrt[3]{8a^3-84a^2x+294ax^2-343x^3}$.

956. $\sqrt[3]{y^6-6ay^5+12a^2y^4-8a^3y^3}$.

957.

$\sqrt[3]{27z^6-54az^5+63a^2z^4-44a^3z^3+21a^4z^2-6a^5z+a^6}$.

958. $\sqrt[3]{8x^6+48hx^5+60h^2x^4-80h^3x^3-90h^4x^2+108h^5x-27h^6}$.

CALCUL DES RADICAUX ET DES EXPOSANTS FRACTIONNAIRES.

Effectuer les opérations indiquées.

959. 960. $\sqrt{2}\times\sqrt[3]{3}\times\sqrt[4]{5}.\quad \sqrt[3]{2}\times\sqrt[6]{\frac{1}{2}}\times\sqrt[3]{3}.$

961. $\sqrt[7]{\frac{4}{3}}\times\sqrt[3]{\frac{1}{2}}\times\sqrt[14]{6}.$

962. $(5+\sqrt[3]{4}+2\sqrt[4]{5})\,(\sqrt{6}+\sqrt{5}).$

963. 964. $\frac{4\sqrt[3]{12}}{2\sqrt{3}}.\quad \frac{\sqrt{8}+\sqrt[3]{12}+\sqrt[4]{2}}{2\sqrt{2}}.$

965. 966. $a^{\frac{3}{4}}\times a^{\frac{5}{3}}.\quad a^{-\frac{1}{2}}\times a^{\frac{7}{4}}\times a^{-\frac{1}{5}}.$

967. 968. $a^{-\frac{3}{4}}\times b^{-2}\times a^{\frac{3}{6}}b^{\frac{1}{2}}c.\quad \sqrt[5]{\sqrt[3]{a^2}}\times\sqrt[6]{\sqrt[4]{a^9}}.$

969. $\frac{b}{\sqrt{a}}\times\sqrt[3]{ac}\pm\frac{\sqrt[4]{c^3}}{\sqrt{b}}.$

970. $(\sqrt[4]{a^3}+\sqrt[5]{b^2})\,(\sqrt[4]{a^3}-\sqrt[5]{b^2}).$

971. $\left(5\sqrt[4]{a^7}-\frac{6ab}{\sqrt[4]{a}}\right)\left(\sqrt[3]{a}-\frac{7b}{\sqrt[3]{a^2}}\right).$

972. $\left(\sqrt[6]{\frac{1}{a^3b^2}}-\frac{2\sqrt[3]{b^2c^3}}{a\sqrt{a}}\right)\quad\left(\sqrt[5]{a^2}-\frac{b}{\sqrt[5]{a^3}}\right).$

973. $\frac{a^3-2\sqrt[4]{a^2b^3}-a^2\sqrt[6]{a^3b^2}+2b\sqrt[12]{b}}{\sqrt{a}-\sqrt[3]{b}}.$

974. $$\frac{(5a^2 - 41ab + 42b^2)\sqrt[12]{a}}{\sqrt[3]{a} - \frac{7b}{\sqrt[3]{a^2}}}.$$

975. 976. $$\frac{\sqrt[4]{a^3} - \sqrt[4]{b^3}}{\sqrt[4]{a} - \sqrt[5]{b}}. \quad \sqrt[3]{\sqrt[4]{a^3} \pm \sqrt[3]{b^2}}.$$

977. 978. $$\left(\frac{c^2 d}{(a+b)^{\frac{3}{2}}}\right)^{-\frac{1}{3}}. \quad \sqrt[4]{\left(\frac{a\sqrt{b}}{\sqrt[3]{ab}}\right)^2}.$$

PROGRESSIONS PAR DIFFÉRENCE.

979. Trouver le dix-septième terme d'une progression par différence dont le premier est 2 et la raison 3, et la somme des 17 termes.

980. $a=7, d=\frac{1}{4}$: trouver le seizième terme et la somme des 16 termes.

981. Quel est le premier terme d'une progression par différence dont la somme des trois premiers est $139\frac{2}{7}$ et la raison $1\frac{2}{3}$?

982. Le premier terme est $2\frac{1}{2}$, la raison $\frac{1}{3}$ et la somme 1900 : trouver le nombre des termes de la progression.

983. $a=\frac{3}{4}$, $d=\frac{1}{8}$, $s=60\frac{1}{8}$: quel est le dernier terme?

984. Étant donnés a, d et s, déterminer l.

985. Étant donnés d, l et s, déterminer a.

986. Un domestique, entrant dans une maison, reçoit la première année 240 francs, et son maître promet de lui donner 36 francs de plus chaque année, s'il est content de lui; le domestique ayant toujours bien servi, on demande combien il recevra à la fin de la dix-septième année, et combien il a reçu pendant ces dix-sept années?

987. Une personne a dépensé dans un jour 3 fr. 40 c.; le lendemain 0 fr. 20 c. de plus, et ainsi de suite : combien a-t-elle dépensé le seizième jour, et pendant tout ce temps ?

988. On donne à un ouvrier, pour creuser un puits de 20 mètres de profondeur, 2 francs pour le premier mètre, et 0 fr. 50 c. de plus pour chaque mètre suivant, à raison de la difficulté du travail : combien lui donnera-t-on pour le dernier mètre, et pour tout l'ouvrage ?

989. On a prêté un capital de 3500 francs à 4 pour 100 ; chaque année, pendant 24 ans de suite, on ajoute 300 francs au capital de l'année précédente : on demande à combien se montent les intérêts ?

990. Un voyageur, qui veut arriver en 19 jours, s'arrange de manière à faire chaque jour un quart de lieue de plus que le jour précédent ; le dernier jour il a fait 14 lieues $\frac{1}{2}$: combien a-t-il fait de lieues le premier jour, et dans tout son voyage ?

991. Quelle est la raison d'une progression par différence de 22 termes dont le premier terme est 1 et le dernier 15 ?

992. Trouver le nombre des termes d'une progression par différence dont la raison est 3, le premier terme 5, et le dernier 302.

993. On demandait à un domestique combien il recevait de gages par an. Je reçois maintenant 550 francs, répondit-il ; la première année on ne m'a donné que 100 francs, mais chaque année on me donne 30 francs de plus que l'année précédente.

Depuis combien de temps le domestique est-il dans cette maison ?

994. Un débiteur, ne pouvant payer en une seule fois une dette de 12 950 francs, propose à son créancier de lui payer à la fin du premier mois une somme de 600 francs, et chaque mois 50 francs de plus que le mois précédent : dans combien de mois aura-t-il payé toute sa dette, et combien donnera-t-il le dernier mois ?

995. On sait qu'un corps tombant dans le vide parcourt dans la première seconde de sa chute 15 pieds $\frac{5}{8}$ environ (4^{m},9044), et qu'à chaque seconde suivante il parcourt 31 pieds $\frac{1}{4}$ (9^{m},8088) de plus qu'à la seconde précédente : en supposant qu'un corps soit tombé pendant 20 secondes, combien de pieds aura-t-il parcourus dans la dernière seconde de sa chute, et pendant ces 20 secondes ?

996. En supposant que le corps ait parcouru 4000 pieds, quel est le temps de sa chute ?

997. Ce mois-ci j'ai économisé 78 francs, disait un ouvrier, et depuis que j'ai pensé à porter mon argent aux caisses d'épargne, qui sont un véritable bienfait pour nous, j'y ai déjà placé 1350 francs, économisant chaque mois, à cet effet, 2 francs de plus que le mois précédent.

Depuis combien de temps l'ouvrier place-t-il son argent dans les caisses d'épargne, et combien a-t-il économisé le premier mois ?

998. Un homme est condamné à payer une somme de 800 francs, qui doit être acquittée par portions, au moyen de payements mensuels, 20 francs le premier mois, et en augmentant à chaque mois de la même somme, de sorte que le dernier payement soit de 80 francs : dans combien de mois aura-t-il achevé de payer, et quelle est la somme qu'il doit donner de plus chaque mois ?

999. Dans un parc d'artillerie, un curieux, voyant une pile de boulets, demandait au garde qui l'accompagnait combien de boulets il y avait dans la dernière rangée. — Il y a en tout 4200 boulets, répondit le garde, et chaque rangée a 20 boulets de plus que celle qui la précède immédiatement.

1000. Un physicien a observé que, du 8 au 19 juin d'une certaine année, le thermomètre est monté chaque jour d'un demi-degré, et que la moyenne arithmétique de toutes les observations donnait $18^0\frac{3}{4}$: quelle température marquait le thermomètre le 8 juin ?

1001. Un capitaine de vaisseau, voulant récompenser son équipage, qui venait d'exécuter une belle manœuvre, donne une certaine somme d'argent au matelot qui s'est le plus distingué, au deuxième un peu moins, et ainsi de suite jusqu'au dernier, qui s'est le moins distingué. Deux matelots étant absents au moment de la gratification, deux de leurs camarades reçoivent pour eux ce qui leur revient, et mettent dans une même bourse et leur part et celle de leur camarade : l'un a reçu pour lui et son camarade absent 92 francs, et l'autre pour lui et pour son camarade absent 71 francs. Les deux matelots étant de retour, il s'agit de leur donner leur part; mais les camarades qui ont reçu pour eux ne se souviennent plus de ce qu'ils ont reçu pour chacun ; seulement le premier se souvient qu'il était le deuxième et son camarade absent le septième, et l'autre qu'il était le onzième et son camarade absent le quatrième.

Combien leur revient-il à chacun ?

1002. Dans une progression par différence de huit termes, la somme des moyens égale 31 $\frac{1}{2}$, et le produit des extrêmes 85 $\frac{1}{2}$: déterminer la progression.

1003. Deux voyageurs partent au même instant, l'un de A, l'autre de B, et vont à la rencontre l'un de l'autre. Le premier fait 4 lieues le premier jour, et chaque jour suivant il fait une lieue de plus que le jour précédent ; le deuxième fait constamment 8 lieues par jour. La distance de A en B est de 290 lieues. Après s'être rencontrés, ils trouvent qu'ils ont marché le même nombre de jours. On demande combien de lieues chacun a fait, et combien de jours ils ont mis pour se rencontrer ?

1004. J'ai prêté cette année une somme qui me rapportera 500 francs par an ; à partir de l'année prochaine j'ajouterai à ce revenu le 5 pour 100 jusqu'à ce que j'aie réuni une somme de 6875 francs : combien de temps ai-je à attendre ?

1005. La raison d'une progression par différence composée de quatre termes est d, et le produit des quatre termes a : trouver le premier terme.

1006. La raison d'une progression par différence composée de six termes $= d$, le produit de tous les termes $= a$: trouver le premier terme.

PROGRESSION PAR QUOTIENT.

1007. Trouver le neuvième terme d'une progression par quotient dont le premier est 5 et la raison 4, et la somme de ces neuf termes.

1008. $a=6\frac{1}{4}$, $q=1\frac{1}{2}$, $n=8$: trouver le dernier terme et la somme de la progression.

1009. $a=1$, $q=2$, $s=127$: trouver le dernier terme l.

1010. Connaissant a, l et n, déterminer q et s.

1011. Quelle est la limite de la somme des termes de la progression décroissante dont le premier terme est 40 et la raison $\frac{3}{7}$?

1012. Trouver la limite de la somme des termes de la progression décroissante dont le premier terme est 9 et la raison $\frac{2}{3}$?

1013. Un Français à Saint-Pétersbourg offrit de parier que la Néva serait prise le 8 novembre; les conditions du pari étaient que, pour chaque jour de retard ou d'avance, il donnerait ou recevrait 3 fois plus que le jour précédent, en commençant le premier jour par 5 centimes : la Néva ayant été prise le 20 novembre, combien a-t-il dû donner le dernier jour, et combien a-t-il perdu en tout?

1014. Quelqu'un offrait de vendre son cheval aux conditions suivantes : il demandait 1 centime pour le premier clou, 2 pour le deuxième, 4 pour le troisième, et ainsi de suite, en doublant pour chaque clou, jusqu'au trente-deuxième et dernier, le prix du clou précédent. Quel serait à ce compte le prix du cheval?

1015. Tout le monde connaît l'anecdote de ce prince de l'Inde qui demandait à l'inventeur du jeu des échecs quelle récompense il voulait de sa découverte. Celui-ci, dit-on, demanda 1 grain de blé pour la première case, 2 pour la deuxième, 4 pour la troisième, et ainsi de suite, en doublant toujours jusqu'à la soixante-quatrième et dernière case. Le prince, qui avait ri d'abord de la modestie de son protégé, fut bientôt effrayé de l'énormité de la demande. Combien de grains de blé?

1016. Un cultivateur emploie chaque année pour ensemencer ses terres tout le blé qu'il récolte; la première année il a semé 1 hectolitre de blé; la dixième année il récolte 1 048 576 hectolitres : en supposant que le rapport du blé soit le même chaque année, quel est ce rapport?

1017. On a observé que la population d'un certain pays s'accroît dans le même rapport; dans l'espace de 4 ans la population s'est élevée de 10 000 âmes à 14 641 : quel est le rapport de prorogation?

1018. On a inséré 10 termes moyens en progression par quotient entre 1 et 3 : quel est le deuxième terme?

1019. Quelle est la raison d'une progression par quotient de 32 termes dont le premier terme est 5 et le dernier 80? Quelle est la somme de tous les termes? quel est le vingtième?

1020. Dans une progression par quotient composée de 7 termes, si l'on ajoute 6 au premier, la somme de tous les termes est de 157 $\frac{1}{2}$, et si l'on ajoute 6 au dernier, cette deuxième somme est double de la première : déterminer la progression.

1021. On connaît la somme a de 5 termes en progression par quotient, et la somme b des termes de rang pair : quelle est cette progression ?

1022. La somme des termes de rang pair d'une progression par quotient composée de 4 termes est a, la somme des termes de rang impair b : déterminer la progression.

1023. En général, soient a la somme des termes de rang pair d'une progression par quotient composée de $2n$ termes, b la somme des termes de rang impair : déterminer la progression.

1024. Dans une progression par quotient composée de 6 termes on donne la somme a des deux moyens, la somme b des deux extrêmes : trouver la progression.

1025. Soient a la somme de tous les termes d'une progression par quotient, b la somme des carrés, c la somme des cubes : trouver la progression.

1026. On donne la somme a des termes, la somme b des carrés, la somme c des quatrièmes puissances : déterminer la progression.

SOMMATION DES PUISSANCES SEMBLABLES D'UNE PROGRESSION PAR DIFFÉRENCE.

1027. Étant donnée une progression par différence,

$$\div a.b.c.d\ldots h.i.k.l,$$

r étant la raison, trouver la somme des puissances m de tous les termes.

1028. Trouver la somme des puissances 0, 1, 2, 3, etc., des termes de la progression naturelle des nombres.

$$\div 1.2.3.4\ldots n.$$

1029. Dans les parcs d'artillerie on empile quelquefois les boulets en pyramides triangulaires, de manière que le boulet du sommet repose sur trois boulets qui forment la seconde rangée, ceux-ci sur les 6 de la troisième, etc.; en d'autres termes, les nombres des boulets de chaque rangée sont 1, 3, 6, 10, 15, 21, etc. : on demande le nombre de boulets de la $n^{\text{ième}}$ rangée et le nombre total de boulets de la pyramide, n étant le nombre des rangées.

1030. Si la pyramide n'était pas complète, en représentant par m le nombre de boulets de chacun des côtés de la rangée supérieure, exprimer le nombre de boulets de la pyramide tronquée, n étant le nombre de boulets du côté de la dernière rangée.

1031. Quelquefois aussi on empile les boulets en

pyramides quadrangulaires à base carrée dont les rangées contiennent 1, 4, 9, 16, etc., boulets : on demande le nombre de boulets compris dans une pyramide entière de n rangées.

1032. Si la pyramide est tronquée, m désignant le nombre de boulets du carré de la rangée supérieure, exprimer le nombre de boulets de la pile, n étant le nombre de boulets du côté de la dernière rangée.

1033. Lorsqu'on a beaucoup de boulets à empiler, on leur donne le plus souvent la forme des piles quadrangulaires à arête culminante et à base rectangle. Soit $k+1$ le nombre de boulets de la pile supérieure ; la deuxième rangée contient $2(k+2)$; la troisième, $3(k+3)$; la quatrième, $4(k+4)$, etc. ; et la $n^{ième}$, $n(k+n)$: on demande le nombre de boulets de la pile.

1034. Si la pile était tronquée, en désignant toujours par m et n les nombres de boulets des deux côtés de la dernière rangée, et m' et n' les nombres de boulets des côtés de la première, exprimer le nombre de boulets.

1035. Lorsque le parc d'artillerie est peu étendu, ou que le nombre de boulets est très-considérable, on place entre deux piles de la même hauteur une troisième pile qui repose sur chacune d'elles par ses faces latérales. $k-1$ étant le nombre de boulets de la pile supérieure, $2(k-2)$, $3(k-3)$,...., $n(k-n)$, exprimeront les nombres de boulets contenus dans les deuxième, troisième, quatrième, etc., $n^{ième}$ et dernière rangées : exprimer le nombre total des boulets de la pile.

1036. Enfin, lorsque la pile ne repose que par une de ses faces latérales contre une autre pile rectangulaire, on dispose les boulets de manière que la face libre soit parallèle à la face appuyée, et les rangées sont alors des rectangles dont l'un des côtés contient le même nombre de boulets que la file supérieure : m et n représentant le nombre de boulets des deux côtés de la dernière rangée, quel est le nombre de boulets de la pile totale ?

1037. Et si la pile est tronquée, m', n' représentant le nombre de boulets des deux côtés de l'assise supérieure, quel est le nombre de boulets ?

1038. Un espion s'est introduit dans une forteresse ; il a noté le nombre de piles de projectiles renfermées dans le parc d'artillerie, et pour chacune de ces piles le nombre de boulets des côtés de la base ; il a remarqué 6 piles quadrangulaires, à base rectangle, dont les côtés contenaient 7 et 15 boulets de 24 ; une pile quadrangulaire tronquée dont la base supérieure avait 6 et 9, et la base inférieure 18 et 12 boulets de 36 ; une pile quadrangulaire à base carrée dont le côté de base était de 10 bombes, et enfin une pile triangulaire d'obus dont le côté de la base supérieure était de 6 et celui de la base inférieure de 10 : combien y avait-il dans le parc de boulets de 24 et de 36, et de bombes et d'obus ?

FRACTIONS CONTINUES.

Réduire les fractions ordinaires en fractions continues, et former les réduites.

1039. 1040. 1041. $\frac{251}{764}$. $\frac{1769}{5537}$. $\frac{907}{18564}$.

Réduire en fractions ordinaires les fractions continues.

1042. $$\cfrac{1}{2+\cfrac{1}{1+\cfrac{1}{2+\cfrac{1}{1+\cfrac{1}{87}}}}}.$$

1043. $$\cfrac{1}{3+\cfrac{1}{3+\cfrac{1}{4+\cfrac{1}{2+\cfrac{1}{3+\cfrac{1}{1+\cfrac{1}{1+\cfrac{1}{2}}}}}}}}.$$

Exprimer une fraction en termes plus simples au moyen des réduites.

1044. $\frac{5065}{13891}$.

Exprimer, à moins d'un millième près, la valeur d'une fraction par une autre fraction.

1045. $\frac{13957}{59476}$.

Réduire les radicaux en fractions continues, et former les réduites.

1046. 1047. 1048. $\sqrt{28}$. $\sqrt{44}$. $\sqrt{53}$.

1049. Quelle est l'équation du second degré qui a donné pour x la valeur en fraction continue

$$x=3+\cfrac{1}{5+\cfrac{1}{2+\cfrac{1}{7+\cfrac{1}{2+\cfrac{1}{7+\cdots+\text{etc.}}}}}}$$

De quelles équations dépendent les valeurs suivantes?

1050. $$x=a+\cfrac{1}{a+\cfrac{1}{a+\cfrac{1}{a+\cdots+\text{etc.}}}}$$

1051. $$x=a+\cfrac{1}{b+\cfrac{1}{a+\cfrac{1}{b+\cfrac{1}{a+\cfrac{1}{b+\cdots+\text{etc.}}}}}}$$

1052. $$x=a+\cfrac{1}{b+\cfrac{1}{c+\cfrac{1}{d+\cfrac{1}{c+\cfrac{1}{d+\cdots+\text{etc.}}}}}}$$

LOGARITHMES.

Calculer au moyen des logarithmes les expressions suivantes.

1053. 1054. $x = \frac{a\sqrt[n]{c^m}}{b\sqrt{d}}$. $y = \sqrt[m]{a^2 - b^2}$.

1055. Étant donnés, dans une progression par quotient, a, q et l, trouver n.

1056. Étant donnés a, l et s, trouver n.

1057. Étant donnés a, l et n, trouver la raison q.

Trouver les logarithmes des nombres suivants :

1058. 1059. log 14459809. log 10134761.

1060. 1061. log 7095137. log 506860900.

1062. 1063. log 3,614699. log 211447,39.

1064. log 0,0013514133.

1065. 1066. log $32116\frac{7}{9}$. log $522076\frac{2}{13}$.

Étant donnés les logarithmes suivants, trouver les nombres.

1067. 1068. 0,7813427. 4,0005673.

1069. 1070. 5,6165834. 0,2307611.

Calculer au moyen des logarithmes les expressions suivantes

1071. 1072. $\sqrt[6]{235,78}$. $\sqrt[5]{\frac{13}{16}}$.

1073. **1074.** $\sqrt[3]{17705\frac{2}{6}}$. $\left(2\frac{5}{6}\right)^{9}$.

1075. **1076.** $\left(317\frac{3}{4}\right)^{0.6}$. $\sqrt[6]{\frac{7}{3}\sqrt[4]{6}}$.

1077. **1078.** $243\sqrt[3]{\frac{716,5}{\sqrt{2}}}$. $\sqrt[3]{5,03}+\sqrt[5]{0,2}$.

1079. $\sqrt[16]{\frac{43+5\sqrt[3]{278}}{\sqrt[5]{17}}}$.

Résoudre les équations exponentielles suivantes.

1080. $a^{mx}b^{nx}=c$.

1081. $3^x=177147$.

1082. $2^x=769$.

1083. $\left(\frac{3}{4}\right)^x=51\frac{1}{2}$.

1084. $\left(\frac{21}{20}\right)^x\left(\frac{3}{5}\right)^{\frac{2x}{2}}=\frac{7}{12}$.

1085. $\left(\frac{295}{867}\right)^{8-x}=632\left(\frac{56}{39}\right)^{\frac{x}{9}}$.

1086. $3^{2x}5^{6x-7}=9^{x-2}7^{1-x}$.

Résoudre les équations suivantes :

1087.
$$\log x-\log y=\log n$$
$$ax+by=c.$$

1088.
$$\log x+\log y=\log k$$
$$2\log x-2\log y=\log n.$$

Étant donnée la valeur d'une quantité par son logarithme, l'exprimer en nombre.

1089. $\log x = \frac{1}{2} \log a - \frac{1}{4} \log b.$

1090. $\log y = m \log a - nz.$

1091. $\log x = m \log a + n \log b - r + az.$

1092. $b + \log(a + x) = r \log u + c.$

1093. De quelle équation provient la question suivante ?

$$x = \frac{h \log c + k \log d - f \log a - g \log b}{m \log a + n \log b - p \log c - g \log d}$$

INTÉRÊTS COMPOSÉS ET ANNUITÉS.

1094. Trouver ce que devient un capital a placé à intérêts composés, au taux de r pour 1 franc par an, au bout de n années.

1095. On a laissé pendant 40 ans une somme de 5000 francs, en ajoutant chaque année les intérêts au capital : que devient cette somme au bout de 40 ans, au taux de 4 pour 100 par an?

1096. Une personne en mourant laisse 3200 francs, qui ne doivent être partagés entre les héritiers que dans 80 ans; le taux est de 3 pour 100 : quelle est la somme à partager?

1097. Un propriétaire a remarqué qu'un bois dont il exploite le revenu donne 3 cordes de bois pour cent, chaque année; le bois peut donner actuellement 32 500 cordes : dans 24 ans combien donnera-t-il, en supposant qu'on ne fasse point de coupe pendant tout ce temps?

1098. La population d'un pays est évaluée à 200 000 âmes; on a observé qu'elle s'augmente, suivant une loi constante, d'un quinzième chaque année : quelle sera la population dans 100 ans?

1099. On demande ce que devient au bout de 10 ans une somme de 12 000 francs placée à 6 pour 100 par an, les intérêts étant payés par semestre et s'ajoutant toujours au capital.

1100. Combien de temps faut-il laisser à intérêts la somme de 3600 francs à 5 pour 100, pour produire autant qu'a produit une autre somme de 5000 francs à 5 pour 100 pendant 12 ans?

1101. En général, soient a la première somme, r le taux (de 1 franc par an), a' un autre capital, r' le taux, n le temps total du placement du capital a' à intérêts composés : dans combien de temps le capital a produira-t-il autant qu'a produit a'?

1102. Quel capital placé à 4 pour 100 pourra produire, après 15 ans de placement à intérêts composés, autant que 4500 francs à 5 pour 100 au bout de 9 ans?

1103. Soient en général r le taux auquel un capital a été placé pendant n années, a' un deuxième capital placé pendant n' années au taux r', trouver la valeur que doit avoir le premier capital pour produire autant que le second.

1104. a premier capital, n nombre d'années; a' second capital, n' nombre d'années, r' taux du second capital : trouver le taux auquel il faut placer le premier pour lui faire produire la même somme que le second a produite.

1105. Une somme de 7963 francs a été placée à intérêts composés pendant dix ans à 5 pour 100 par an; au bout de la cinquième année le prêteur retire 576 francs, au bout de la huitième année il en retire encore 498 : que reste-t-il au bout de dix ans?

1106. On a prêté une certaine somme à intérêts

composés à 5 pour 100 : si le prêteur exigeait le payement de l'intérêt par semestre ou par quartier, quel serait le montant?

1107. En général, évaluer le taux pour une fraction $\frac{1}{p}$ de l'année, le taux étant de r pour 1 franc par an.

1108. Dans combien de temps un capital placé à 4 pour 100 devient-il double, triple, et en général m fois aussi grand?

1109. Une personne emprunte une somme de 600 francs pour 6 ans, et donne en échange un billét de 800 francs : à quel taux emprunte-t-elle?

1110. Connaissant le capital primitif a, n le nombre d'années, et ce que le capital est devenu au bout de ce temps A, déterminer le taux.

1111. J'ai 3750 francs à payer dans 6 ans : si je voulais payer actuellement, combien devrais-je donner à mon créancier? Le taux de l'intérêt est de 4 pour 100.

1112. Quelle est la valeur actuelle d'un capital a payable dans n années? Le taux est r pour 1 franc par an.

1113. On compte actuellement dans une ville 20 000 âmes, et l'on sait que la population s'augmente annuellement de $\frac{3}{100}$: quelle était sa population il y a 10 ans?

1114. Dans combien de temps la population serait-elle décuplée?

1115. Un capital a est placé à intérêts composés au taux de r pour 1 franc par an; à la fin de chaque année on ajoute ou on retranche une somme b : que deviendra le capital au bout de n années?

1116. On a placé 6000 francs à 5 pour 100 à intérêts composés; au bout de chaque année on ajoute 400 francs : que deviendra le capital au bout de 10 ans ?

1117. On prend chaque année 400 francs d'un capital de 5000 francs placé à 5 pour 100 : au bout de 10 ans qu'en restera-t-il?

1118. Une personne a 4000 francs à payer au commencement de chaque année pendant 7 ans de suite; mais n'ayant pu effectuer ces payements annuels, elle donne le tout au commencement de la septième année : combien ? Le taux est 4 pour 100.

1119. On a placé 30 000 francs à 4 pour 100 à intérêts composés; chaque année on retire 800 francs : que deviendra le capital au bout de 15 ans?

1120. Une personne possède une somme de 100 000 francs qu'elle a placée à intérêts composés, mais elle a besoin de 6000 francs par an pour son entretien, elle est donc forcée de prendre chaque année sur son capital : dans combien de temps l'aura-t-elle dépensé ?

1121. Un capital a, placé à intérêts composés, s'augmente ou diminue chaque année d'une somme b : dans combien d'années deviendra-t-il égal à un capital a' ?

1122. En supposant b plus grand que l'intérêt du capital a, dans combien d'années le capital sera-t-il réduit à zéro ?

1123. Quelle est la valeur d'une rente annuelle k dont on doit jouir pendant n années ?

1124. Une personne doit vendre une rente annuelle de 500 francs pendant 6 ans : combien peut-on lui en donner, le taux étant à 3 $\frac{1}{2}$ pour 100 ?

1125. Quelle est la valeur d'une rente annuelle de 350 francs pendant 8 ans, au taux de 4 pour 100 ?

1126. Quel est le montant d'une rente annuelle k pendant n années, la valeur actuelle de cette rente étant v ?

1127. Une personne s'engage à payer une dette de 1200 francs en 7 ans, au moyen de payements égaux ; le taux est à 4 pour 100 : quel est le montant de la somme qu'elle doit payer ?

1128. Une personne qui peut espérer de vivre encore 13 ans place à fonds perdu un capital de 20 000 francs dans une maison d'assurance qui donne le 4 pour 100 : quel est le montant de la rente ?

1129. Une société d'assurance propose de payer à quelqu'un une rente de 2000 francs pour un capital de 34 580 francs qu'il a placé à fonds perdu : à combien d'années la société a-t-elle fixé la durée probable de la vie de cet individu ?

1130. Combien de temps doit durer une rente dont la valeur actuelle est v ?

1131. On demande quel est le montant de la rente k' pendant n' années, qui a la valeur actuelle d'une rente k pendant n années, le taux étant le même dans les deux cas ?

1132. Si la rente k' avait déjà été payée pendant m années, quelle serait sa valeur aux mêmes conditions que précédemment ?

1133. Quelle est la valeur actuelle d'une rente annuelle k, croissant chaque année en progression par quotient dont la raison est q, et devant durer n années, au taux général de r pour 1 franc par an ?

1134. Quelle est la valeur actuelle d'une rente qui croît comme les nombres 1, 2, 3, 4, etc., et qui doit durer n années ?

RÉSOLUTION DES ÉQUATIONS NUMÉRIQUES DES DEGRÉS SUPÉRIEURS.

Résoudre les équations suivantes :

1135. $x^3 - 9x^2 + 26x - 24 = 0.$

1136. $x^3 - 8x^2 + 5x + 14 = 0.$

1137. $x^3 - 49x - 120 = 0.$

1138. $x^4 - 10x^3 + 35x^2 - 50x + 24 = 0.$

1139. $x^4 + 27x^3 + 287x^2 + 1147x + 1560 = 0.$

1140. $x^3 + \frac{17}{4}x^2 - \frac{79}{8}x + \frac{15}{4} = 0.$

1141. $x^3 - \frac{14}{5}x^2 + 7x - \frac{10}{3} = 0.$

1142. $x^3 + \frac{8}{5}x^2 + \frac{9}{100}x - \frac{9}{100} = 0.$

1143. $x^3 + \frac{82}{15}x^2 - \frac{173}{5}x - \frac{126}{5} = 0.$

1144. $x^4 - \frac{19}{4}x^3 + \frac{49}{8}x^2 - \frac{11}{4}x + \frac{3}{8} = 0.$

1145. $x^4 - \frac{41}{8}x^3 + \frac{287}{32}x^2 - \frac{393}{64}x + \frac{45}{32} = 0.$

1146. $x^3 - 14x^2 - 5x + 70 = 0.$

1147. $x^3 - 13x^2 + 49x - 45 = 0.$

1148. $x^3 - 13x^2 - 38x + 16 = 0.$

1149. $x^3 - 6x^2 + 19x - 44 = 0.$

1150. $x^3 + \frac{7}{6}x^2 + \frac{13}{2}x + \frac{21}{2} = 0.$

1151. $x^4 + x^3 - 24x^2 + 43x - 21 = 0.$

1152. $x^5 - 3x^4 - 8x^3 + 24x^2 - 9x + 27 = 0.$

1153. $x^5 - \frac{3}{2}x^4 - 6x^3 + 9x^2 - 13x + 19\frac{1}{2} = 0.$

1154. $x^6 - 12x^5 + 54x^4 - 104x^3 + 45x^2 + 108x - 108 = 0.$

1155. $6x^5 - 65x^4 + 237x^3 - 345x^2 + 181x - 30 = 0.$

1156. $x^3 - 2 = 0.$

1157. $x^3 - 15x^2 + 63x - 50 = 0.$

1158. $x^3 - 12x^2 + 45x - 53 = 0.$

1159. $x^3 - 12x^2 + 57x - 94 = 0.$

1160. $x^3 - 12x - 28 = 0.$

1161. $x^4 - 4x^3 + 18 = 0.$

1162. $x^4 + 8x^2 + 16x - 440 = 0.$

Résolution des équations à deux ou plusieurs inconnues des degrés supérieurs.

Résoudre les équations suivantes :

1163. $yx^2 - 2x^2 + yx - y^2 + y = 0$
$yx^2 + y^2x + y^3 - 1 = 0.$

1164. $x^2-2xy+y^2+4x-4y+3=0$

$x^3+(3y-1)x^2+(3y^2-2y-9)x+y^3-y^2-9y+9=0.$

1165. $y^2+3x^2+4xy+y+5x-2=0$

$y^3+(2x+2)y^2-x^2y+7xy-5y-2x^3+9x^2-7x-6=0.$

1166.
$$yx^3-6x^2-yx+6=0$$
$$2x^3-3yx^2-2y^2x+3y^3=0.$$

1167. $x^3-5yx^2+8y^2x-x-4y^3+y=0$

$x^3-3yx^2+3y^2x-5x^2+10yx+6x-y^3-5y^2-6y=0.$

1168. Trouver l'équation finale résultant de l'élimination entre deux équations générales du deuxième degré à deux inconnues

$$Px^2+Qx+R=0$$
$$P'x^2+Q'x+R'=0,$$

dans lesquelles P, Q, R, P', Q', R' sont des fonctions de y.

1169. Trouver l'équation finale résultant de l'élimination entre deux équations du troisième degré dont la forme générale est

$$Px^3+Qx^2+Ru+S=0.$$
$$P'x^3+Q'x^2+R'x+S'=0.$$

On emploiera pour cette élimination soit la méthode du diviseur commun, soit la méthode du coefficient pour abaisser le degré des deux équations, soit enfin la méthode des fonctions symétriques, ce qui donnera au lecteur l'occasion d'appliquer les formules de ces fonctions dans toutes leurs variétés.

1170. Si l'on avait à éliminer entre deux équations du quatrième degré à deux inconnues telles que

$$Px^4+Qx^3+Rx^2+Sx+T=0$$
$$P'x^4+Q'x^3+R'x^2+S'x+T'=0,$$

on les ramènerait au système des deux équations

$$(P'Q-PQ')x^3+(P'R-PR')x^2+(P'S-PS')x+(P'T-PT')=0$$
$$(P'T-P'T)x^3+(QT'-Q'T)x^2+(RT'-R'T)x+(ST'-S'T)=0,$$

auxquelles on appliquerait la formule de l'équation finale résultant de l'élimination entre deux équations du troisième degré.

1171. Résoudre les équations suivantes :

$$x^2+y^2-2xz+1=0$$
$$xz+(y-1)x-z-1=0$$
$$x+y-z=0.$$

Résolution des équations littérales.

Résoudre les équations suivantes en décomposant leurs premiers membres en facteurs premiers rationnels :

1172. $2x^4+ax^3+a^2x^2+a^3x-a^4=0.$

1173. $y^4-(a+b)y^3-(a^2-3ab)y^2+(a^3-a^2b-ab^2)y$
$$-a^3b+a^2b^2=0.$$

1174. $2z^4+(b+3c)z^3-(7b^2-2bc-c^2)z^2-2(b^3+3b^2c)z$
$$+6b^4-4b^3c-2b^2c^2=0.$$

1175. Résoudre l'équation suivante :

$$x^3+a^2x+abx-a^3-b^3=0,$$

par la méthode des coefficients indéterminés, en substituant à la place de x sa valeur

$$x = \mathrm{A} + \mathrm{B}b + \mathrm{C}b^2 + \mathrm{D}b^3 + \text{etc.}$$

Recherche des facteurs du deuxième degré.

Trouver les facteurs du second degré du premier membre des équations suivantes :

1176. $x^4 - x^3 - 14x^2 - x - 15 = 0.$

1177. $x^5 - 7x^4 + 10x^3 - 3x^2 - 2x + 6 = 0.$

1178. $y^4 + x^4 + c^2x^2 + 2y^2x^2 - 2cx^3 - 2cy^2 - a^2y^2$
$+ c^2y^2 - a^2x^2 + 2a^2cx - a^2c^2 = 0.$

Problèmes qui donnent lieu à des équations de degrés supérieurs au deuxième degré.

1179. Quel est le nombre dont le tiers multiplié par le carré donne pour produit 1944 ?

1180. Trouver un nombre tel qu'en multipliant ensemble sa moitié, son tiers et son quart, on obtienne 4608 pour produit.

1181. On sait qu'un nombre est tel, qu'après avoir divisé sa quatrième puissance par sa huitième partie, l'excès de ce quotient sur 12 000 est 167 : quel est ce nombre?

1182. On a acheté pour 164 fr. 64 c. des oranges, qu'on a renfermées dans un certain nombre de paniers dont chacun contient trois fois autant d'oranges qu'il y a de paniers en tout; chaque orange coûte 2 fois autant de centimes qu'il y a de paniers : combien y a-t-il de paniers et d'oranges?

1183. Quelques négociants ont fait une société, pour laquelle chacun a mis 1000 fois autant de francs qu'ils sont d'associés; cette affaire leur ayant rapporté 2 560 francs, il se trouve qu'ils ont gagné précisément la moitié autant pour 100 qu'ils sont d'associés : quel est ce nombre?

1184. Un capital de 10 000 francs, placé à intérêts composés, s'est élevé, au bout de 3 ans, à 11 576 fr. 25 c., capital et intérêts réunis : à quel taux a-t-il été placé?

1185. Trouver trois nombres tels, qu'en multipliant le carré du premier par le deuxième, le résultat soit 112; le carré du deuxième par le troisième, 588; le carré du troisième par le premier, 576.

1186. En général, a, b, c représentant les produits successifs du carré de chacun des 3 nombres par le suivant, exprimer ces 3 nombres.

1187. Avec les mêmes conditions, si a, b, c, d représentent les produits indiqués dans l'énoncé du problème précédent, quelle est la valeur de chacun des 4 nombres demandés?

1188. On a tiré d'un tonneau qui contient 81 litres de vin, une certaine quantité qu'on remplace par de l'eau; on en tire encore la même quantité de liquide 4 fois de suite, en ayant soin de remplacer à chaque fois par de l'eau le liquide qu'on a retiré du tonneau; après ces quatre opérations il ne reste plus que 16 litres de vin pur dans le tonneau : combien a-t-on retiré de litres chaque fois?

1189. Trouver deux nombres dont la différence est 4, et tels que leur produit multiplié par leur somme donne 1386.

1190. Une personne achète pour 144 francs une pièce d'argenterie qui pèse autant de livres qu'elle contient d'onces d'argent fin ; elle l'a payée 8 sous de plus par once d'argent fin que la pièce ne lui aurait coûté de sous si elle l'avait payée 1 sou par livre : quel est le poids de la pièce d'argenterie ?

1191. Des officiers se mettent en marche avec un détachement, cavalerie et infanterie; chaque officier a sous ses ordres 3 fois autant de cavaliers et 7 fois autant de fantassins qu'il y a d'officiers ; chaque cavalier a 2 cartouches et chaque fantassin 22 cartouches de plus qu'il n'y a d'officiers; les cavaliers et les fantassins ont en tout 15 360 cartouches : quel est le nombre d'officiers?

1192. On demandait à quelqu'un combien il avait dépensé pendant la journée, il répondit : J'ai dépensé aujourd'hui 4 francs de plus, et hier 2 fois autant qu'avant-hier ; et si, après avoir multiplié entre elles toutes les sommes que j'ai dépensées dans ces 3 jours, j'ajoutais 756 au produit, j'obtiendrais un nombre 134 fois aussi grand que ce que j'ai dépensé dans la journée.

Combien avait-il dépensé ?

1193. Quelques marchands ont mis une certaine

somme en commun; chacun d'eux a mis 10 fois autant de francs, et ils gagnent 8 pour 100 de plus qu'ils ne sont d'associés; le gain total est de 288 francs: combien étaient-ils?

1194. Des marchands ont réuni à un capital de 8 240 francs une certaine somme, pour laquelle chacun a mis 40 fois autant de francs, et le gain est d'autant pour 100 qu'ils sont d'associés; au partage, chacun reçoit autant de fois 10 francs qu'ils sont d'associés, et il reste encore 224 francs à partager: combien y a-t-il d'associés?

1195. Quatre personnes, A, B, C, D, ont chacune une certaine somme; B, 1 franc de plus que A; C, 1 franc de plus que B; et D, 1 franc de plus que C; si l'on multiplie entre elles les quatre sommes, on obtient 1168 francs de plus que le cube de la somme de D: combien chacune a-t-elle?

1196. Un entrepreneur fait travailler 3 fois autant de journaliers que chacun reçoit de sous par jour; ils travaillent ensemble 100 jours de moins qu'il n'y a de sous dans le prix total des journées, et ils reçoivent ensemble 3 000 francs: combien y a-t-il d'ouvriers? combien de jours ont-ils travaillé?

1197. Partager le nombre 63 en deux parties telles, que, si l'on multiplie par le plus grand nombre le quotient du grand par le plus petit, le produit, augmenté de $20\frac{1}{4}$, soit un cube parfait, dont la racine, augmentée d'une unité, égale le septième du plus grand nombre: quelles sont ces parties?

1198. Quatre fontaines, coulant ensemble, remplissent un bassin en 115 minutes $\frac{1}{5}$; la deuxième mettrait 4 heures, la troisième 8 heures et la quatrième 12 heures de plus que la première, pour le remplir seule : combien de temps faudrait-il à la première fontaine, coulant seule, pour remplir le bassin ?

1199. Déterminer trois nombres par les conditions suivantes : la somme du premier et du deuxième $= a$, la somme des carrés du deuxième et du troisième $= b$, et la somme des cubes du premier et du troisième $= c$.

1200. La somme a de deux nombres et la somme b de leurs sixièmes puissances étant données, trouver ces nombres.

1201. La somme a de deux nombres et la somme b de leurs septièmes puissances étant données, déterminer ces deux nombres.

1202. m fois la différence de deux nombres ajouté à n fois le produit des deux nombres donne une somme a; la différence multipliée par la somme des carrés donne un produit b : trouver ces deux nombres.

1203. La somme de trois nombres $= a$, la somme de leurs produits deux à deux $= b$, et le produit des trois nombres multipliés entre eux $= c$: trouver ces trois nombres.

1204. On donne la somme a de trois nombres, la somme b de leurs produits deux à deux, et la somme c

des six produits qu'on obtient en multipliant chacun d'eux par le carré des deux autres : trouver les trois nombres.

1205. Si l'on donnait la somme a de trois nombres, la somme b de leurs carrés et la somme c de leurs cubes, comment pourrait-on déterminer ces trois nombres ?

1206. La somme des carrés de deux nombres est a, la somme de leurs cubes b : quels sont ces nombres ?

1207. La somme des produits de trois nombres deux à deux $= a$, la somme de leurs carrés $= b$, et le produit des trois nombres $= c$: trouver l'équation qui doit donner leurs valeurs.

1208. La somme des produits de trois nombres deux à deux $= a$, la somme des carrés $= b$, la somme des cubes $= c$: trouver l'équation finale qui doit donner leurs valeurs.

1209. La somme des produits de trois nombres deux à deux $= a$, la somme des carrés $= b$, la somme des six produits qu'on obtient en multipliant chacun des nombres par le carré des deux autres $= c$: trouver ces trois nombres.

1210. On a trois nombres en proportion continue, dont la somme est a et la somme des cubes b : trouver ces nombres.

1211. Soient $a = 51$, $b = 1971$: résoudre les équations finales.

1212. Dans une progression par quotient composée de quatre termes, on connaît la différence des extrêmes $=a$, et la somme des moyens $=b$: trouver les termes de la progression.

1213. Dans une progression par quotient la somme des deux moyens $=a$, et la somme des carrés des deux extrêmes $=b$: déterminer la progression.

PROBLÈMES DIVERS.

1214. D'un jeu de piquet de 32 cartes on prend 3 cartes au hasard, et l'on met sur chacune d'elles autant de cartes qu'il est nécessaire pour que le nombre des cartes superposées, ajouté au nombre des points de la carte, fasse une somme égale à 15; il reste encore 8 cartes : deviner la somme des points des 3 cartes tirées.

1215. En général, soient a le nombre des cartes d'un jeu, n le nombre de cartes tirées, s la somme des points de chacune d'elles et du nombre des cartes superposées, r le reste des cartes : trouver la somme des points des n premières cartes tirées.

1216. Un marchand achète de l'étoffe, qu'il paye à raison de 7 francs les 5 mètres; il la revend 16 francs les 11 mètres, et il gagne à ce marché 24 francs : combien a-t-il acheté et revendu?

1217. Deux voyageurs, A et B, se mettent en route, le premier avec 100 francs, le second avec 48 francs; A dépense 2 fois autant que B, et pourtant A a encore en arrivant 3 fois autant que B : combien chacun a-t-il dépensé?

1218. Un relieur a vendu deux registres, l'un de 48 feuilles pour 4 fr. 20 c., l'autre de 78 feuilles pour 5 fr. 70 c.; le papier et la reliure sont au même prix pour les deux registres; combien coûte la reliure?

1219. Partager 156 francs entre 16 enfants pauvres, en proportion de leur âge, et de manière que chacun d'eux ait autant de plus que celui qui vient immédiatement après lui par rang d'âge : le plus jeune ayant reçu 6 francs, combien a dû recevoir le plus âgé ?

1220. Payer 2363 francs en 34 payements de manière que chaque payement surpasse de 3 francs celui qui le précède immédiatement : quel est le premier payement ?

1221. Un bassin qui pourrait être rempli par 2 fontaines en 12 minutes est rempli par une seule d'elles en 20 minutes : combien de temps l'autre, coulant seule, mettrait-elle à le remplir ?

1222. Quelqu'un a acheté pour 18 sous une certaine quantité de pommes et de poires ; pour 1 sou il a eu 4 pommes, et les 5 poires lui reviennent aussi à 1 sou ; il vend la moitié de ses pommes et le tiers de ses poires au même prix qu'elles lui ont coûté, et il en retire 8 sous : combien a-t-il acheté de pommes et de poires ?

1223. Trouver un nombre tel, qu'en l'ajoutant successivement aux nombres 15, 27 et 45, les trois sommes résultantes soient en proportion continue par quotient.

1224. On a deux progressions, l'une par différence et l'autre par quotient, composées chacune seulement de 3 termes, et la somme de 6 termes est égale à 96 ; le premier terme de la première progression est le $\frac{1}{2}$ du premier terme de la deuxième, le deuxième le $\frac{1}{3}$ et le troisième le $\frac{1}{6}$, chacun, du terme correspondant de la deuxième progression : trouver ces deux progressions.

1225. A, B, C voudraient faire un achat, mais aucun d'eux en particulier n'a assez d'argent pour le payer; A aurait besoin de la moitié de l'argent de B et C pour le payer seul, B du tiers de A et C, et C du quart de ce que possèdent A et B ensemble : on demande ce que possède chacun et le prix de l'achat. Chacun des acheteurs n'a que des pièces de 5 francs.

1226. A, B, C, D, E ont dépensé ensemble une certaine somme, qu'un seul d'entre eux doit payer. En comptant leur argent en pièces de 5 francs, sans autre monnaie, ils trouvent qu'aucun d'eux ne pourrait la payer qu'en empruntant aux autres, A le quart, B le cinquième, C le sixième, D le septième, et E le huitième de ce que les autres possèdent ensemble : quelle est la somme dépensée et l'argent de chacun?

1227. Quelques amis, voulant faire un voyage en société et à frais communs, louent une voiture pour 342 fr.; 3 d'entre eux étant restés en route, chacun des restants a 19 francs de plus à payer : combien étaient-ils en partant?

1228. On a vendu, avec perte, pour 420 francs un objet dont on voulait 570 francs; si on avait pu le vendre à ce second prix, on aurait gagné 4 fois autant qu'on a perdu en le vendant au premier : combien l'avait-on payé?

1229. Huit chevaux, qu'on a laissé paître pendant 7 semaines dans une prairie de 400 mètres carrés, ont mangé non-seulement l'herbe qui y était, mais encore celle qui a pu croître pendant tout ce temps; dans les mêmes circonstances, 9 chevaux auraient trouvé leur nourriture pendant 8 semaines dans une prairie de 500 mètres : combien de chevaux une prairie de 600 mètres pourrait-elle nourrir pendant 12 semaines?

1230. Un homme en mourant laisse sa femme enceinte et une somme de 45 000 francs; il ordonne par son testament que, dans le cas où sa femme accoucherait d'un garçon, celui-ci ait trois fois autant que sa mère, et que, si c'était une fille, elle n'ait que la moitié de la part de la mère; la femme accouche de deux jumeaux, un garçon et une fille : comment faire le partage?

1231. Deux voyageurs partent d'un même endroit; le premier fait 1 lieue le premier jour, 2 le deuxième, 3 le troisième, et ainsi de suite; 5 jours après, le deuxième voyageur part à son tour, et suit la même route en faisant 12 lieues par jour : dans combien de temps, à compter du moment du départ du premier voyageur, ces deux voyageurs se rencontreront-ils?

1232. Soient en général a le nombre de lieues que fait le premier voyageur le premier jour, d le nombre de lieues qu'il fait chaque jour de plus que le jour précédent, n le nombre de jours de retard du deuxième voyageur, et b le nombre de lieues qu'il fait chaque jour : dans combien de temps se rencontreront-ils ?

1233. Trouver deux nombres dont la somme soit égale à leur produit, et tels que leur somme, ajoutée à la somme de leurs carrés, donne $15\frac{3}{4}$.

1234. Un berger, comptant ses moutons 4 à 4, 6 à 6, 9 à 9, en trouvait toujours 3 de reste; en les comptant 7 à 7 et 13 à 13 il ne lui en restait que 1, et en les comptant 11 à 11 il lui en restait 7 : combien avait-il de moutons ?

1235. Deux ouvriers d'artillerie out rempli ensemble 1000 gargousses, et ont employé chacun la même quantité de poudre; le premier disait au deuxième : Si j'en avais rempli autant que toi, j'aurais employé 18 quintaux de poudre. — Et moi, répondait l'autre, si j'en avais fait autant que toi, je n'en aurais employé que 8. — Combien chacun d'eux a-t-il fait de gargousses ?

1236. Combien de temps faut-il laisser un capital à intérêts composés pour qu'il devienne mille fois aussi grand ?

1237. Un tonneau contient cent litres de vin à 1 fr. 50 c. le litre; on en tire 1 litre qu'on remplace par une égale quantité d'eau, puis encore 1 litre qu'on remplace de même, et ainsi de suite : combien de fois faudra-t-il répéter la même opération pour que le litre du mélange ne coûte plus que 1 franc ?

1238. Partager 70 en trois parties telles qu'en

multipliant la première par 7, la deuxième par 8, la troisième par 9, la somme des trois produits soit 561.

1239. Un professeur d'arithmétique donne à faire à un de ses élèves la multiplication de deux nombres dont l'un surpasse l'autre de 75; l'opération achevée, le professeur lui fait faire la preuve en divisant le produit par le plus petit facteur; l'élève trouve 227 pour quotient, et pour reste 113. — Vous avez donc commis une erreur, dit le professeur; cherchez où est la faute. — J'ai compté un de moins, répond l'élève. — Ce n'est pas 1, mais bien 1000 que vous avez compté de moins dans la multiplication.

Quels étaient les nombres à multiplier?

1240. Soit a un poids d'eau déterminé dans lequel on a fait dissoudre un poids b de sel: combien d'eau faut-il ajouter, pour que le mélange ne contienne qu'une quantité g de sel par unité de poids?

1241. Trouver un nombre qui, multiplié par le carré du nombre inférieur d'une unité, donne un produit égal à 1.

1242. Pour mesurer la profondeur d'un puits on a laissé tomber une pierre, en ayant soin de noter le temps qui s'est écoulé entre le moment de la chute et l'instant où le bruit s'est fait entendre; soient T le temps observé, $\frac{1}{2}g$ l'espace parcouru par un corps tombant dans le vide pendant la première seconde de sa chute; sachant d'ailleurs que les espaces parcourus sont proportionnels aux carrés des temps, et que le son parcourt k mètres par seconde d'un mouvement uniforme: exprimer la profondeur du puits.

1243. Exprimer la valeur des fractions continues périodiques suivantes :

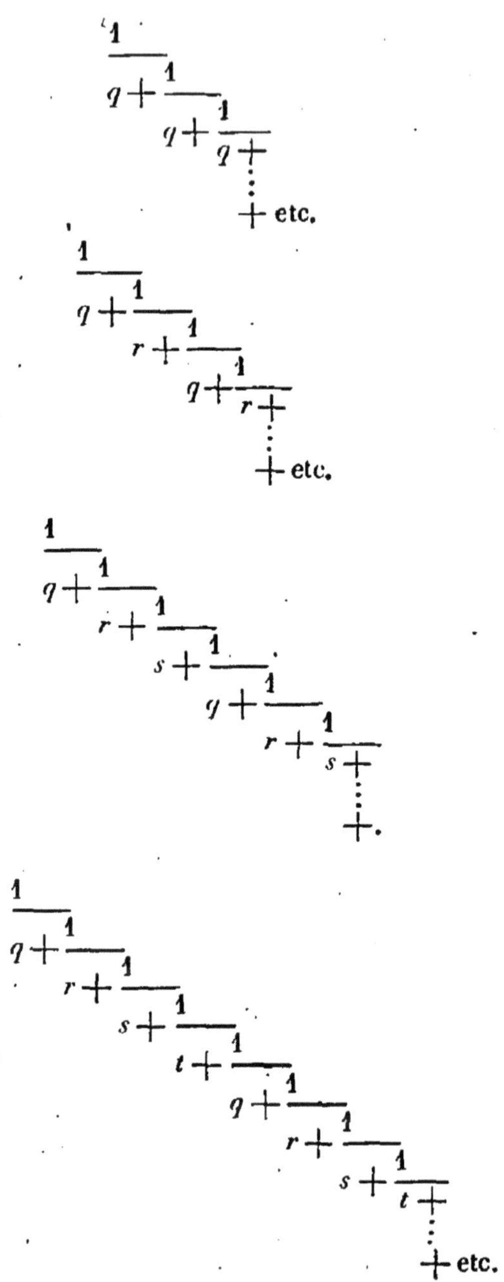

$$\cfrac{1}{q+\cfrac{1}{q+\cfrac{1}{q+\cdots+\text{etc.}}}}$$

$$\cfrac{1}{q+\cfrac{1}{r+\cfrac{1}{q+\cfrac{1}{r+\cdots+\text{etc.}}}}}$$

$$\cfrac{1}{q+\cfrac{1}{r+\cfrac{1}{s+\cfrac{1}{q+\cfrac{1}{r+\cfrac{1}{s+\cdots+.}}}}}}$$

$$\cfrac{1}{q+\cfrac{1}{r+\cfrac{1}{s+\cfrac{1}{t+\cfrac{1}{q+\cfrac{1}{r+\cfrac{1}{s+\cfrac{1}{t+\cdots+\text{etc.}}}}}}}}}$$

1244. Dans une proportion par quotient on donne la somme a des deux moyens, la somme b des extrêmes et la somme c des quatrièmes puissances des quatre termes : déterminer la proportion.

1245. Dans une proportion par quotient, on donne la somme a des quatre termes, la somme b de leurs carrés, la somme c de leurs quatrièmes puissances : trouver la proportion.

1246. Une personne s'est engagée à payer les sommes a, a', a'', etc., aux termes n, n', n'', etc. : si elle voulait payer sa dette totale $a+a'+a''+$ etc., en une seule fois, à quel terme devrait avoir lieu le payement, en ayant égard aux intérêts des intérêts ?

1247. Trouver 4 nombres dont la somme soit a, b celle de leurs carrés, c la somme des 12 produits qu'on obtient en multipliant chacun d'eux par le carré de chacun des autres, et d la somme des 6 produits formés en multipliant le carré de chacun d'eux par le carré des autres.

1248. Trouver 4 nombres tels, que leur somme soit a, la somme de leurs carrés b, la somme de leurs cubes c, la somme de leurs quatrièmes puissances d.

1249. Combien de combinaisons différentes cinq lettres donnent-elles combinées une à une, deux à deux, trois à trois, etc. ?

1250. En général, de combien de combinaisons différentes m lettres sont-elles susceptibles ?

1251. Combien de combinaisons possibles avec quatre lettres ?

1252. En général, si l'on combine de toutes les manières possibles, avec et sans répétition, n lettres une à une, deux à deux, trois à trois, etc., combien donneront-elles de combinaisons!

1253. Quelle est la base du système arithmétique dans lequel le nombre 4497 est exprimé par 16 053?

1254. On sait qu'un nombre est exprimé par 26 226 dans le système septénaire : dans quel système est-il exprimé par 4056, et quel est ce nombre dans le système décimal?

1255. Trouver le nombre des diviseurs d'un nombre $N = a^m b^n c^p \ldots$, décomposé en ses facteurs premiers $a, b, c, \ldots$

1256. Trouver la somme de tous ces diviseurs.

1257. Combien y a-t-il de nombres plus petits que N et premiers avec lui?

1258. Combien le nombre 75 600 a-t-il de diviseurs, quelle est la somme de tous ces diviseurs, et combien y a-t-il de nombres plus petits que 75 600 et premiers avec lui?

1259. Combien de fois le nombre 11 est-il facteur dans la suite des nombres 1, 2, 3,...., 100 000?

1260. Trouver un nombre entier N qui soit égal à la somme de ses diviseurs.

1261. Trouver deux nombres entiers qui soient égaux réciproquement à la somme de leurs diviseurs?

FIN DE LA PREMIÈRE PARTIE.

DEUXIÈME PARTIE.

SOLUTIONS DES PROBLÈMES D'ALGÈBRE ET RÉSULTATS DES EXERCICES DE CALCUL ALGÉBRIQUE.

VALEURS NUMÉRIQUES DES QUANTITÉS ALGÉBRIQUES.

Ces exercices ont pour objet d'habituer à reconnaître les signes algébriques, et à effectuer sur des nombres les opérations qu'ils servent à indiquer.

Le signe + (plus) précède une quantité à ajouter ; le signe — (moins), une quantité à soustraire.

Deux ou plusieurs quantités placées à la suite les unes des autres, sans aucun signe intermédiaire, doivent être multipliées entre elles. On indique aussi la multiplication par le signe × (multiplié par) ou par les crochets ou parenthèses (   ).

Le trait horizontal des fractions indique la division du numérateur par le dénominateur.

Les quantités séparées les unes des autres par le signe + ou par le signe — s'appellent *termes* ou *monomes*.

La réunion de plusieurs termes forme un *polynome;* deux termes forment un *binome*, trois termes un *trinome*, etc. Le premier terme à gauche d'un polynome, s'il n'est précédé d'aucun signe, est censé avoir le signe +.

La quantité numérique qui s'écrit dans un terme à la gauche des lettres s'appelle coefficient. En général, on appelle *coefficient* la quantité littérale ou numérique qui multiplie la lettre principale d'un terme.

Le chiffre ou la lettre placée au-dessus et à la droite d'une autre lettre est l'*exposant*, qui indique combien de fois celle-ci entre comme facteur dans un produit.

Enfin le signe = (égale) placé entre deux quantités exprime qu'elles sont égales.

Le signe > (plus grand que) exprime que la quantité placée à sa gauche est plus grande que l'autre.

Le signe < (plus petit que) exprime que la quantité placée à sa gauche est plus petite que l'autre.

1. 2. 3.	36.	829.	127.
4. 5. 6.	50.	$2\frac{23}{31}$.	$3\frac{7}{25}$.
7. 8. 9.	$x=\frac{7}{9}$.	$y>\frac{23}{42}$.	$z<2\frac{13}{32}$.

ADDITION DES QUANTITÉS ALGÉBRIQUES.

L'addition de deux monomes se fait en les écrivant à la suite l'un de l'autre avec leur propre signe.

Même règle pour les polynomes.

Si les polynomes renferment des termes *semblables*, c'est-à-dire qui contiennent la même ou les mêmes lettres affectées des mêmes exposants, et qui par conséquent ne diffèrent que par le coefficient, on les écrit dans une même colonne verticale, afin d'en opérer la réduction.

La réduction des termes semblables, quand les coefficients sont numériques, s'effectue en faisant, d'une part, la somme des coefficients affectés du signe $+$, de l'autre, la somme des coefficients affectés du signe $-$; soustrayant ensuite la plus petite somme de la plus grande et donnant au reste le signe de la plus grande; on met à la suite de ce reste la lettre ou les lettres communes.

Si les coefficients sont littéraux, on les écrit dans une même parenthèse, à la suite l'un de l'autre, chacun avec son signe, et l'on met hors de la parenthèse la lettre ou les lettres communes.

10. $9a-8b-4c.$

11. $8a-8b+4c-17d+4.$

12. $9b+5c-9m-6n+5h.$

13. $23a+8b+7c-11d+8e-2f.$

14. $4x+3y+5a+4.$

15. $5a^3-19a^2b+18ab^2-11b^3.$

16. $11a^5-8a^2b^2c-7ab^4.$

17. $(a+b+c+d+e)x^m.$

18. $11.10^4-8.8^3-10.7^2+10.6=105474.$

19. $6x^m+11x^{m-1}+20x^{m-2}-28^{m-3}+\ldots\ldots$

20. $(a+p-r)x^3+(ab-pq+rs)x^2+(a^2b+p^2q+s^3)x.$

21. $(a-1)x^k+(a^2+1)x^{k-1}+(a^3-a^2b-b^3)x^{k-2}$
$+(a^4-b^4+8)x^{k-3}$, etc.

22. 23. $x+a.$ $x+a+b.$

24. 25. $x+20.$ $3x+2a+b.$

26. 27. $x+a+b+c.$ $x+4a+3b.$

28. 29. $4x+3a+2b+c.$ $3x+7.$

30. 31. $4x+2a.$ $5x+2a+2a'+b+b'.$

SOUSTRACTION DES QUANTITÉS ALGÉBRIQUES.

La soustraction des quantités algébriques se fait en écrivant la quantité à soustraire à la suite de l'autre, en changeant les signes de la quantité à soustraire ; ainsi les termes en + ou positifs s'écrivent avec le signe —, et les termes en — ou négatifs, avec le signe +.

S'il y a des termes semblables, on les écrit dans une même colonne verticale, et l'on opère la réduction comme dans l'addition.

32. 33. $x+5a+9$. $5a+4b+7d-12$.

34. $-f+8m-6x-3d-8$.

35. $-7a-17b+8c-19d+15e-12f$.

36. 37. $27a-14b$. $-15a+8b-c$.

38. 39. $7a-5b$. $3a^3+a^2b+2ab^2+7b^3$.

40. $8a^4-5a^3b+36a^2b^2-9ab^3+b^4$.

41. $(a-m)x^3+(b+n)x^2+(c+p)x+(d-q)$.

42. $(a-1)x^4-(b-3)x^3+(c+7)x^2\ldots.(d+8)x$
$+(e+9)$.

43. $(m+2)ax^m+ma^2x^{m-1}-ma^3x^{m-2}+ma^4x^{m-3}+\text{etc.}$

44. 45. 46. $x-a$. $x-9$. $s-x$.

47. 48. $180^\circ - x$. $x-(a-b)$ ou $x-a+b$.

49. 1er commissionnaire, $x-a$; 2e, $2x+a$.

50. A possède $x+a-b$; B, $3x-a$; C, $x-c+b$.

51. 52. $19-3x$. $(a+b)-3x-c$.

53. $a-b-d$....de B; $a+c-d$.... du mélange.

54. Gauche, $x+8$; droite, $x-5$.

55. $180^\circ - 2x + a$.

MULTIPLICATION DES QUANTITÉS ALGÉBRIQUES.

Pour multiplier deux monomes l'un par l'autre, il faut avoir égard aux quatre règles suivantes :

Règle des signes. Si les monomes ont le même signe, le produit doit avoir le signe $+$; s'ils n'ont pas le même signe, le produit a le signe $-$.

Règle des coefficients. On multiplie les coefficients numériques comme en arithmétique.

Règle des lettres. Si le multiplicande et le multiplicateur ont des lettres différentes, on les écrit à la suite l'une de l'autre.

Règle des exposants. S'ils ont des lettres communes on ne les écrit qu'une fois au produit en leur donnant pour exposant la somme des exposants qu'elles ont dans le multiplicande et dans le multiplicateur.

Pour multiplier deux polynomes, commencez par ordonner le multiplicande et le multiplicateur par rapport à la même lettre. (Un polynome est ordonné par rapport à une lettre lorsque les termes qui contiennent cette lettre sont rangés par ordre des exposants. Ainsi le polynome du n° **21** est ordonné par rapport aux puissances décroissantes de x, le polynome du n° **43** est ordonné selon les puissances décroissantes de x et croissantes de a.) Cela fait, on multiplie successivement chacun des termes du multiplicande par le premier terme à gauche du multiplicateur, en ayant égard aux quatre règles précédentes.

On multiplie de même tout le multiplicande par le

deuxième terme du multiplicateur, en écrivant les termes semblables les uns sous les autres.

On continue ainsi jusqu'au dernier terme à droite du multiplicateur ; on souligne tous les produits partiels, et l'on opère la réduction des termes semblables.

S'il n'y a point de termes semblables, on les écrit à la suite les uns des autres, tels qu'on les trouve par la multiplication.

56. 57. 58. $15ab$. $56a^3b$. $84a^5b^2c^2$.

59. 60. $-40a^2b^2cd$. $-112a^3b^4cx^2$.

61. 62. $392a^3b^2c$. $42a^2+14ab-56ac$.

63. 64. $45a^3b-27a^2b^2+72ab^3$. $a^2+2ab+b^2$.

65. 66. $a^2-2ab+b^2$. $ac+bc+ad+bd$.

67. $ad+bd-cd-ae-be+ce$.

68. $14af-21bf-56cf-7df+63ef+4ag-6bg$
$-16cg-2dg+18eg-2ah+3bh+8ch$
$+dh-9eh$.

69. a^2-b^2.

70. $35a^2b^2-69a^2bc-18ab^2c+5abd-54a^2c^2+78abc^2$
$+3acd-8b^2c^2-4bcd$.

71. x^3-5x^2-x+14.

72. $20a^5-88a^4x+47a^3x^2-6a^2x^3$.

73. 74. a^8-a^2. a^5+32b^5.

75. $21a^7-43a^6b+150a^5b^2-110a^4b^3+104a^3b^4$
$-32a^2b^5$.

76. $a^8 - 8a^7b + 28a^6b^2 - 56a^5b^3 + 70a^4b^4 - 56a^3b^5$
$+ 28a^2b^6 - 8ab^7 + b^8.$

77. $10a^6b^6c^4 + 3a^7b^5c^7 + 14a^{11}b^8c^8 - 18a^8b^4c^{10} + 21a^{12}b^7c^{11}$
$- 30a^{10}b^7c^5 + 36a^{11}b^6c^8 - 42a^{15}b^9c^9.$

78. $2a^{2m} + 2a^mb^p - 4a^mc^n - 3a^mb - 3b^{p+1} + 6bc^n.$

79. $5x^3 - 11x^2 + 30x + 13.$

80. $x^4 + 2ax^3 + 2a^2x^2 - a^4.$

81. $x^5 + 2ax^4 + (a^2 - 5a + 3)x^3 + (a^3 - 8a^2 + 11a - 9)x^2$
$- (5a^3 - 21a^2 + 26a - 10)x + a^5 - 8a^4 + 24a^3$
$- 36a^2 + 29a - 7.$

82. $y^5 + 2by^4 + (a^2 - 2ab + b^2)y^3 + (a^3 - 3a^2b + 3ab^2$
$- b^3)y^2 + 2(a^3b - 3a^2b^2 + 3ab^3 - b^4)y + a^5 - 5a^4b$
$+ 10a^3b^2 - 10a^2b^3 + 5ab^4 - b^5.$

83. 84. 85. $5(x - 7).$ $n(x + a).$ $11x + 5.$

86. 1er, ax; 2e, $b(x + m)$:
somme totale, $(a + b)x + bm.$

87. $(m + n + p)x + (n + p)a + pb.$

88. $100z + 10y + x,$
et le nombre renversé $100x + 10y + z.$

89. $ax^4 + bx^3 + cx^2 + dx + e.$

90. 91. 92. $mn.$ $5x + 12.$ $x + 12.$

93. $(a + b + c)x + (b + c)m + cn.$

94. 95. $x(x - d).$ $E = \frac{1}{2}gt^2.$

DIVISION DES QUANTITÉS ALGÉBRIQUES.

Pour diviser deux monomes l'un par l'autre, on aura égard aux quatre règles suivantes :

Règle des signes. Si le dividende et le diviseur ont le même signe, le quotient doit avoir le signe $+$; le signe $-$, si les signes sont différents.

Règle des coefficients. La division des coefficients numériques se fait comme en arithmétique.

Règle des lettres. Si le dividende renferme des lettres qui ne soient pas dans le diviseur, on les écrit au quotient.

Règle des exposants. Si le dividende et le diviseur renferment la même lettre, on écrit cette lettre au quotient en lui donnant pour exposant l'excès de l'exposant du dividende sur l'exposant du diviseur. Si l'exposant est le même, on supprime la lettre au quotient.

La division n'est pas possible, 1° si le coefficient du dividende n'est pas divisible par le coefficient du diviseur; 2° s'il y a dans le diviseur une lettre qui ne se trouve pas dans le dividende; 3° si, le dividende et le diviseur ayant la même lettre, l'exposant du diviseur est plus grand que l'exposant du dividende.

Pour diviser un polynome par un autre polynome, commencez par les ordonner par rapport à la même lettre; cela fait, divisez le premier terme à gauche du dividende par le premier du diviseur, en ayant égard aux quatre règles précédentes, et écrivez le quotient à la place indiquée. Multipliez le diviseur par ce premier terme du quotient, et portez le produit au-dessous du dividende, en changeant les signes comme pour la soustraction. Ensuite opérez la réduction des termes semblables.

Divisez de même le premier terme du reste par le premier terme du diviseur ; écrivez ce deuxième terme du quotient à la suite du premier, multipliez par lui le diviseur et soustrayez le produit du dividende.

Divisez de même le premier terme de ce deuxième reste par le premier terme du diviseur, et continuez de la même manière jusqu'à ce que tous les termes du dividende soient épuisés.

Lorsque le dernier reste est 0, le quotient est exact.

La division n'est pas possible lorsqu'on rencontre dans le calcul un des trois cas précédents d'impossibilité.

96. 97. $2x^2+5x-7.$ $12x^2-5xy-3y^2.$

98. $a^2+3ab+c^2.$

99. $16a^4-8a^3b+4a^2b^2-2ab^3+b^4.$

100. 101. $3a^3-5a^2b+2ab^2.$ $a^6+2a^4x^2+4a^2x^4+8x^6.$

102. $a^2-5ab+6b^2.$

103. $5a^3b^2c^3-2a^2b^2c^4-3ab^2c^5-7bc^6.$

104. $a^4+a^3y+ay^3+y^4.$

105. $a^n+3a^{n-1}b^n-6a^{n-2}b^{2n}.$

106. 107. $2a+3x.$ $2a+5b-7c+3d.$

108. $3a-2b+8c.$

109. $5x^2+(a-3)x+(2a^2+3a-9)$.

110. $4y^2+(a-1)y-(5a^2+3a-2)$.

111. $a^{m-1}+ba^{m-2}+b^2a^{m-3}+b^3a^{m-4}+\ldots+b^{m-2}a+b^{m-1}$.

112. $Aa^m+Ba^{m-1}+Ca^{m-2}+Da^{m-3}+\ldots$
$+Ra^2+Sa+T$.

113. Les chiffres étant A, B, C, D, E, F, G, la condition sera, pour le premier cas,

$$\frac{A+B+C+D+E+F+G}{x-1},$$

et pour le deuxième,

$$\frac{(G+E+C+A)-(F+D+B)}{x+1}.$$

114. Partagez le nombre en tranches de 3 chiffres, comme pour l'énoncer; multipliez successivement les chiffres de chaque tranche par 1, 3, 2, en allant de droite à gauche; retranchez la somme des produits des tranches de rang pair de la somme des produits des tranches de rang impair : le reste doit être nul ou divisible par 7.

115. Coupez le chiffre des unités, et partagez le nombre à gauche en tranches de trois chiffres, que vous multiplierez successivement par les nombres 3, 4, 1; retranchez la somme des produits correspondants aux tranches de rang impair de la somme des produits correspondants aux tranches de rang pair, augmenté du chiffre des unités : le reste devra être nul ou divisible par 13.

Ou bien encore : Partagez le nombre en tranches de trois chiffres, comme pour l'énoncer ; multipliez les chiffres de chaque tranche respectivement par 1, 10, 9, en commençant par la droite ; retranchez la somme des produits des tranches de rang impair de la somme des produits correspondants aux tranches de rang pair ; le reste devra être nul ou divisible par 13.

116. Premier, $\frac{160}{x}$; second, $\frac{246}{x+30}$.

117. 118. $\frac{am+bn+cp+dq}{a+b+c+d}$. $\frac{x}{t}$.

119. Première, $\frac{1}{x}$; seconde, $\frac{1}{x+3}$.

120. 121. $\frac{\text{N}-r}{d}$. $\frac{100r}{\text{A}}$.

122. 123. $\frac{200(\text{B}-\text{A})}{\text{A}n}$. $\frac{\text{A}}{n+n'+n''}$.

124. 125. $\frac{100a}{100+it}$. $\frac{ait}{100+it}$.

126. 127. $\frac{100(a-b)}{bt}$. $\frac{f\text{M}}{d^2}$.

FRACTIONS ALGÉBRIQUES.

On opère sur les fractions algébriques comme sur les fractions numériques, en ayant égard aux règles précédentes du calcul littéral.

128. 129. $\frac{a+bx}{b}$. $\frac{bx+ay}{ab}$.

130. $\frac{adf+bcf+bde}{bdf}$.

131. $\frac{adfh+bcfh-bdeh-bdfg-bdfhk}{bdfh}$.

132. 133. $\frac{bc-ac+ab}{abc}$. $\frac{2ab^3-bc^2+3abc^2-a^3}{b^2-bc}$.

134. 135. 136. a. b. $\frac{89x-55a}{60}$.

137. 138. $\frac{85a-20b}{84}$. $\frac{acd-4b^2+a^2}{bcd}$.

139. $\frac{47ab-b^2+9bx-30a^2}{45ab}$.

140. 141. $\frac{a^2+z^2}{a^2-z^2}$. $\frac{9fg-13f^2-13g^2}{6f^2-31fg+18g^2}$.

142. $\frac{8bx^2+(8b^2+4a-c)x-bc}{4x(x+b)}$.

143. $\frac{a^3-4a^2x-11ax^2-2x^3}{2x(a^2-x^2)}$.

144. 145. $\frac{3az-a^2-z^2}{a^2-z^2}$. $\frac{a^3+ab^2+b^3}{(a+b)^3}$.

146. $\frac{2x^4+13a^2x^2-2a^3x-a^4}{(a^2-x^2)^2}$.

147. 148. $\frac{20ax-22x^2}{(a+x)(a-2x)^2}$. $\frac{4(ab+x^2)^2}{(a^2-x^2)(b^2-x^2)}$.

149. $\frac{150a^4+378a^3x+14a^2x^2-136ax^3+28x^4}{10a^2(8a^2-6ax+x^2)}$.

150. 151. $\frac{(ad+bc)fh}{(eh+fg)bd}$. $\frac{(adf+bcf+bde)hkm}{(gkm+him+hkl)bdf}$.

152. $\frac{(af^3-a^2bcf+b^2c^3)dg^2h}{bg^3h-a^4c^3d+abcdg^2h}$.

153. 154. $\frac{x^2+2ax-a^2}{x^2+a^2}$. $\frac{(a+b-d^2y)h^2}{d^2h^2-(a+b)dy^2}$.

155. $\frac{3a^4}{x^4}-\frac{19a^3b}{10x^3y}+\frac{21a^2b^2}{5x^2y^2}-\frac{9ab^3}{10xy^3}+\frac{b^4}{y^4}$.

156. 157. $a+\frac{b}{2}-2c$. $\frac{a}{c}-\frac{b}{d}+\frac{c}{c}$.

158. $\frac{3}{2}x^3-5x^2+\frac{1}{4}x+9$.

159. Si $a<b$, la valeur augmente;
Si $a>b$, elle diminue;
Si $a=b$, elle ne change pas de valeur et reste toujours égale à l'unité.

160. Si $a<b$, la valeur de la fraction diminue;
Si $a>b$, elle augmente;
Si $a=b$, elle reste toujours égale à 1.

161. $$\frac{(b-a)m}{b(b\pm m)}.$$

La différence a pour numérateur le produit de la différence des deux termes de la fraction primitive par la quantité ajoutée ou retranchée, et pour dénominateur le produit des deux dénominateurs.

162. $$\frac{(n-m)b-(b-a)n}{bn}.$$

Cette formule est généralement plus simple dans l'application.

163. $$\frac{x}{y}=\frac{a}{b}.$$

RÉDUCTION DES FRACTIONS ALGÉBRIQUES A LEUR PLUS SIMPLE EXPRESSION.

La réduction des fractions algébriques consiste à supprimer les facteurs communs au numérateur et au dénominateur.

Lorsque les facteurs communs ne sont pas faciles à reconnaître, on applique aux deux termes de la fraction la méthode du plus grand commun diviseur, qui se pratique précisément comme en arithmétique. Seulement, lorsque la division ne peut se faire, on multiplie le dividende par un facteur capable de rendre la division possible, pourvu que ce facteur ne soit pas commun au diviseur, car cela introduirait un facteur commun qui ne devrait pas se trouver dans le plus grand commun diviseur.

164. 165. 166. $\frac{a+x}{3b-cx}$. $\frac{7a^2-3bc}{5a+a^4b^2c-4}$. $\frac{7x}{5b}$.

167. 168. 169. $\frac{x}{2df}$. $\frac{5a}{a-x}$. $\frac{a+y}{a^2-y}$.

170. 171. 172. $\frac{3a+5b}{3c-1}$. $\frac{n^2}{n-2}$. $\frac{x-1}{x+2}$.

173. 174. $\frac{9x^2-x-3}{x+5}$. $\frac{2x+1}{x-2}$.

175. 176. $\frac{a^2b^2-abcx+c^2x^2}{ab-cx}$. $\frac{2x-3c-d}{x^2+x+1}$.

177. 178. $\frac{x+y+z}{x-y-z}$. $\frac{x-2y}{x+y-z}$.

179. 180. $\frac{a+b}{(c+a-b)(b-a+c)}$. $\frac{4x+3}{3x^2-5x+7}$.

RÉSOLUTION DES ÉQUATIONS DU PREMIER DEGRÉ A UNE SEULE INCONNUE.

On appelle en général *équation* l'égalité de deux quantités renfermant dans leurs termes une ou plusieurs inconnues. La quantité placée à la gauche du signe $=$ s'appelle le premier membre de l'équation, et la quantité placée à la droite, le deuxième membre.

Toutes les opérations semblables que l'on peut faire sur les deux membres d'une égalité, par voie d'addition, soustraction, multiplication, division, élévation aux puissances, extraction de racines, donnant encore deux résultats égaux, il s'ensuit que l'on peut, 1° après avoir réduit au même dénominateur tous les termes d'une équation qui renferme des dénominateurs, supprimer ce dénominateur, ce qui revient à multiplier les deux membres par un même nombre ; 2° faire passer un terme quelconque d'un membre dans l'autre, en supprimant ce terme dans le membre où il était, et l'écrivant dans l'autre avec un signe contraire ; 3° changer tous les signes d'une équation, ce qui revient à transporter les termes d'un membre dans l'autre ; 4° supprimer dans les deux membres les termes égaux et affectés des mêmes signes.

Étant donnée à résoudre une équation à une seule inconnue, commencez par chasser les dénominateurs et supprimer les termes égaux.

Si l'équation ne renferme plus que deux espèces de termes, 1° ceux où l'inconnue entre *non multipliée par elle-même*, et 2° des termes où l'inconnue n'entre pas, l'équation est du premier degré.

Pour la résoudre, faites passer dans un même membre, dans le premier ordinairement, tous les termes qui renferment l'inconnue, et dans l'autre tous les termes *connus*, et faites la réduction s'il y a lieu. L'équation résultante sera de la forme :

$$ax=b.$$

Divisez alors les deux membres par le coefficient de x, et il viendra :

$$\frac{ax}{a}=\frac{b}{a} \text{ ou } x=\frac{b}{a}.$$

Ce qui revient à diviser le deuxième membre par le facteur qui multiplie l'inconnue. Les quantités a et b peuvent être numériques ou littérales : dans le premier cas, on opère comme en arithmétique; dans le deuxième cas, on simplifie autant qu'on le peut la fraction obtenue.

On peut toujours faire en sorte que a soit positif; mais b peut être positif ou négatif. La valeur de x peut donc être positive ou négative. La valeur positive est seule admissible. La valeur négative indique une incompatibilité dans l'énoncé.

181. 182. 183. $x=1\frac{1}{5}$. $x=9$. $x=12$.

184. 185. 186. $x=13\frac{59}{253}$. $x=66\frac{2}{3}$. $x=116\frac{148}{367}$.

187. 188. $x=576\frac{399}{746}$. $x=2,010424....$

189. 190. $x = -519,67567\ldots$ $x = \frac{c \mp b}{a}$.

191. 192. $x = \frac{d - b}{a - c}$. $x = \frac{(a^2 - cf)cg}{(f^2 - ch - acg)f}$.

193. 194. $x = \frac{(h + g)bdf}{b(de + cf) + adf}$. $x = \frac{(70b - 3c)a}{320c}$.

195. 196. $x = \frac{(39b - 14a)a}{27ab - 9b + 12}$. $x = \frac{3a^2c - 5ac}{5a^2 + c}$.

197. 198. $x = \frac{ab - 1}{bc + d}$. $x = \frac{c(a + d)(b - c)}{b(b - c) - a^2}$.

199. 200. $x = \frac{a(m - 3b + 3a)}{b - a + m}$. $x = \frac{d}{e}$.

201. 202. $x = \frac{af - cd}{ce - bf}$. $x = -\frac{11}{12}$.

203. $x = \frac{adfh + bcfh + bdch + bdfg}{bdfhk}$.

204. 205. $x = \frac{ab}{a + b}$. $x = \frac{5a(2b - a)}{3c - d}$.

206. $x = \frac{ac}{b}$.

Règle générale pour mettre un problème en équation :

Représentez par x *l'inconnue du problème ; indiquez sur cette lettre, à l'aide des quantités données, les opérations que vous feriez sur ce nombre, s'il était connu, pour vérifier s'il satisfait aux conditions de l'énoncé, et exprimez que le résultat final est égal au résultat indiqué par l'énoncé lui-même.*

EXEMPLE. — Partager 13 en deux parties telles, que le double de la plus grande, ajouté au triple de la plus petite, donne pour somme 31.

Prenons arbitrairement 7 pour une des parties, l'autre sera $13-7=6$, et vérifions si ces deux nombres satisfont au problème. Le double de 7 est 14, le triple de 6 est 18; $14+18=32$; mais l'énoncé ne donne pour somme que 31. Les deux parties ne satisfont donc pas aux conditions de l'énoncé.

Soit en général x une des parties, l'autre sera $13-x$; le double de la première sera $2x$ et le triple de la seconde $3(13-x)$ ou $39-3x$; la somme sera $2x+39-3x$, et comme elle doit être égale à 31, on aura l'équation.

$$2x+39-3x=31,$$

d'où $$-x=-8,$$

ou $$x=8;$$

et l'autre sera $$13-8=5.$$

En effet, le double de 8 ou 16 ajouté au triple de 5 ou 15 donne précisément pour somme 31.

PROBLÈME. — Un courrier, faisant 9 myriamètres en 4 heures, était parti de Paris depuis 8 heures, lorsqu'on a envoyé après lui un autre courrier chargé de lui remettre un ordre dans les 24 heures : quelle doit être sa moindre vitesse?

Il suffit d'exprimer que le deuxième courrier atteindra le premier au bout de la 24e heure. Soit x la vitesse nécessaire, c'est-à-dire le nombre de myriamètres qu'il doit parcourir par heure afin d'atteindre le premier courrier à la fin des 24 heures; l'expace qu'il aura parcouru sera exprimé par $24x$. Or le premier courrier avait déjà marché $8+24=32$ heures avec une vitesse de 9 myriamètres en 4 heures, ou de $\frac{9}{4}$ myriamètres par heure; l'espace que le premier courrier a parcouru avant d'être atteint sera donc $\frac{9}{4}\times 32=72$ myriamètres. L'équation du problème sera donc

$$24x=72, \quad \text{d'où} \quad x=3.$$

Le deuxième courrier devra donc faire au moins 3 myriamètres par heure, afin d'atteindre le premier dans les 24 heures.

Il est évident qu'en faisant un plus grand nombre de myriamètres par heure il l'atteindrait plus tôt.

Problème. — Un bassin est rempli par deux fontaines d'où l'eau s'échappe avec des vitesses inégales, au point que l'une d'elles mettrait à le remplir 2 heures de plus que l'autre. Si on les laissait couler ensemble, il ne leur faudrait pour remplir le bassin que les $\frac{3}{4}$ du temps que met celle des deux qui donne le plus d'eau.

Combien faut-il de temps à chaque fontaine coulant seule, aux deux fontaines coulant ensemble, pour remplir le bassin?

Soit x heures le temps que mettrait à remplir le bassin, si elle coulait seule, la fontaine qui donne le plus d'eau. L'autre fontaine mettra $x+2$ heures; et, en 1 heure, la première fontaine donnant $\frac{c}{x}$, c étant la quantité de litres d'eau que contient le bassin, et la deuxième $\frac{c}{x+2}$, les deux fontaines coulant ensemble donneront en 1 heure $\frac{c}{x}+\frac{c}{u+2}$; et par conséquent, pour remplir le bassin, c'est-à-dire pour donner c litres d'eau, elles mettront

$$\frac{c}{\frac{c}{x}+\frac{c}{x+2}}, \quad \text{ou} \quad \frac{x(x+2)^h}{2(x+1)}.$$

Or, d'après l'énoncé, ce temps doit être les $\frac{3}{4}$ de x; on aura donc l'équation

$$\frac{x(x+2)}{2(x+1)}=\frac{3}{4}x;$$

d'où, après avoir supprimé les facteurs communs x et 2,

$$\frac{x+2}{x+1}=\frac{3}{2}$$

et $x=1$.

L'une des fontaines met donc 1 heure, l'autre 3, toutes deux ensemble mettent $\frac{3}{4}$ d'heure pour remplir le bassin.

PROBLÈME. — Un nombre de trois chiffres est tel que la somme de ses chiffres est égale à 15; que les chiffres sont en proportion par différence continue; enfin que le nombre renversé, diminué de 39, est égal au double du nombre lui-même. Quel est ce nombre?

Soit x le chiffre des centaines; puisque les chiffres sont en proportion continue par différence, le double du chiffre des dizaines est égal à la somme des chiffres des centaines et des unités, et par conséquent le triple du chiffre des dizaines est égal à la somme 15 des trois chiffres. Le chiffre des dizaines est donc 5, et celui des unités sera représenté par $10-x$; la troisième condition de l'énoncé fournit immédiatement l'équation

$$100(10-x)+50+x-39=2(100x+50+10-x),$$

d'où l'on tire

$$297x=891 \quad \text{et} \quad x=3; \quad \text{d'où } 10-x=7,$$

et le nombre demandé est 357.

PROBLÈME. — En revendant un meuble 391 francs, j'ai gagné 15 pour 100 sur le prix d'achat. Combien m'avait-il coûté ?

Soit x le prix d'achat, les 15 pour 100 seront exprimés par $\frac{15x}{100}$, et par conséquent l'équation du problème sera

$$x+\frac{15x}{100}=391;$$

d'où

$$115\,x=39100,$$

et

$$x=340.$$

PROBLÈME. — Quel âge avez-vous ? demandait un fils à son père. — Dans un an, répondit celui-ci, j'aurai le triple de ton âge, et je n'en aurai plus que le double dans 19 ans.

Quel est l'âge du père et celui du fils ?

Soit x l'âge du fils. La première condition servira à exprimer l'âge du père, qui sera évidemment $3\,(x+1)-1$; et la deuxième condition fournira l'équation

$$2(x+1)-1+19=2(x+19);$$

d'où l'on tire $3\,x+21=2x+38$.

et

$$x=17.$$

Par conséquent l'âge du père

$$=3(17+1)-1=54-1=53.$$

Problème. — On a p kilogrammes d'eau de mer qui contiennent p' kilogrammes de sel : combien faut-il y ajouter d'eau douce pour que P kilogrammes du mélange ne contiennent plus que r kilogrammes de sel ?

Soit x la quantité de kilogrammes d'eau douce à ajouter : le mélange $p+x$ contiendra toujours p' kilogrammes de sel, et par conséquent P kilogrammes du mélange contiendront $\frac{Pp'}{p+x}$ de sel ; et, d'après l'énoncé, on aura l'équation

$$\frac{Pp'}{p+x}=r; \text{ d'où } x=\frac{Pp'-pr}{r}.$$

Problème. — Un capitaliste fait valoir deux capitaux, l'un c à i pour 100 par an, et, n années plus tard, l'autre c' à i' pour 100. Dans combien de temps ces deux capitaux auront-ils rapporté, en intérêts simples, une somme égale ?

Soit x le temps demandé à compter du moment où le capital c a été placé. L'intérêt de c pour 1 an étant $\frac{ci}{100}$, pour x années la somme rapportée par le capital c sera $\frac{cix}{100}$.

D'autre part, le capital c' rapportera pour les $x-n$ années la somme $\frac{c'i'(x-n)}{100}$.

L'équation du problème sera donc

$$\frac{cix}{100}=\frac{c'i'(x-n)}{100};$$

d'où

$$x=\frac{nc'i'}{c'i'-ci}.$$

Cette valeur montre que, si les taux sont en raison inverse des capitaux, il faudra un nombre infini d'années, c'est-dire que le problème est impossible.

PROBLÈME.—Un marchand a acheté une pièce d'étoffe qu'il paye à raison de p francs le mètre. La pièce contient n mètres de plus qu'il ne croyait, et il la revend à p' francs le mètre; à ce marché il perd r pour 100. Combien de mètres la pièce contient-elle?

Soit x le nombre de mètres que le marchand a cru acheter. Le prix d'achat sera px et le prix de vente $p'(x+n)$.

Puisque, d'après l'énoncé, le marchand perd r pour 100, le rapport du prix d'achat au prix de vente sera égal à $\frac{100}{100-r}$, et par conséquent l'équation du problème sera

$$\frac{px}{p'(x+n)}=\frac{100}{100-r},$$

d'où

$$x=\frac{100np'}{100(p-p')-pr};$$

et la pièce contient en réalité

$$x+n=\frac{(100-r)np}{100(p-p')-pr}.$$

On peut encore mettre le problème en équation en exprimant que la différence entre le prix d'achat et le prix de vente est égale aux r pour 100 du prix d'achat, c'est-à-dire

$$px-p'(x+n)=\frac{prx}{100}:$$

ce qui donne la même valeur que précédemment.

207. x la moindre part.

Éq. $x+2x=38700$.

Rép. 12900 francs, 25800 francs.

208. x la moindre part.

Éq. $x+4x=2500$.

Rép. 500 francs, 2000 francs.

209. x la moindre part.

Éq. $x+4x=30$.

Rép. 6 francs, 24 francs.

210. x la moindre part.

Éq. $x+1\frac{1}{4}x=237$.

Rép. $105\frac{1}{3}$, $131\frac{2}{3}$.

211. x le petit nombre.

Éq. $a-x=mx$.

Rép. $\frac{a}{m+1}$, $\frac{ma}{m+1}$.

212. x la part de A.

Éq. $\frac{x}{1800-x}=\frac{2}{7}$.

Rép. 400 francs, 1400 francs.

213. x une des parties.

Éq. $\frac{x}{a-x}=\frac{m}{n}$.

Rép. $\frac{m}{m+n}a$, $\frac{m}{m+n}a$.

214. x ce que j'ai.

Éq. $\frac{x}{4}+\frac{x}{5}=2,25$.

Rép. 5 francs.

215. x le prix du cheval.

Eq. $\frac{x}{5}+\frac{x}{7}+276=x.$

Rép. 420 francs.

216. x le nombre.

Éq. $\frac{x}{m}+\frac{x}{n}=a.$

Rép. $\frac{mn}{m+n}a.$

217. x une des parties.

Éq. $\frac{x}{7}+\frac{46-x}{3}=10.$

Rép. 28 francs, 18 francs.

218. x une des parties.

Éq. $\frac{x}{m}+\frac{a-x}{n}=b.$

Rép. $\frac{m(nb-a)}{n-m}$, $\frac{n(mb-a)}{n-m}$.

219. x le nombre d'enfants.

Éq. $x+2x+4x=266.$

Rép. 152 hommes, 76 femmes, 38 enfants.

220. x le nombre de cavaliers.

Rép. 200 cavaliers, 600 artilleurs, 1800 fantassins.

221. x le nombre de lieues parcourues à cheval.

Éq. $x+3\frac{1}{2}x+2\frac{1}{3}\cdot 3\frac{1}{2}x=3040.$

Rép. 1960 à pied, 840 par eau, 240 à cheval.

222. x la première partie.

Éq. $x+mx+nx=a.$

Rép. $\frac{1}{1+m+n}a$, $\frac{m}{1+m+n}a$, $\frac{n}{1+m+n}a$.

223. x le nombre.

Éq. $\frac{4x}{3}=24.$

Rép. 18.

224. x la part de A.

Éq. $2\left(x+\frac{11}{5}x\right)=864.$

Rép. A, 135 ares; B, 297; C, 432.

225. x la part de A.

Éq. $x+1\frac{1}{3}x+2x=1170.$

Rép. A, 270 francs; B, 360; C, 540.

226. x le contingent de A.

Éq. $x+\frac{5}{3}x+\frac{35}{24}x=594.$

Rép. A, 144 hommes; B, 240; C, 210.

227. x la part de A.

Éq. $x+\frac{3}{2}x+\frac{15}{8}x+\frac{105}{48}x=21000.$

Rép. A, 3200 francs; B, 4800; C, 6000; D, 7000.

228. x la première partie.

Éq. $x+\frac{n}{m}x+\frac{qn}{pm}x=a.$

Rép. $\frac{mpa}{mp+np+nq}$, $\frac{npa}{mp+np+nq}$, $\frac{nqa}{mp+np+nq}$.

229. x le gain de l'année.

Éq. $\frac{x}{3}+\frac{x}{8}+\frac{x}{10}+318=x.$

Rép. 720 francs.

230. x le capital antérieur.

Éq. $x+\frac{15}{100}x=15571.$

Rép. 13540 francs.

231. x le capital.

Éq. $x+\frac{4\frac{1}{2}x}{100}=13167.$

Rép. 12600 francs.

232. x le revenu de l'année précédente.

Éq. $x+\frac{8x}{100}=1890.$

Rép. 1750 francs.

233. x le prix d'achat des 100 kilogrammes.

Éq. $x+\frac{12\frac{1}{2}x}{100}=180.$

Rép. 160 francs.

234. x le capital.

Éq. $x+\frac{20x}{100}=8208.$

Rép. 6840 francs.

235. x la valeur totale.

Éq. $\frac{x}{3}-\frac{x}{6}-\frac{x}{10}=3.$

Rép. 45 francs.

236. x le petit nombre.

Éq. $x+x+16=96.$

Rép. 40 et 56.

237. x la plus forte part.

Éq. $x + \frac{x}{2} + 50 = 500.$

Rép. 300 francs, 200 francs.

238. x la part de A.

Éq. $x + x + 100 + x + 370 = 1520.$

Rép. A, 350 francs ; B, 450 ; C, 720.

239. x la part de chaque fille.

Éq. $3x + 4x + 3x + 4x + 500 = 7500.$

Rép. la veuve, 4000 fr. ; chaque garçon, 1000, et chaque fille, 500.

240. x le nombre de femmes.

Éq. $4x + 18 = 90.$

Rép. 22 hommes, 18 femmes, 50 enfants.

241. x la part de B.

Éq. $3x + 1388 = 8000.$

Rép. A, 2480 ares ; B, 2204 ; C, 3316.

242. x la part du plus jeune.

Éq. $5x + 200 = 1000.$

Rép. 160 francs.

243. x la somme à partager.

Éq. $\frac{x}{2} + \frac{x}{3} + \frac{x}{4} - 3200 = x.$

Rép. 38400 fr. : A, 16200 ; B, 11800 ; C, 10400.

244. x l'héritage.

Éq. $\frac{x}{2} + \frac{x}{3} + \frac{x}{12} + 600 = x.$

Rép. 7200 francs.

245. x la part de A.

Éq. $2\left(x+\frac{11}{6}x\right)+300=2850.$

Rép. A, 450 ares; B, 825; C, 1575.

246. x la part de D.

Éq. $2(x+360)+2x-280=2520.$

Rép. A, 760 francs; B, 880; D, 520.

247. x la part de A.

Éq. $6x-200+\frac{5x+100}{2}+\frac{17x+3500}{8}=5600.$

Rép. A, 500 fr.; B, 1200; C, 1100; D, 1300; E, 1500.

248. x la part de A.

Éq. $x-\left(3x+\frac{1}{2}\right)+(6x-1)+\left(4x+\frac{1}{4}\right)$
$+6x-2=17,75.$

Rép. A, 1 franc; B, 3 fr. 50 c.; C, 5 francs; D, 4 fr. 25 c.; E, 4 francs.

249. x le nombre de kilogrammes vendus.

Éq. $40-x=x+8.$

Rép. 16 kilogrammes.

250. x la somme dépensée.

Éq. $42-x=3x.$

Rép. 10 fr. 50 c.

251. x le gain de A.

Éq. $42+x=(24-x)5.$

Rép. 13.

252. x le nombre de cavaliers.

Éq. $15x+10(1250-x)=13500,$

Rép. 200 hommes de cavalerie, 1050 d'infanterie.

253. x le nombre de jours de travail.

Éq. $2,45x + 15x + 3,40x = 196,65$.

Rép. 9 jours.

254. x la somme totale placée.

Éq. $\frac{4x}{5} \cdot \frac{4}{100} + \frac{x}{5} \cdot \frac{5}{100} = 2940$.

Rép. 70000 francs.

255. x le nombre pensé.

Éq. $\frac{7x+3}{2} - 4 = 15$.

Rép. 5.

256. x le premier nombre.

Éq. $x + 2x + 1 - 3(2x + 1) + 3 = 70$.

Rép. 7, 15, 48.

257. x ce qu'il a.

Éq. $\frac{(5x-3)4+2}{10} = 23$.

Rép. 12 francs.

258. x le nombre à deviner.

Éq. $\frac{5x-24}{6} + 13 = x$.

Rép. 54.

259. x le nombre de jours demandé.

Éq. $4(x+10) = 9x$.

Rép. 8.

260. x le nombre de jours.

Éq. $a(x+n) = bx$.

Rép. $\frac{na}{b-a}$.

261. x le nombre de jours.

Éq. $3(x+12)=8x$.

Rép. 7 jours $\frac{1}{5}$.

262. x le nombre de secondes.

Éq. $p(x+n)=qx$.

Rép. $\frac{pn}{q-p}$.

263. x le nombre d'heures.

Éq. $\frac{7}{5}(x+8)=\frac{5}{3}x$.

Rép. 42 heures.

264. x le nombre d'heures.

Éq. $\frac{7}{5}(x+8)=\frac{5}{3}x$.

Rép. 42.

265. x le temps demandé.

Éq. $\frac{c}{d}(x+b)+a=\frac{e}{f}x$.

Rép. $\frac{(ad+bc)f}{de-cf}$.

266. x le temps demandé.

Éq. $\frac{c}{d}(x+b)-a=\frac{e}{f}x$.

Rép. $\frac{(bc-ad)f}{de-cf}$.

267. x le quantième demandé.

Éq. $3\frac{1}{2}(x+8)+5\frac{1}{6}x=80$.

Rép. le 14e.

268. x le temps demandé.

Éq. $cx + Cx = d$.

Rép. $\frac{d}{C+c}$ secondes.

269. x le temps demandé.

Éq. $Cx - cx = d$.

Rép. $\frac{d}{C-c}$ secondes.

270. x le nombre de myriamètres.

Éq. $6x = 8 \cdot 4\frac{1}{2}$.

Rép. 6 myriamètres.

271. x le temps demandé.

Éq. $Cx - c(x+t) = a$.

Rép. $\frac{d+ct}{C-c}$.

272. x le temps demandé.

Éq. $Cx + c(x+t) = d$.

Rép. $\frac{d-ct}{C+c}$.

273. x le temps demandé, exprimé par le nombre de divisions du cadran parcourues par l'aiguille des minutes.

Éq. $\frac{x+60}{x} = \frac{60}{5}$ $\quad x = 5\frac{5}{11}$.

Rép. A 1 heure 5 minutes $\frac{5}{11}$; et 11 fois dans 12 heures.

274. x le temps demandé.

1re *fois :* Éq: $Cx - cx = d$.

Rép. $\frac{d}{C-c}$ secondes.

2e *fois:* Éq. $Cx-cx=p$, $x=\frac{d}{C-c}$, et le temps écoulé depuis l'origine du mouvement

$$\frac{d}{C-c}+\frac{p}{C-c}=\frac{p+d}{C-c}\text{ secondes.}$$

3e *fois :* $\frac{2p+d}{C-c}$; 4e *fois :* $\frac{3p+d}{C-c}$....

$n^{\text{ième}}$ *fois :* $\frac{(-1)p+d}{C-c}$.

275. x le temps demandé.

Éq. $Cx-c(x+t)=d$.

Rép. 1re *fois :* $\frac{d+ct}{C-c}$ secondes; 2e *fois:* $\frac{p+d+ct}{C-c}$;

3e *fois:* $\frac{2p+d+ct}{C-c}$;... $n^{\text{ième}}$ *fois :* $\frac{(n-1)p+d+ct}{C-c}$.

276. x le temps demandé.

Éq. $Cx-c(x-t)=d$.

Rép. 1re *fois:* $\frac{d-ct}{C-c}$ secondes; 2e *fois :* $\frac{p+d-ct}{C-c}$;

3e *fois:* $\frac{2p+d-ct}{C-c}$;... $n^{\text{ième}}$ *fois :* $\frac{(n-1)p+d-ct}{C-c}$.

277. x le temps demandé.

Éq. $Cx+c(x+t)=d$.

Rép. 1re *fois:* $\frac{d-ct}{C+c}$ secondes; 2e *fois:* $\frac{p+d-ct}{C+c}$;

3e *fois:* $\frac{2p+d-ct}{C+c}$;... $n^{\text{ième}}$ *fois:* $\frac{(n-1)p+d-ct}{C+c}$.

278. x le temps demandé.

Éq. $Cx+cx-ct=d$.

Rép. 1re *fois:* $\frac{d+ct}{C+c}$ secondes; 2e *fois:* $\frac{p+d+ct}{C+c}$;

3e *fois:* $\frac{2p+d+ct}{C+c}$;... $n^{\text{ième}}$ *fois :* $\frac{(n-1)p+d+ct}{C+c}$.

279. On doit admettre que les quantités de liquide écoulées pendant le même temps sont proportionnelles aux dimensions des orifices et aux vitesses d'écoulement; d'où il suit que les quantités sont en raison composée des dimensions et des vitesses *. Soit donc x la quantité d'eau fournie par le premier orifice, l'équation sera $\frac{x}{x+561}=\frac{5}{13}\cdot\frac{8}{7}$.

Rép. 440, 1001.

280. x le nombre de sauts du lièvre.

Éq. $\frac{2}{7}\cdot\frac{5}{6}x=\frac{1}{6}x+50$.

Rép. 700.

281. x le nombre de bombes lancées par le deuxième mortier.

Éq. $\frac{x}{\frac{8}{7}x+36}=\frac{3}{4}$.

Rép. 189 bombes.

282. x le nombre de pas du deuxième.

Éq. $\frac{x}{x-3000}=\frac{5}{2}$.

Rép. premier, 1000 pas; deuxième, 5000.

* Soient q, q' en général les quantités d'eau fournies par les deux orifices, d et d', v et v' les dimensions et les vitesses d'écoulement; soit Q la quantité fournie par un troisième orifice qui aurait d' pour dimension et v pour vitesse d'écoulement, on aurait

$$\frac{q}{Q}=\frac{d}{d'},\quad \frac{Q}{q'}=\frac{v}{v'},$$

et, multipliant ces équations entre elles,

$$\frac{q}{q'}=\frac{d}{d'}\cdot\frac{v}{v'}.$$

283. x le nombre de pas du deuxième.

Éq. $\frac{x}{x+a}=\frac{b}{c}\cdot\frac{d}{e}$.

Rép. 1er $\frac{abd}{ce-bd}$, 2[e] $\frac{ace}{ce-bd}$.

284. x la moindre des grandeurs.

Éq. $\frac{x}{x+d}=\frac{m}{n}\cdot\frac{m'}{n'}$. (Voy. le n° **279.**)

Rép. $\frac{mm'}{nn'-mm'}d$, $\frac{nn'}{nn'-mm'}d$.

285. x la plus petite.

Éq. $\frac{x}{x+d}=\frac{m}{n}\cdot\frac{m'}{n'}\cdot\frac{m''}{n''}$.

Rép. $\frac{mm'm''}{nn'n''-mm'm''}d$, $\frac{nn'n''}{nn'n''-mm'm''}d$.

286. x l'une des grandeurs.

Éq. $\frac{x}{s-x}=\frac{m}{n}\cdot\frac{m'}{n'}\cdot\frac{m''}{n''}$.

Rép. $\frac{mm'm''}{nn'n''+mm'm''}s$, $\frac{nn'n''}{nn'n''+mm'm''}s$.

287. x le nombre d'années à compter du jour où le deuxième capital est placé à intérêts.

Éq. $5500\left(x+4\frac{1}{2}\right)\frac{4}{100}=8000x\frac{5}{100}$.

Rép. 10 ans à partir du jour où le premier capital a été placé.

288. x le nombre de tours de la roue de derrière.

Éq. $(x+2000)5\frac{1}{4}=7\frac{1}{8}x$.

Rép. 39900.

289. x le nombre de tours de la roue de derrière.

Éq. $(x+n)a=bx$.

Rép. $\frac{abn}{b-a}$.

290. x le nombre de litres de la première espèce.

Éq. $0,36x+0,20(50-x)=0,30.50$.

Rép. 1re *espèce* : 31,25 ; 2e *espèce* : 18,75.

291. x le nombre de la première espèce.

Éq. $ax+(n-x)b=nc$.

Rép. 1re *espèce* : $\frac{(c-b)}{a-b}n$; 2e *espèce* : $\frac{(a-c)}{a-b}n$.

Remarquez que les quantités des deux espèces sont dans le rapport inverse des différences entre les prix de chaque espèce et le prix moyen ; d'où la règle arithmétique connue.

292. x le nombre de grammes de la première espèce.

Éq. $0,910x+(100-x)0,875=100.0,889$.

Rép. 1re *espèce* : 40 ; 2e *espèce* : 60.

293. x la quantité d'eau.

Éq. $136.2=(136+x)1,60$.

Rép. 34 litres.

294. x la quantité de cuivre.

Éq. $35.0,900=(35+x)0,7875$.

Rép. 5 kilogrammes.

295. x la quantité d'or à ajouter.

Éq. $x.0,780+3,20.0,640=(x+3,20)0,720$.

Rép. 4^kilog^,266.

296. x le nombre des pièces de 2 francs.

Éq. $2x+(16-x)\,0{,}50=14.$

Rép. 12 pièces de 50 centimes, 4 pièces de 2 francs.

297. x un des nombres.

Éq. $mx+n(a-x)=b.$

Rép. $\dfrac{b-na}{m-n}$, $\dfrac{ma-b}{m-n}$.

298. x le nombre d'années à courir.

Éq. $(40+x)=2(9+x).$

Rép. 22 ans.

299. x le nombre d'années à courir.

Éq. $\dfrac{30+x}{20+x}=\dfrac{5}{4}.$

Rép. 20 ans.

300. x le nombre d'années écoulées.

Éq. $\dfrac{30-x}{20-x}=6.$

Rép. 18 ans.

301. x le nombre d'années à courir.

Éq. $(20+x)+(6+x)=30+x.$

Rép. 4 ans.

302. x le nombre d'années écoulées.

Éq. $49-x=30-x+20-x+6-x.$

Rép. 3 ans $\frac{1}{2}$.

303. x le nombre d'années écoulées.

Éq. $49-x=\frac{5}{4}(50-2x).$

Rép. 9 ans.

304. x la quantité de salpêtre. D'après l'énoncé, la masse contient 56 kilogrammes de salpêtre et 24 de soufre; l'équation sera donc

$$\frac{56+x}{24}=\frac{11}{4}.$$

Rép. 10 kilogrammes.

305. x la quantité de soufre.

Éq. $\frac{56}{24-x}=\frac{11}{4}$.

Rép. 3 kilog. $\frac{7}{11}$.

306. x la quantité à ajouter et à retrancher.

Éq. $\frac{56+x}{24-x}=\frac{11}{4}$.

Rép. 2 kilog. $\frac{2}{3}$.

307. x le nombre de femmes.

Éq. $3x-8=5(x-8)$.

Rép. 48 hommes, 16 femmes.

308. x le nombre à ajouter.

Éq. $\frac{a+x}{b+x}=\frac{m}{n}$.

Rép. $\frac{mb-na}{n-m}$.

309. x le nombre demandé.

Éq. $\frac{a+x}{b-x}=\frac{m}{n}$.

Rép. $\frac{mb-na}{m+n}$.

310. x le nombre à retrancher.

Éq. $\frac{a-x}{b-x}=\frac{m}{n}$.

Rép. $\frac{na-mb}{n-m}$.

311. x le nombre d'heures.

Éq. $\frac{x}{2}+\frac{x}{3}+\frac{x}{4}=1$*.

Rép. $\frac{12}{13}$ d'heure ou 55 minutes $\frac{5}{13}$.

312. x le nombre d'heures.

Éq. $\frac{3x}{4}+\frac{3x}{10}+\frac{x}{5}=1$.

Rép. $\frac{4}{5}$ d'heure ou 48 minutes.

313. x le temps demandé.

Éq. $\frac{x}{a}+\frac{x}{b}+\frac{x}{c}=1$.

Rép. $\frac{abc}{ab+ac+bc}$.

314. x le temps demandé.

Éq. $\frac{x}{a}+\frac{x}{b}+\frac{x}{c}+\frac{x}{d}=1$.

Rép. $\frac{abcd}{abc+abd+acd+bcd}$.

315. x le temps demandé.

Éq. $\frac{8x}{5}+\frac{9x}{4}+\frac{10x}{6}=756$.

Rép. $137\frac{13}{331}$.

* Soit c la capacité du bassin : en une heure le premier robinet donne $\frac{c}{2}$, en x heures $\frac{cx}{2}$; le deuxième robinet $\frac{cx}{3}$; le troisième $\frac{cx}{4}$; et par conséquent $\frac{cx}{2}+\frac{cx}{3}+\frac{cx}{4}=c$. Supprimant le facteur c, on retrouve l'équation ci-dessus.

316. x le temps demandé.

Éq. $\frac{ax}{b}+\frac{cx}{d}+\frac{ex}{f}=g.$

Rép. $\frac{bdfg}{adf+bcf+bde}.$

317. x le temps demandé.

Éq. $\frac{12x}{3\frac{1}{4}}+\frac{15\frac{1}{3}x}{2\frac{1}{2}}+\frac{17x}{3}=755\frac{1}{4}.$

Rép. 48 heures $\frac{3}{4}$.

318. x le temps demandé.

Éq. $\frac{cx}{t}+\frac{e'x}{t'}+\frac{e''x}{t''}=\text{E}.$

Rép. $\frac{\text{E}tt't''}{ct't''+e'tt''+e''tt'}.$

319. x le volume demandé.

Éq. $\frac{69\frac{3}{4}x}{5}+\frac{41x}{3\frac{1}{3}}+\frac{91x}{4\frac{2}{7}}=949\frac{2}{3}.$

Rép. 20 centimètres cubes.

320. x le nombre de personnes.

Éq. $16x-240=10x+300.$

Rép. 90 personnes, 1200 francs.

321. x la quantité vendue en quintaux métriques.

Éq. $30x-120=22x+360.$

Rép. 60 quintaux métriques, 28 francs les 100 kilogrammes.

322. x le nombre de billets.

Éq. $4x+30=5x-50.$

Rép. 80 billets, 350 francs.

323. x le nombre d'ouvriers.

Éq. $mx + a = nx - b$.

Rép. Nombre d'ouvriers $\frac{a+b}{n-m}$;

solde journalière $\frac{an+bm}{n-m}$.

324. x le premier nombre.

Éq. $mx - a = m'x - a'$.

Rép. le 1er $\frac{a-a'}{m-m'}$, le 2^{e} $\frac{m'a-ma'}{m-m'}$.

325. x le nombre cherché.

Éq. $5x - 20 = 20 - x$.

Rép. $6\frac{2}{3}$.

326. x ce que l'ouvrier gagne.

Éq. $3\frac{1}{2}x - 540 = 540 - x$.

Rép. 240 francs.

327. x le nombre de feuilles qu'il écrit par semaine.

Éq. $70 - x = \frac{10}{4}x - 70$.

Rép. 40.

328. x la longueur du pas.

Éq. $l - nx = \frac{n(m+1)x}{m} - l$.

Rép. $\frac{2ml}{(2m+1)n}$ ou $\frac{l}{n\left(1+\frac{1}{2m}\right)}$.

329. x la distance.

Éq. $\left(\frac{4x}{3} + 176\right)2\frac{1}{2} - 1000 = 1000 - x$.

Rép. 360 mètres.

330. x le nombre des débiteurs.

Éq. $1250x + 10000 = 1600x - 1200$.

Rép. Nombre de débiteurs : 32. Prix de la maison : 50 000 francs. Somme à réclamer de chaque débiteur : 1562 fr. 50 c.

331. x le temps de l'échéance.

$(2832 + 2560 + 1450)\,x = 2832.3 + 2560.9 + 1450.16$.

Rép. Dans 8 mois.

332. x le temps de l'échéance.

Éq. $(a + b + c + d)x = al + bm + cn + dp$.

Rép. $\frac{al + bm + cn + dp}{a + b + c + d}$.

333. x le temps demandé.

Éq. $16000.15 = 5000(14 + x) + 3000(8 + x) + 8000x$.

Rép. 9 mois $\frac{1}{8}$.

334. x le temps demandé.

Éq. $400.16 = 200(15 + x) + 250(8 + x) + 150x$.

Rép. 2 mois $\frac{1}{3}$.

335. x l'intervalle des échéances.

Éq. $1250(x + 2x + 3x + 4x) = 6000.12$.

Rép. 6 mois.

336. x le capital.

Éq. $10x = 1376.5 + 2560.8 + (x - 3936)13$.

Rép. 7936 francs.

337. x le temps de la première échéance.

Éq. $3500(2x+1)=2000.3\frac{1}{2}+3500.4.$
$+1500.14.$

Rép. 5 mois $\frac{1}{2}$.

338. x la somme demandée.

Éq. $\frac{10x}{33}+\frac{5x}{18}+\frac{10x}{39}=6465.$

Rép. 7722.

339. x la part de A.

Éq. $x+\frac{5x}{6}+\frac{7x}{8}=500$ *.

Rép. A, 184 fr. $\frac{8}{13}$; B, 153 fr. $\frac{11}{13}$; C, 161 fr. $\frac{7}{13}$.

340. x la part de A.

Éq. $x+\frac{bm}{al}x+\frac{cnx}{al}=g.$

Rép. $\frac{al}{al+bm+cn}g,\ \frac{bm}{al+bm+cn}g,\ \frac{cn}{al+bm+cn}g.$

341. x la part du 3e (sans le bénéfice de 3 pour 100).

Éq. $x+\frac{3x}{100}+\frac{13x}{10}+\frac{17x}{10}=35262$ fr. 50 c.

Rép. 1er, 14875 fr.; 2e, 11375 fr.; 3e, 9012 fr. 50 c.

342. x la part du 3e (sans le bénéfice de 25 pour 100).

Éq. $x+\frac{x}{4}+\frac{5x}{7}+\frac{x}{14}+\frac{4x}{7}=3139.$

Rép. 1er, 688 fr.; 2e, 946 fr.; 3e, 1505 fr.

* Les parts doivent être proportionnelles aux capitaux multipliés par les temps.

343. x la part du troisième (sans le bénéfice de n pour 100.

Éq. $x+\frac{nx}{100}+\frac{gx}{h}+\frac{mgx}{100h}+\frac{fx}{h}=a.$

Rép. 1er, $\frac{100af}{(f+g+h)100+gm+hn}$,

2e, $\frac{(100+m)ag}{(f+g+h)100+gm+hn}$,

3 $\frac{(100+n)ah}{(f+g+h)100+gm+hn}$.

344. x la mise de A.

Éq. $\frac{5020}{10x+600}(5x+600)=2570$ *.

Rép. A, 2450 fr.; B, 3675 fr.; C, 6425 fr.

345. x la mise de A.

Éq. $\frac{2402\frac{1}{6}}{3x+10240}(2x+640)=879\frac{2}{3}.$

Rép. A, 3450 francs; B, 3770 francs.

346. x le taux de l'intérêt.

Éq. $\frac{1100+110x}{40}=\frac{1200+180x}{45}.$

Rép. $\frac{2}{3}$ pour 100 par mois; 10 mois.

347. x le taux de l'intérêt.

Éq. $\frac{4800+432x}{45}=\frac{3320+331\frac{1}{5}x}{32}$

Rép. 110 fr. $\frac{2}{3}$.

* On se souviendra que la part de chaque sociétaire s'obtient en multipliant sa mise par le rapport du capital à la somme des mises.

348. x la valeur de la livrée.

Éq. $\frac{5(240+x)}{12}=x+37.$

Rép. 108 francs.

349. x le prix du boisseau.

Éq. $\frac{4x+56}{56}=\frac{7\frac{1}{2}x+69}{84}.$

Rép. 10 francs.

350. x la valeur du frédéric d'or en thalers.

Éq. $\frac{16\frac{22}{24}+7x}{7}=\frac{44\frac{2}{24}+5x}{9}.$

Rép. 5 thalers 14 gros.

351. x le nombre de journées de travail.

Éq. $1,50.x-(50-x)0,60=49,80.$

Rép. 12 jours.

352. x le nombre d'œufs.

Éq. $7x=8(x-5).$

Rép. 40 œufs.

353. x le nombre d'oranges.

Éq. $\frac{\frac{90}{12}x}{x+4}=\frac{80}{12}.$

Rép. 32 oranges.

354. x le nombre de mètres.

Éq. $\frac{10x}{8(x+5)}=\frac{100}{\left(100-13\frac{1}{3}\right)}.$

Rép. 60 d'après le prix d'achat, et en réalité 65.

355. x le revenu.

Éq. $\frac{4(x+400)}{5}=\frac{6x}{7}+160.$

Rép. 2800 francs.

356. r, r', revenus avant et après l'augmentation ; x le rapport de l'augmentation au revenu primitif, c'est-à-dire $\frac{r'-r}{r}$.

Éq. $\frac{3r}{4}=\frac{2r'}{3}$ et $\frac{r}{r'}=\frac{2}{3}\cdot\frac{4}{3}.$

Rép. De $\frac{1}{8}$.

357. r, r', les revenus avant et après l'augmentation.

Éq. $\frac{6r}{7}=\frac{5r'}{5}$ et $x=\frac{r'-r}{r}=\frac{1}{35}.$

Rép. La 35e partie du loyer antérieur.

358. x ce qu'il y avait d'abord dans le sac.

Éq. $\frac{3\left(\frac{2x}{3}+50\right)}{4}+70=120.$

Rép. 25 francs.

359. x la somme primitive.

Éq. $\frac{6x-1450}{20}=10.$

Rép. 275 francs.

360. x l'héritage.

Éq. $\frac{x+200}{2}+\frac{x+3800}{10}+520=x.$

Rép. 2500 francs.

361. x le nombre d'œufs qu'il portait à la ville.

Éq. $\frac{8}{x}-8=2.$

Rép. 80 œufs.

362. x la somme primitive.

Éq. $\frac{64x - 111000}{27} = 2x.$

Rép. 11100 francs.

363 la somme primitive.

Éq. $\frac{216x - 1820000}{125} = x + \frac{3x}{5} + 800.$

Rép. 120000 francs.

364. x le nombre de pommes apportées par le père.

Éq. $\frac{x}{16} + 15 = 20.$

Rép. 80 pommes.

365. x le nombre.

Éq. $2\frac{1}{2}\left(3\frac{3}{7}x - 60\right) - 30 = 0.$

Rép. 21.

366. x le capital.

Éq. $\frac{2x}{25} + \frac{7x}{400} + \frac{39x}{1600} = 24375.$

Rép. 200000 francs.

367. x la somme.

Éq. $\frac{x + 900}{10} = \frac{9x + 17100}{100}.$

Rép. 8100 francs, 9 enfants.

368. x la somme.

Éq. $\frac{x + 240}{10} = \frac{8x + 4080}{81}.$

Rép. 1920 francs, 8 enfants.

369. x la somme.

Éq. $\frac{x+a(n-1)}{a}=\frac{(n-1)x+a(n-1)(2n-1)}{n^2}$.

Rép. Somme : $(n-1)^2a$; nombre d'enfants : $n-1$.

370. x le nombre d'hommes du côté du premier carré formé.

Éq. $x^2+39=(x+1)^2-50$.

Rép. 1975 hommes*.

371. x le nombre de pièces du côté du premier carré formé.

Éq. $x^2+130=(x+3)^2+31$.

Rép. 355 pièces.

372. x le nombre.

Éq. $(x+a)^2-(x+b)^2=d$.

Rép. $\frac{d-a^2-b^2}{2(a-b)}$.

373. x la capacité du premier tonneau.

Éq. $\frac{12x}{7}=x+50$.

Rép. 1er, 70 litres; 2e, 90; 3e, 120.

374. x la capacité du premier tonneau.

Éq. $\frac{25x}{28}=x-15$.

Rép. 1er, 140 litres; 2e, 60; 3e, 45; 4e, 80.

* Cette équation, ainsi que les deux suivantes, quoique en apparence du deuxième degré, revient au premier après la réduction.

RÉSOLUTION DES ÉQUATIONS DU PREMIER DEGRÉ A PLUSIEURS INCONNUES.

Pour résoudre deux équations du premier degré à deux inconnues, commencez par chasser les dénominateurs, résolvez la première par rapport à l'une des inconnues, et substituez cette valeur dans la seconde, qui ne contiendra plus alors qu'une seule inconnue, et que vous résoudrez comme une équation du premier degré à une seule inconnue; substituez enfin la valeur de cette inconnue dans celle de la première, et les deux inconnues seront déterminées.

S'il s'agit de résoudre un nombre quelconqne d'équations du premier degré en nombre égal à celui des inconnues, m par exemple, prenez dans la première la valeur d'une des inconnues, et substituez-la dans les $m-1$ équations restantes, et faites les réductions qui se présentent dans le calcul.

Dans la première de ces $m-1$ équations à $m-1$ inconnues, tirez la valeur de la deuxième inconnue, substituez-la dans les $m-2$ équations restantes, et réduisez.

De la première des $m-2$ équations à $m-2$ inconnues, tirez la valeur de la troisième inconnue, et substituez-la dans les $m-3$ équations restantes.

Continuant ainsi, vous finirez par n'avoir plus qu'une seule équation à une inconnue, qui fera connaître cette dernière inconnue; et, substituant de proche en proche cette valeur dans l'avant-dernière, ces deux valeurs dans la précédente, ces trois valeurs dans celle qui précède immédiatement, et ainsi de suite, vous déterminerez toutes les inconnues des équations.

375. 376. $x=16$, $y=35$. $x=17\frac{1}{2}$, $y=115\frac{3}{5}$.

377. 378. $x=9$, $y=123\frac{1}{2}$. $x=88\frac{3}{4}$, $y=17\frac{3}{4}$.

379. 380. $x=56$, $y=23$. $x=3$, $y=5$.

381. $x=\frac{2b^2-6a^2+d}{3a}$, $y=\frac{3a^2-b^2+d}{3b}$.

382. $x=\frac{a}{bc}$, $y=\frac{a+2b}{c}$.

383. $x=\frac{a^2}{b+c}$, $y=\frac{b^2-c^2}{a}$.

384. $x=\frac{bf}{b-f}$, $y=\frac{bf}{b+f}$.

385. $x=3$, $y=7$, $z=16$.

386. $x=16$, $y=7\frac{3}{4}$, $z=5\frac{1}{2}$.

387. $x=\frac{amp}{mp+np+mq}$, $y=\frac{anq}{mp+np+mq}$,

$z=\frac{amq}{mp+nq+mq}$.

388. $x=17$, $y=22$, $z=45$.

389. $x=18$, $y=32$, $z=10$.

390. $x=64$, $y=80$, $z=100$.

391. $x=48$, $y=54$, $z=64$.

392. $x=360,\ y=124,\ z=100.$

393. $x=13,\ y=24,\ z=62.$

394. $x=12,\ y=25,\ z=6.$

395. $x=\frac{2}{a+b-c},\ y=\frac{2}{a+c-b},\ z=\frac{2}{b+c-a}.$

396. $x=6,\ y=9,\ z=\frac{1}{2}.$

397. $x=2,\ y=\frac{1}{2},\ z=3,\ u=\frac{1}{3}.$

398. $x=12,\ y=30,\ z=168,\ u=50.$

399. Si l'on fait

$$a+b+c+d+e+f=s,$$

on trouve $x=\frac{s}{5}-f,\quad u=\frac{s}{5}-c,$

$$y=\frac{s}{5}-e,\quad t=\frac{s}{5}-b,$$

$$z=\frac{s}{5}-d,\quad v=\frac{s}{5}-a.$$

Problèmes du premier degré à plusieurs inconnues.

La mise en équation des problèmes à plusieurs inconnues est soumise à la même règle générale précédente. Exprimez par x, y, z, etc., les inconnues, et opérez sur elles comme si vous vouliez vérifier les nombres que ces lettres représentent : vous obtiendrez, par la comparaison des résultats avec les données du problème, autant d'équations qu'il y a d'inconnues.

PROBLÈME. — Quels sont les deux nombres tels, qu'en cherchant leur plus grand commun diviseur par la méthode ordinaire, la première division partielle donne 3 pour quotient et pour reste 6 ; et que le plus grand commun diviseur trouvé par la deuxième division soit précisément égal à la 20e partie du plus grand nombre ?

Soient x et y les deux nombres. La première condition fournira sur-le-champ la relation

$$x = 3y + 6,$$

et la deuxième $$\frac{y}{6} = \frac{x}{20}.$$

Substituant dans la première la valeur de y tirée de la seconde, on trouve

$$y = \frac{9}{10}x + 6,$$

d'où $$x = 60,$$

et par conséquent $$y = 18.$$

PROBLÈME. — Deux ouvriers ont fait 204 mètres d'ouvrage, le premier ayant travaillé 7 jours et le second 8 jours. Ils ont fait ensuite 300 mètres, le premier ayant travaillé 10 jours et le second 12 jours ; combien chaque ouvrier faisait-il de mètres d'ouvrage par jour ?

Soient x le nombre de mètres d'ouvrage que faisait par jour le premier ouvrier ; y le nombre qu'en faisait le second.

On aura pour équations de condition

$$7x + 8y = 204,$$

$$10x + 12y = 300.$$

Multipliant la première équation par 10 et la

deuxième par 7, et retranchant ensuite le premier produit du second, on trouve

$$4y = 60; \quad \text{d'où} \quad y = 15.$$

Par la substitution de cette valeur dans l'une ou dans l'autre des équations du problème on obtient

$$x = 12.$$

PROBLÈME. — Deux fontaines coulent dans un bassin de la contenance de 16 mètres cubes.

On a laissé couler la première seule pendant 5 heures et la deuxième seule aussi pendant 7 heures $\frac{1}{2}$, et elles ont donné 325 litres. Une seconde fois la première a coulé seule pendant 8 heures $\frac{1}{4}$, la seconde pendant 6 heures, et elles ont donné 345 litres. Si on les laisse couler ensemble, en combien de temps le bassin sera-t-il rempli?

Soient x et y les quantités de litres d'eau que chaque fontaine, coulant seule, donne en 1 heure; il est évident qu'on aura pour déterminer ces quantités

$$5x + 7\frac{1}{2}y = 325,$$

$$8\frac{1}{4}x + 6y = 345;$$

d'où l'on tire, par une élimination facile,

$$x = 20, \; y = 30.$$

Or, en 1 heure, les deux fontaines, coulant ensemble, donnent $20 + 30 = 50$ litres ; par conséquent elles mettront à remplir le bassin

$$\frac{16000^{l}}{50} = 320 \text{ heures.}$$

Problème. — Un marchand a du vin de trois qualités différentes, à 2 francs, 1 fr. 50 c., 1 franc le litre. Il voudrait en faire un mélange de 100 litres, en employant autant de la troisième sorte que des deux autres ensemble, et qui ne revînt qu'à 1 fr. 35 c. le litre; combien doit-il en prendre de chaque espèce?

x, y, z, ce qu'il doit prendre de la première, de la deuxième et de la troisième qualité. On aura les trois équations

$$x+y+z=100,$$
$$z=x+y,$$
$$2x+1{,}50y+z=135.$$

Les deux premières équations donnent

$$2z=100; \qquad \text{d'où} \qquad z=50.$$

Et la premièfe et la troisième équation se réduisent à

$$x+y=50,$$
$$2x+1{,}50y=85;$$

d'où l'on tire $x=20$, $y=30$.

Problème. — Trois fontaines coulent dans un bassin. Les deux premières coulant ensemble ont donné 175 litres d'eau en 3 heures $\frac{1}{2}$; la première et la troisième, 280 litres en 4 heures; la deuxième et la troisième, 375 en 6 heures $\frac{1}{4}$. La capacité du bassin est de 18 mètres cubes; en combien de temps le bassin sera-t-il rempli si les trois fontaines coulent ensemble?

Soient x, y, z, la quantité de litres d'eau fournie en 1 heure par chaque fontaine coulant seule, on aura les trois équations.

$$(x+y)3\frac{1}{2}=175,$$
$$(x+z)4=280,$$
$$(y+z)6\frac{1}{4}=375;$$

d'où

$$x=30,\ y=20,\ z=40.$$

Les trois fontaines, coulant ensemble, donnent donc, en 1 heure, $30+20+40=90$ litres, et par conséquent elles mettront $\frac{18000^h}{90}$ pour remplir le bassin; c'est-à-dire 200 heures.

PROBLÈME. — Un nombre de trois chiffres est tel, que la somme de ses chiffres est 16; et, en renversant ce nombre, puis l'ajoutant au nombre renversé, on obtient pour somme 1211 et pour différence 267; quel est ce nombre?

x, y, z, les chiffres des centaines, des dizaines et des unités; on aura pour exprimer le nombre $100x+10y+z$, et le nombre renversé $100z+10y+x$; les trois équations seront

$$x+y+z=16$$

$$(100x+10y+z)+(100z+10y+x)=1211$$

$$(100z+10y+x)-(100x+10y+z)=297\,*.$$

On commencera par réduire les deux dernières équations, et l'on trouvera sans difficulté

$$x=4,\ y=5,\ z=7.$$

Le nombre demandé est 457.

* On remarquera que la différence est un multiple de 9 : en effet, la différence entre deux nombres composés des mêmes chiffres et en même nombre, quel que soit l'ordre dans lequel ils sont écrits, est toujours divisible par 9.

Problème. — Un marchand a des vins de quatre qualités différentes.

Il en fait un premier mélange, composé de 2 litres de la première, 3 litres de la deuxième, 5 litres de la troisième, 10 litres de la quatrième, et le litre du mélange revient à 2 fr. 10 c.;

Un second mélange composé de 7 litres de la première, 8 litres de la deuxième, 10 litres de la troisième, 15 litres de la quatrième, revient à 2 fr. 20 c. le litre;

Un troisième mélange, composé de 10 litres de la première, 5 litres de la deuxième, 15 litres de la troisième, 20 litres de la quatrième, revient à 2 fr. 24 c. le litre;

Enfin un quatrième mélange, formé de 18 litres de la première, 17 litres de la deuxième, 40 litres de la troisième, 25 litres de la quatrième, revient à 2 fr. 29 c. le litre.

On demande le prix de chaque qualité.

Soient x, y, z, u, les prix des première, deuxième, troisième et quatrième qualités de vin. Le premier mélange, composé de $2+3+5+10=20$ litres, à 2 fr. 10 c. le litre, coûte en tout 42 francs.

Le deuxième mélange, composé de $7+8+10+15=40$ litres à 2 fr. 20 c., coûte 88 francs.

Le troisième mélange, de 50 litres à 2 fr. 24 c., coûte 112 francs.

Enfin le quatrième mélange, de 100 litres à 2 fr. 29 c., coûte 229 francs.

On a donc les quatre équations

$$\begin{aligned}
2x+3y+5z+10u&=42,\\
7x+8y+10z+15u&=88,\\
10x+5y+15z+20u&=112,\\
18x+17y+40z+25u&=229:
\end{aligned}$$

d'où l'on tire

$$x=3,\quad y=2,\quad z=2{,}40,\quad u=1{,}80.$$

400. x et y les deux nombres.

Éq. $x+y=70$,

$x-y=16$.

Rép. 43 et 27.

401. x et y les deux nombres.

Éq. $x+y=a$,

$x-y=b$.

Rép. $\frac{a+b}{2}$, $\frac{a-b}{2}$.

402. x dans l'une, y dans l'autre.

Éq. $x+y=300$,

$x-30=y+30$.

Rép. 180 francs, 120 francs.

403. x pour A, y pour B.

Éq. $x+100=y-100$,

$y+100=2(x-100)$.

Rép. 500 francs, 700 francs.

404. x le prix de l'une, y de l'autre.

Éq. $x+8=\frac{y}{2}$,

$y+8=3x$.

Rép. 24 francs, 64 francs.

405. A possède x, et B, y.

Éq. $x+y=570$,

$3x+5y=2350$.

Rép. A, 250 francs, et B, 320 francs.

406. x et y les deux nombres.

Éq. $ax+by=k$,

$a'x+b'y=k'$.

Rép. $\frac{b'k-bk'}{ab'-ba'}$, $\frac{ak'-a'k}{ab'-a'b}$.

407. x et y les deux nombres.

Éq. $x+4=\frac{13}{4}y$,

$y+8=\frac{x}{2}$.

Rép. 48, 16.

408. x et y les deux nombres.

Éq. $x+a=my$,

$y+b=nx$.

Rép. $\frac{a+mb}{mn-1}$, $\frac{b+na}{mn-1}$.

409. x l'âge du père, y celui du fils.

Éq. $x-6=\frac{10}{3}(y-6)$.

$x+3=(y+3)2\frac{1}{6}$.

Rép. 36 ans, 15 ans.

410. x et y l'avoir de A et de B.

Éq. $x+y=39200$,

$\frac{5x}{6}=\frac{4y}{5}$.

Rép. A, 19200 francs: B, 20000 francs.

411. x l'avoir de A, y celui de B.

Éq. $x+\frac{y}{8}=1200$,

$y+\frac{x}{6}=2550$.

Rép. A, 900 francs; B, 2400 francs.

412. x le premier taux, y le second.

Éq. $\frac{92000y}{100}=\frac{32000x}{100}+3620.$

$\frac{70000y}{100}=\frac{37600x}{100}+2157.$

Rép. $4\frac{1}{2}$ pour 100, 5 pour 100.

413. x et y les poids des deux masses.

Éq. $\frac{2}{5}x+96=\frac{3}{4}y,$

$\frac{5y}{8}=\frac{4x}{9}.$

Rép. 720 kilogrammes, 512 kilogrammes.

414. x et y ce que donnent par heure les deux fontaines.

Éq. $4x+5y=90,$

$7x+3\frac{1}{2}y=126.$

Rép. 1er, 15 litres; 2e, 6 litres; 10 heures pour remplir le bassin.

415. x le nombre de pièces de 5 francs, y celui des pièces de 1 fr. 50 c.

Éq. $x+y=185,$

$5x+1,50y=715.$

Rép. 125 pièces de 5 francs, 60 pièces de 1 fr. 50 c.

416. x et y le prix du kilogramme des deux espèces.

Éq. $8x+19y=16,45,$

$20x+16y=23,80.$

Rép. 75 centimes; 55 centimes.

417. x le rapport de A à C, y celui de B à C ; a, b, c, les longueurs des mesures de A, B, C.

Éq. $15a+33b=39\frac{1}{2}c$, d'où $15x+33y=39\frac{1}{2}$;

$24a+55b=65c$, d'où $24x+55y=65$.

Rép. De A à C, $\frac{5}{6}$; de B à C, $\frac{9}{11}$; de A à B, $\frac{55}{54}$;

et la différence de $1\frac{23}{27}$ pour 100.

418. x, y les rapports demandés.

Éq. $17\frac{1}{2}x+19y=34\frac{3}{4}$,

$5x+9\frac{1}{2}y=13\frac{53}{56}$.

Rép. De A à C, $\frac{32}{35}$; de B à C, $\frac{75}{76}$; de A à B, $\frac{2432}{2625}$,

et la différence de $7\frac{569}{608}$ pour 100.

419. x et y les rapports de la lieue de France et du mille d'Angleterre au mille d'Allemagne.

Éq. $40x=53y+12\frac{1}{2}$,

$10x+26\frac{1}{2}y=11\frac{3}{4}$.

Rép. La lieue de France au mille d'Allemagne, $\frac{3}{5}$,

Le mille d'Angleterre au mille d'Allemagne, $\frac{23}{106}$,

La lieue de France au mille d'Angleterre, $\frac{318}{115}$.

420. x et y la valeur en francs de la livre sterling et du ducat.

Éq. $150x = 331y + 3{,}50,$

$40x = 88y + 4.$

Rép. Livre sterl., 25 fr. 40 c.; ducat, 11 fr. 50 c.

421. x et y la valeur du franc et de la livre sterling en thalers.

Éq. $7540x + 820y + 1520 = 8325,$

$5y = 108x + 3.$

Rép. La livre sterling 6 thalers, et le franc $\frac{1}{4}$ de thaler ou 6 gros.

422. x le prix du premier cheval, y celui du deuxième.

Éq. $x + 200 = y + 8 + 32,$

$3\frac{3}{4}(x + 8) = y + 200.$

Rép. 120 francs, 280 francs.

423. x le numérateur, y le dénominateur.

Éq. $\frac{x+1}{y} = \frac{1}{3},$

$\frac{x}{y+1} = \frac{1}{4}.$

Rép. $\frac{4}{15}.$

424. x le numérateur, y le dénominateur.

Éq. $\frac{x-3}{y-5} = \frac{1}{4},$

$\frac{x+5}{y+5} = \frac{1}{2}.$

Rép. $\frac{9}{19}.$

425. x le capital prêté par A à y pour 100 d'intérêts.

Éq. $\frac{xy}{100}+730=\frac{(12600+x)(y+1)}{100}$,

$\frac{xy}{100}+380=\frac{(3000+x)(y+2)}{100}$.

Rép. A, 10000 francs à 4 pour 100; B, 22600 francs à 5 pour 100; C, 13000 francs à 6 pour 100.

426. x le nombre d'officiers, y ce que chacun a dépensé.

Éq. $(x+5)(y+1)=xy+61{,}50$

$(x-3)(y-1{,}50)=xy-42$.

Rép. Nombre des officiers, 14; écot, 8 fr. 50 c.

427. x le nombre de lignes, y le nombre de lettres dans chaque ligne.

Éq. $(x+3)(y+4)=xy+224$,

$(x-2)(y-3)=xy-145$.

Rép. 29 lignes, 32 lettres.

428. x et y les deux nombres.

Éq. $(x+a)(y+b)=xy+c$,

$(x+a')(y+b')=xy+c'$,

Rép. $\frac{a'c-ac'+aa'(b'-b)}{a'b-ab'}$, l'un;

$\frac{bc'-b'c+bb'(a-a')}{a'b-ab'}$, l'autre.

429. x le prix de l'hectolitre d'avoine, y du blé.

Éq. $\frac{x-2}{y-1}=\frac{6}{7}$,

$\frac{x}{y}=\frac{8}{9}$.

Rép. 23 francs, 36 francs.

430. x la quantité de vin contenue dans le premier tonneau, y dans le deuxième.

Éq. $3x-5y=16$,
$6y-2x=16$.

Rép. premier, 22 hectolitres; deuxième, 10.

431. x et y les quantités de vin contenues dans le premier et le deuxième tonneau.

Éq. $3x-5y=a$.
$6y-2x=a$.

Rép. 1er, $\frac{11}{8}a$, 2e, $\frac{5}{8}a$.

432. x le prix du meilleur vin, y le prix de l'autre.

Éq. $3x+5y=8.20,50$.
$3\frac{3}{4}x+7\frac{1}{2}y=11\frac{1}{4}.20$.

Rép. 1re qualité, 28 francs; 2e qualité, 16 fr.

433. x et y les prix de chaque qualité.

Éq. $ax+by=(a+b)c$,
$fx+gy=(f+g)h$.

Rép. 1er, $\frac{(a+b)cg-(f+g)bh}{ag-bf}$;
2e, $\frac{(a+b)cf-(f+g)ah}{bf-ag}$.

434. x la quantité d'étain, y celle du plomb.

Éq. $x+y=120$.
$\frac{5x}{37}+\frac{2y}{23}=14$.

Rép. 46 kilog. de plomb, 74 kilog. d'étain.

435. x la quantité d'argent, y la quantité de cuivre.

Éq. $x+y=148$,

$$\frac{2x}{21}+\frac{y}{9}=14\frac{2}{3}.$$

Rép. 112 kilog. d'argent, 36 kilog. de cuivre.

436. x la quantité de A, y la quantité de B.

Éq. $x+y=p$,

$$\frac{bx}{p}+\frac{cy}{p}=a.$$

Rép. $\frac{(c-a)p}{c-b}$ de A, $\frac{(a-b)p}{c-b}$ de B.

437. x la quantité d'or, y la quantité d'argent.

Éq. $$x+y=20,$$

$$\frac{x}{19,64}+\frac{y}{10,5}=\frac{5}{4}.$$

Rép. 14,77.... d'or, 5,22.... d'argent.

438. x la quantité (en poids) du plomb, y la quantité (en poids) du liége.

Éq. $$x+y=80.$$

$$\frac{x}{11,324}+\frac{y}{0,24}=\frac{80}{0,45}\text{*}.$$

Rép. 38,14.... de plomb, 41,85.... de liége.

439. x et y les poids des deux substances.

Éq. $x+y=q$,

$$\frac{x}{p}+\frac{y}{p'}=\frac{q}{p''}.$$

Rép. $\frac{qp(p'-p'')}{p''(p'-p)}$ pour la 1re, $\frac{qp'(p''-p)}{p''(p'-p)}$ pour la 2e.

* Les poids de ces mêmes substances sont proportionnels aux volumes.

440. x et y les deux nombres.

Éq. $\frac{x-y}{x+y}=\frac{2}{3}$,

$\frac{x+y}{xy}=\frac{3}{5}$.

Rép. 2 et 10.

441. x et y les deux nombres.

Éq. $x+y=m(x-y)$,

$xy=n\ (x-y)$.

Rép. $\frac{2n}{m-1}$, $\frac{2n}{m+1}$.

442. x et y les deux nombres.

Éq. $x+y=13$,

$x^2-y^2=39$.

Rép. 5 et 8.

443. x et y les deux nombres.

Éq. $x+y=a$,

$x^2-y^2=b$.

Rép. $\frac{a^2+b}{2a}$, $\frac{a^2-b}{2a}$.

444. x et y les deux nombres.

Éq. $x+y=a$.

$\frac{x}{y}=b$.

Rép. $\frac{ab}{b+1}$, $\frac{a}{b+1}$.

445. x l'âge du fils, y du père, z du grand-père.

Éq. $x+y=56$,

$y+z=100$,

$x+z=80$.

Rép. 18, 38, 62.

446. x, y, z, les trois nombres.

Éq. $x+y=a$,
$y+z=b$,
$x+z=c$.

Rép. Faisant $a+b+c=2p$, on a
$x=p-c$, $y=p-b$, $z=p-a$.

447. x, y, z, ce que possèdent A, B, C.

Éq. $x+\frac{3y}{7}=2190$,

$y+\frac{5z}{9}=2190$,

$z+\frac{2x}{3}=2190$.

Rép. A, 1530; B, 1540; C, 1170.

448. x, y, z, l'avoir de A, B, C.

Éq. $x+y=\frac{2z}{3}$, $y+z=6x$, $y+680=x+z$.

Rép. A, 200; B, 360; C, 840.

449. x dans la première bourse, y dans la seconde, z dans la troisième.

Éq. $4(x-20)=y+20$,

$\frac{7}{4}(y-60)=z+60$,

$\frac{23}{8}(x+40)=z-40$.

Rép. 120, 380, 500.

450. x, y, z, l'avoir de A, B, C.

Éq. $x+700=2(y-700)$,
$y+1400=3(z-1400)$,
$z+420=5(x-420)$.

Rép. A, 980; B, 1540; C, 2380.

451. x, y, z, les trois nombres.

Éq. $\frac{x-4}{y+4}=\frac{1}{2}$, $\frac{y-10}{z+10}=\frac{3}{10}$, $\frac{x-5}{z+5}=\frac{3}{11}$.

Rép. 20, 28, 50.

452. x et y ce qu'ont A et B.

Éq. $x+200=y-200+160$,

$y+70=1820-(x+y)-70$.

Rép. A, 400; B, 640; C, 760.

453. x et y pour A et B.

Éq. $x+\frac{y}{4}=y+\frac{1}{2}$,

$\frac{x}{2}+4=y+\frac{1}{2}$.

Rép. La somme est de 6 fr. 50 c.: A, 5 francs; B, 6 francs; C, 4 francs.

454. x, y, z, le poids des trois lingots.

Éq. $0{,}900x+0{,}800y=(x+y)0{,}840$,

$0{,}900x+0{,}720z=(x+z)0{,}780$,

$x+y+z=45$.

Rép. 10, 15, 20 kilogrammes.

455. x, y, z, la valeur en thalers du ducat, du frédéric et du carolin.

Éq. $5x+7y+2z=67\frac{1}{4}$,

$4x+9y+8z=113\frac{7}{12}$,

$12x+9y+13z=96$.

Rép. Le ducat vaut 3 thalers 2 gros, le frédéric 5 thalers 13 gros, le carolin 6 thalers 9 gros.

456. x, y, z, le prix du quintal métrique du froment, du seigle et de l'orge.

Éq.
$$8x + 3y + 5z = 2936,$$
$$3x + 10y + 7z = 3248,$$
$$6x + 9y + 13z = 4520.$$

Rép. 224, 168, 128 francs.

457. x, y, z, le prix du kilogramme de chaque marchandise : café, sucre et thé.

Éq.
$$6x + 9y + 3z = 51,$$
$$8x + 7y + 4z = 64{,}10,$$
$$5x + 10y + 2{,}50z = 48{,}50.$$

Rép. 2 fr. 50 c., 1 fr. 20 c., 8 fr. 40 c.

458. x, y, z, le temps que mettrait chaque maçon, A, B, C, pour construire à lui seul tout le mur.

Éq.
$$\frac{1}{x} + \frac{1}{y} = \frac{1}{12},$$
$$\frac{1}{y} + \frac{1}{z} = \frac{1}{20},$$
$$\frac{1}{x} + \frac{1}{z} = \frac{1}{15}.$$

Rép. A, 20; B, 30; C, 60; et à eux trois 10 jours.

459. x, y, z, le temps nécessaire pour A, B, C.

Éq.
$$\frac{1}{x} + \frac{1}{y} = \frac{1}{a},$$
$$\frac{1}{x} + \frac{1}{z} = \frac{1}{b},$$
$$\frac{1}{\ } + \frac{1}{z} = \frac{1}{c}.$$

Rép. A, $\frac{2abc}{bc + ac - ab}$, B, $\frac{2abc}{bc + ab - ac}$,

C, $\frac{2abc}{ab + ac - bc}$; et à eux trois, $\frac{2abc}{ab + ac + bc}$.

460. Il suffit de substituer dans les formules générales les valeurs $a=70$, $b=84$, $c=140$; et l'on trouve pour A, 105 minutes; pour B, 210; pour C, 420; et à elles trois, 1 heure.

461. x, y, z, ce qu'il faudra prendre de chaque lingot.

Le premier lingot renfermant 5 onces d'or, 15 d'argent et 30 de cuivre, il faut d'abord déterminer ce qui entre d'or, d'argent et de cuivre, dans x, et pour cela partager x en trois parties qui soient entre elles comme les nombres 5, 15 et 30, ou 1, 3 et 6: on trouvera donc qu'il entre

$$\frac{x}{10} \text{ d'or}, \quad \frac{3x}{10} \text{ d'argent}, \quad \frac{3x}{5} \text{ de cuivre}.$$

Un calcul semblable déterminera les quantités d'or, d'argent et de cuivre, qui entrent dans y, et l'on trouvera

$$\frac{5y}{24} \text{ d'or}, \quad \frac{7y}{24} \text{ d'argent}, \quad \frac{y}{2} \text{ de cuivre}.$$

Dans le troisième lingot z, on trouvera pareillement qu'il entre

$$\frac{4z}{25} \text{ d'or}, \quad \frac{13z}{25} \text{ d'argent}, \quad \frac{3z}{25} \text{ de cuivre}.$$

Et d'après l'énoncé on aura les équations

$$\frac{x}{10}+\frac{5y}{24}+\frac{4z}{25}=10,$$

$$\frac{3x}{10}+\frac{7y}{24}+\frac{13z}{25}=23,$$

$$\frac{3x}{5}+\frac{y}{2}+\frac{8z}{25}=26.$$

Rép. 10 onces du 1er, 24 du 2e, 25 du 3e.

462. x, y, z, ce qu'ont trouvé A, B, C.

Éq. $$4(x-y-z)=128,$$

$$2(2y-2z-32)=128,$$

$$4z-128=128.$$

Rép. A, 208; B, 112; C, 64.

463. x, y, z, ce qu'il y avait d'abord dans le 1er, 2e, et 3e tiroir.

Éq. $$x+y+z=810,$$

$$3(2x-y-z)=7y-2x-2z,$$

$$3(7y-2x-2z)=23z-4x-4y.$$

Rép. 350, 260, 200.

On peut encore résoudre le problème en n'employant que la seule inconnue x, y et z, pour chaque opération, et l'on trouvera

$$\frac{27x-7290}{8}=\frac{810}{3},$$

$$\frac{27y-4860}{8}=\frac{810}{3^{\circ}};$$

d'où l'on conclura

$$z=810-x-y.$$

464. x, y, z, ce qu'avaient A, B, C, avant de se mettre au jeu.

On a $s=x+y+z=3.64=192$ francs.

A la fin de la troisième partie.

A possède $\frac{64x-16s}{27}$; B, $\frac{64y-12s}{27}$; C, $\frac{64z-9s}{27}$.

Rép. A, 75; B, 63; C, 54.

465. x, y, z, u, v, ce qu'avaient A, B, C, D, E, avant de se mettre au jeu.

Soit $s = x + y + z + u + v = 5.32 = 160.$

Après la cinquième partie, A, B, C, D, E, possèdent

$$32x - 16s,\ 32y - 8s,\ 32z - 4s,\ 32u - 2s,\ 32v - s.$$

Rép. A, 81; B, 41; C, 21; D, 11; E, 16.

466. x, y, z, le nombre d'hommes de chaque vaisseau.

Éq. $12x + 6y + 6z = 31824,$
$4x + 12y + 4z = 31824,$
$3x + 3y + 12z = 31824.$

Rép. 780 hommes, 1716, 2028.

467. x, y, z, les trois nombres.

Éq. $x + m(y + z) = a,$
$y + m'(x + z) = a',$
$z + m''(x + y) = a''.$

Soit fait $x + y + z = s;$
en désignant

$$\frac{m}{m-1} + \frac{m'}{m'-1} + \frac{m''}{m''-1} \text{ par A},$$

$$\frac{a}{m-1} + \frac{a'}{m'-1} + \frac{a''}{m''-1} \text{ par B},$$

on aura $s = \frac{B}{A-1},$

et pour les trois nombres

$$\frac{1}{m-1}\left(\frac{mB}{A-1} - a\right), \frac{1}{m'-1}\left(\frac{m'B}{A-1} - a'\right), \frac{1}{m''-1}\left(\frac{m''B}{A-1} - a''\right).$$

468. $x, y, z\ldots$, les nombres demandés.

$$s = x + y + z + \ldots\ldots$$

Eq. $x + m(s - x) = a$,

$y + m(s - y) = a'$,

$z + m(s - z) = a''$.

Si l'on fait

$$\frac{m}{m-1} + \frac{m'}{m'-1} + \frac{m''}{m''-1} + \ldots\ldots = \mathrm{A},$$

$$\frac{a}{m-1} + \frac{a'}{m'-1} + \frac{a''}{m''-1} + \ldots\ldots = \mathrm{B},$$

on aura $$\mathrm{S} = \frac{\mathrm{B}}{\mathrm{A}-1},$$

et les nombres demandés seront exprimés par

$$\frac{1}{m-1}\left(\frac{m\mathrm{B}}{\mathrm{A}-1} - a\right), \quad \frac{1}{m'-1}\left(\frac{m'\mathrm{B}}{\mathrm{A}-1} - a'\right),$$

$$\frac{1}{m''-1}\left(\frac{m''\mathrm{B}}{\mathrm{A}-1} - a''\right), \quad \frac{1}{m'''-1}\left(\frac{m'''\mathrm{B}}{\mathrm{A}-1} - a'''\right), \text{ etc.}$$

469. x, y, z, les trois nombres.

Éq. $x + y + z = 83$,

$$\frac{x-7}{y-7} = \frac{5}{3},$$

$$\frac{y-3}{z-3} = \frac{11}{9}.$$

Rép. 37, 25, 21.

470. x, y, z les trois nombres.

Éq. $\dfrac{x+6}{y+6} = \dfrac{2}{3}$, $\quad \dfrac{x+5}{z+5} = \dfrac{7}{11}$, $\quad \dfrac{y-36}{z-36} = \dfrac{6}{7}$.

Rép. 30, 48, 50.

471. x, y, z, les chiffres des unités, des dizaines et des centaines.

Éq.
$$x-y=y-z,$$
$$\frac{100z+10y+x}{x+y+z}=48,$$
$$100z+10y+x-198=100x+10y+z.$$

Rép. 432.

ARTIFICES DE CALCUL.

472. $\frac{1}{2}(a+a')(b-b')+\frac{1}{2}(b+b')(a-a')$.

473. $\frac{1}{2}(b+b')(a-a')-\frac{1}{2}(a+a')(b-b')$.

474. $\left(\frac{a+b}{3}\right)^2-\left(\frac{a-b}{2}\right)^2$.

475. $\frac{1}{2}(a+b)^2+\frac{1}{2}(a-b)^2$.

476. $(a^2+b^2)(a'^2+b'^2)$.

477. $(a^2+b^2+c^2)(a'^2+b'^2)$.

478. $(a^2+b^2+c^2)(a'^2+b'^2+c'^2)$.

479. $(a^2+b^2+c^2+d^2)(a'^2+b'^2+c'^2+d'^2)$.

480. $(a^2+b^2+c^2)(a'a''+b'b''+c'c'')$
$-(aa'+bb'+cc')(aa''+bb''+cc'')$.

EXTRACTION DE LA RACINE CARRÉE DES NOMBRES ET DES QUANTITÉS ALGÉBRIQUES.

Pour extraire la racine carrée d'un nombre entier, partagez-le, en commençant par la droite, en tranches de deux chiffres chacune; extrayez la racine du plus grand carré contenu dans la première tranche à gauche, et écrivez le chiffre obtenu à la place indiquée pour la racine; faites le carré de cette racine et soustrayez-le de la première tranche à gauche; à la droite du reste abaissez la tranche suivante. A la droite de ce nombre, et immédiatement au-dessous de la racine, écrivez le double de la racine elle-même; divisez le premier nombre par ce double de la racine, et écrivez le chiffre obtenu en quotient à la droite du double de la racine. Pour vérifier ce chiffre, avant de l'écrire à la racine, multipliez le nombre résultant par ce second chiffre obtenu, et retranchez le produit du nombre sur lequel vous avez opéré. Si la soustraction ne peut se faire, le chiffre est trop fort; si le reste est égal au double de la racine plus un, le chiffre est trop faible. A côté du reste abaissez la tranche suivante, doublez la racine, etc., en continuant ainsi jusqu'à ce que vous ayez épuisé toutes les tranches.

Si l'extraction de la racine donne un reste, ajoutez deux zéros, et poursuivez l'extraction pour avoir des dixièmes; à la droite de ce nouveau reste écrivez deux nouveaux zéros pour avoir des centièmes, et ainsi de suite, en poussant l'approximation aussi loin que vous voudrez *.

* Lorsqu'on a obtenu la moitié plus un du nombre des chiffres

Exemple de calcul pour l'extraction de la racine carrée d'un nombre entier :

20.97.45.68.04	45798
49.7	85
724.5	907
8966.8	9149
73270.4	91588
00000	

Pour extraire la racine carrée d'une fraction numérique, on extrait la racine du numérateur et celle du dénominateur.

Pour extraire la racine carrée d'un nombre décimal, il faut, au moyen des zéros, rendre pair le nombre des chiffres décimaux, qui doit être le double du nombre de chiffres décimaux qu'on veut avoir à la racine.

Pour extraire la racine carrée d'un monome, extrayez la racine carrée du coefficient numérique, et ensuite la racine carrée des facteurs littéraux : la racine doit contenir chacune des lettres du monome avec un exposant égal à la moitié.

L'extraction de la racine carrée n'est pas possible si 1° le coefficient n'est pas un carré parfait, et si 2° les facteurs littéraux ne sont pas affectés d'exposants pairs.

Pour extraire la racine carrée d'un polynome, commencez par ordonner le polynome selon les puissances décroissantes d'une même lettre. Extrayez ensuite la

qu'on veut avoir à la racine, on peut, pour trouver les chiffres restants, diviser le dernier reste à la droite duquel on abaisse tous les chiffres restants du nombre proposé, par le double de la racine obtenue.

racine carrée du premier terme à gauche et écrivez le résultat à la place indiquée pour la racine. Après avoir soustrait le carré de ce premier terme, divisez le second terme du polynome proposé par le double de la racine; écrivez le quotient à la droite du double de la racine, et multipliez le binome résultant par le quotient lui-même pour soustraire le produit du polynome proposé; portez ce second terme à la racine, que vous doublerez pareillement, et divisez le reste par ce double de la racine obtenue. Continuez la même opération jusqu'à ce que vous ayez épuisé tous les termes du polynome.

481. 482. 483. 484. 12. 17. 65. 247.

485. 486. 487. 763. 978. 7563.

488. 489. 490. 8276. 5083. 15367.

491. 492. 493. 40093. 27943. 37695.

494. 495. 496. 534762. 203975 6950078.

497. 498. 499. 3476905. 2,23606... 3,60555...

500. 501. 4,69041... 9,79795...

502. 503. 12,36931... 10,04987...

504. 505. 2,76586... 3,09838...

506. 507. 3,90357... 0,23664...

508. 509. 0,08882... 0,05477...

510. 511. 0,11832... $\frac{9}{16}$.

512. 513. 1,32287... 1,24721...

514. 515. 3,41925... 2,71313...

516. 517. 1,29099... 0,93541...

518. 519. 0,64549... 0,24253...

520. 521. 3,20936... $x + a$.

522. 523. 524. $x - a$. $a - \frac{b}{2}$. $x + \frac{1}{2}$.

525. 526. $a^3 + 3x^4$. $\frac{3a^4}{2} - \frac{2n^3}{3}$.

527. 528. $\frac{5}{2}ab - \frac{1}{3}c^2$. $a^m + y^n$.

529. 530. $\frac{a}{b} - \frac{2b}{3c}$. $a + b + c$.

531. 532. $3x - 5a - \frac{a^2}{2}$. $2x^2 + 2ax + 4b^2$.

533. 534. $3a - b + 5c + d$. $\frac{3}{2} + 2x - 7x^2$.

535. 536. $3x^2 - \frac{ax}{2} + bx$. $\frac{2}{3}xa^2 - bxz + 2abz^2$.

CALCUL DES RADICAUX DU DEUXIÈME DEGRÉ RÉELS OU IMAGINAIRES.

Les radicaux du deuxième degré ne sont semblables que lorsque les quantités soumises au radical sont ou peuvent être ramenées à être identiquement les mêmes.

La réduction des radicaux semblables se fait comme pour les termes semblables.

Pour multiplier deux ou plusieurs radicaux du deuxième degré, il suffit de multiplier entre elles les quantités soumises au radical.

Pour diviser deux radicaux du deuxième degré l'un par l'autre, il suffit de diviser les quantités soumises au radical.

On peut faire disparaître les radicaux du dénominateur d'une fraction en multipliant les deux termes par une quantité telle que le produit au dénominateur soit égal à la différence de deux carrés.

537. 538. 539. $\frac{5}{4}\sqrt{2}$. $4\sqrt{6}$. $8\sqrt{2}$.

540. 541. $13\sqrt{-1}$. $-13\sqrt{3}$.

542. 543. $(14\sqrt{3}-13\sqrt{2})\sqrt{-1}$. $\frac{29\sqrt{3}}{2}$.

544. 545. $\frac{28}{\sqrt{15}}$. $(a-c)\sqrt{5c}$.

546. $(3a^2b+5ab)\sqrt{2ab}$.

547. $\left(\frac{a^2}{b}+\frac{ac}{d}-\frac{ad}{c}\right)\sqrt{\frac{c}{b}}.$

548. $\left(3ab^2+2a^2-\frac{c^3}{b}\right)\sqrt{ac}.$

549. 550. $\frac{ab}{cd}\sqrt{ac-2bd}.$ $(a+b)\sqrt{3c}.$

551. 552. $(2a^2b-5b^3)\sqrt{a}.$ $\frac{a-x}{a+x}\sqrt{x}.$

553. 554. $\frac{1}{a-b}\sqrt{\frac{a}{bd}}.$ $\frac{x+1}{a}\sqrt{\frac{x}{a+b}}.$

555. 556. $\frac{a-x}{b^2c}\sqrt{\frac{a+x}{bcd}}.$ $\frac{\sqrt{ac}}{a+b}.$

557. 558. $10+4\sqrt{35}+30\sqrt{2}.$ $1-\sqrt{5}.$

559. 560. $3-17\sqrt{6}.$ $6\sqrt{7}-402.$

561. 562. 563. $564+174\sqrt{3}.$ $41.$ $24\frac{1}{4}.$

564. 565. $1+\sqrt{6}.$ $460+11\sqrt{70}.$

566. $\sqrt{35}-\sqrt{15}-\sqrt{14}+\sqrt{6}.$

567. 568. $41\sqrt{6}-71\sqrt{3}.$ $-174+42\sqrt{10}.$

569. $3\sqrt{12}+2\sqrt{30}+\sqrt{42}+15\sqrt{6}+10\sqrt{15}+5\sqrt{21}$
$+3\sqrt{20}+2\sqrt{50}+\sqrt{70}.$

570. $20-\sqrt{24}-(10\sqrt{3}+4\sqrt{2})\sqrt{-1}.$

571. $2-10\sqrt{5}\sqrt{-1}.$

572. $\sqrt{14}-3\sqrt{15}-(3\sqrt{35}+\sqrt{6})\sqrt{-1}$

573. $14-8\sqrt{15}\sqrt{-1}.$

574. $-2\sqrt{21}+5\sqrt{28}+7\sqrt{14}+4\sqrt{3}-20-14\sqrt{2}.$

575. 576. $a^2-b. \quad a-b.$

577. $ab+a\sqrt{y}+b\sqrt{x}+\sqrt{xy}.$

578. $\frac{ad}{c}+ab+\left(a+\frac{b^2d}{c^2}\right)\sqrt{\frac{ac}{b}}.$

579. $\frac{ac^2}{d}-\frac{b^2}{c}+\left(\frac{c}{bd}-\frac{b^2}{a+b}\right)\sqrt{(a+b)ab}.$

580. 581. $a^2+b^2. \quad (x-a)^2+b^2.$

582. 583. $5-\sqrt{2}. \quad \frac{11}{8}+\frac{1}{4}\sqrt{2}.$

584. 585. $2-\sqrt{3}. \quad 15+3\sqrt{21}.$

586. 587. $\frac{7}{2}(1+\sqrt{2}). \quad -\frac{\sqrt{15}+2\sqrt{30}}{28}.$

588. 589. $\frac{1}{10}. \quad 2+\frac{3}{2}\sqrt{2}.$

590. 591. $6\sqrt{3}-13. \quad 5+2\sqrt{6}.$

592. 593. $\frac{3}{4}\sqrt{5}-\frac{9}{4}. \quad 9+\frac{5}{2}\sqrt{10}.$

594. $\frac{\sqrt{30}}{12}+\frac{\sqrt{2}}{4}+\frac{\sqrt{3}}{6}.$

5 5. $1+\frac{5}{4}\sqrt{2}-\frac{1}{2}\sqrt{3}-\frac{3}{4}\sqrt{6}.$

596. 597. $\sqrt{6}+\sqrt{2}+\sqrt{5}$. $7\sqrt{2}+\sqrt{11}-3$.

598. $-\sqrt{2}+\frac{2}{3}\sqrt{6}+\left(\frac{1}{3}\sqrt{3}-\frac{3}{\sqrt{2}}\right)\sqrt{-1}$.

599. 600. $2-2\sqrt{2}\sqrt{-1}$. $1-2\sqrt{2}\sqrt{-1}$.

601. 602. $2(10+\sqrt{2})\sqrt{-1}$. $2-\sqrt{3}\sqrt{-1}$.

603. $\frac{12+2\sqrt{15}+(3\sqrt{5}-\sqrt{3})\sqrt{-1}}{42}$.

604. 605. $\frac{b\sqrt{a}-\sqrt{ac}}{b^2-c}$. $\frac{\sqrt{ab}-\sqrt{ac}}{b-c}$.

606. $f\sqrt{m}-g\sqrt{hm-m}$.

607. $\frac{a^2-b^2}{a^2+b^2}+\frac{2ab}{a^2+b^2}\sqrt{-1}$.

608. $\frac{mp+nq}{p^2+q^2}+\frac{np-mq}{p^2+q^2}\sqrt{-1}$.

609. $\frac{a\sqrt{x}}{\sqrt{a}-\sqrt{x}}$.

610. $\frac{c\sqrt{ax-x^2}+(ax+d)\sqrt{ax+x^2}+x^2-a^2}{\sqrt{a^2-x^2}}$.

611. 612. $\frac{a^2-b+2a\sqrt{b}\sqrt{-1}}{a^2+b}$. $\frac{2(a^2-b)}{a^2+b}$.

613. 614. $\frac{a+\sqrt{a^2-x^2}}{x}$. $\sqrt{2a\pm2\sqrt{a^2-b}}$.

615. 616. $\sqrt{\frac{4ax}{c}}$. $\sqrt{1-x}$.

ÉSOLUTION DES ÉQUATIONS DU DEUXIÈME DEGRÉ.

Commencez par chasser les dénominateurs et faites les opérations indiquées. Si l'équation ne contient que des termes dans lesquels l'inconnue ne dépasse pas le deuxième degré, l'équation est du deuxième degré; alors l'équation simplifiée ne contiendra plus que des termes en x^2, des termes en x et des termes tout connus; faites passer tous les termes qui contiennent l'inconnue dans le premier membre, les termes tout connus dans le second, et réduisez. L'équation ordonnée sera ramenée à la forme $x^2+px=q$, après que vous aurez divisé tous les termes par le coefficient de x^2.

Ajoutez aux deux membres le carré de la moitié du coefficient de x, c'est-à-dire $\frac{p^2}{4}$, il viendra, en observant que $x^2+px+\frac{p^2}{4}$ n'est autre chose que le carré de $x+\frac{p}{2}$,

$$\left(x+\frac{p}{2}\right)^2=q+\frac{p^2}{4}.$$

Extrayant la racine carrée des deux membres, on obtient

$$x+\frac{p}{2}=\pm\sqrt{\frac{p^2}{4}+q},$$

équation du premier degré, qui donne

$$x=-\frac{p}{2}\pm\sqrt{\frac{p^2}{4}+q}.$$

De là cette règle générale :

L'inconnue d'une équation du deuxième degré ramenée à la forme $x^2+px=q$ *est égale à la moitié du coefficient du second terme, pris en signe contraire, augmentée ou diminuée de la racine carrée d'une quantité formée du carré de cette moitié du coefficient du second terme, plus le terme tout connu pris avec le signe qu'il a dans le second membre.*

Le radical étant précédé du double signe $\pm$, la même formule donne les deux valeurs de l'inconnue.

Si l'équation réduite était de la forme

$$ax^2=b,$$

on en tirerait $$x^2=\frac{b}{a},$$

et, extrayant la racine carrée des deux membres, on aurait

$$x=\pm\sqrt{\frac{b}{a}},$$

résultat qui provient aussi de la formule générale dans laquelle on fait $p=0$.

617. 618. $x=3.$ $x=6\frac{1}{2}.$

$x=-9.$ $x=\frac{1}{2}.$

619. 620. $x=8.$ $x=5.$

$x=-2\frac{1}{4}.$ $x=-4\frac{1}{3}.$

621. 622. $x=22\frac{4}{5}.$ $x=5\frac{17}{20}.$

$x=18\frac{2}{3}.$ $x=3\frac{3}{4}.$

623. 624. $x = 6\frac{3}{7}$. $x = -25\frac{10}{39}$.

$x = 3\frac{1}{4}$. $x = -52$.

625. 626. $x = 9,4772$. $x = 47,0298$.

$x = -14772$. $x = 0,1701$.

627. $x = 7 \pm \frac{\sqrt{1039}\sqrt{-1}}{16}$.

628. 629. $x = -46$. $x = 14$.

$x = 24\frac{1}{5}$. $x = -10$.

630. 631. $x = 5\frac{2}{5}$. $x = 67\frac{1}{6}$.

$x = 5$. $x = 4\frac{1}{2}$.

632. 633. $x = 13\frac{22}{31}$. $x = 14\frac{3}{5}$.

$x = 8$. $x = \frac{72}{245}$.

634. 635. $x = 7\frac{47}{112}$. $x = \frac{d}{c}$.

$x = 2$. $x = -\frac{b}{a}$.

636. 637. $x = \frac{b^2}{ac}$. $x = \frac{2a - b}{ac}$.

$x = \frac{b^2}{ac}$. $x = -\left(\frac{3a + 2b}{bc}\right)$.

638. 639. $x = \frac{2c + ad}{d(a + b)}$. $x = \frac{b - c + a}{\sqrt{a}}$.

$x = \frac{d(a - b)}{c}$. $x = \frac{b - c - a}{\sqrt{a}}$.

640. 641. $x = \frac{ac^2 + bd^2}{2a + 3d\sqrt{c}}$. $x = \frac{bd\sqrt{c}}{ab + c}$.

$x = \frac{ac^2 + bd^2}{2a - 3d\sqrt{c}}$. $x = \frac{c + 1}{b^2}$.

642. 643. $x = \frac{(3 - a^2)\sqrt{a + b}}{ab(2b^2 + 1)}$. $x = 6$.

$x = \frac{3b^2cd\sqrt{c}}{5a}$. $x = 11\frac{523}{625}$.

644. 645. $x = 9$. $x = 6\frac{1}{3}$.

$x = -3\frac{2}{5}$. $x = 3\frac{7908}{11183}$.

646. $x = 20$.

$x = 5$, à moins d'une unité près.

RÉSOLUTION DES ÉQUATIONS DU DEUXIÈME DEGRÉ A PLUSIEURS INCONNUES.

Pour résoudre deux ou plusieurs équations, parmi lesquelles une au moins est du deuxième degré, (et pour cela il suffit que l'équation contienne soit le carré d'une seule inconnue, soit le produit des deux inconnues), il faut prendre la valeur d'une des inconnues et la substituer dans les équations restantes, précisément comme dans la résolution des équations simultanées du premier degré. Cette substitution réduit le nombre des équations et des inconnues; et en opérant de la même manière sur les équations restantes, on arrivera à n'avoir plus à résoudre qu'une équation.

Mais cette méthode générale conduisant quelquefois à une équation finale d'un degré supérieur au deuxième, on aura recours à quelque artifice d'élimination qu'indique généralement la forme des équations à résoudre.

647.

$$x = \pm\sqrt{\frac{a+b}{2}}.$$

$$y = \pm\sqrt{\frac{a-b}{2}}.$$

648.

$$x = \frac{a \pm \sqrt{a^2 - 4b}}{2}.$$

$$y = \frac{a \mp \sqrt{a^2 - 4b}}{2}.$$

649.

$$x = \frac{a \pm \sqrt{2b - a^2}}{2}.$$

$$y = \frac{a \mp \sqrt{2b - a^2}}{2}.$$

650.
$$x = \pm\sqrt{b \pm \sqrt{b^2 - 4a^2}},$$
$$y = \mp\sqrt{b \pm \sqrt{b^2 - 4a^2}}.$$

651.
$$x = \frac{a}{2} \mp \sqrt{\frac{4b - a^3}{12a}},$$
$$y = \frac{a}{2} \mp \sqrt{\frac{3b - a^3}{12a}}.$$

652.
$$x = 35 \quad x = -229\frac{6}{17},$$

ou
$$y = 16 \quad y = 192\frac{4}{17}.$$

653.
$$x = \frac{adh \pm b\sqrt{a^2dk - cdh^2 + b^2ck}}{a^2d + b^2c}$$
$$y = \frac{bch \pm a\sqrt{a^2dk - cdh^2 + b^2ck}}{a^2d + b^2c}.$$

654.
$$x = \frac{-a \pm \sqrt{2h + k - a^2}}{2}$$
$$y = \pm\sqrt{\frac{\frac{1}{2}k - h \pm a\sqrt{2h + k - a^2}}{2}}.$$

655.
$$x = 10 \quad x = -10\frac{7}{9}$$

ou
$$y = 15 \quad y = -16\frac{1}{6}.$$

Les autres valeurs sont imaginaires.

656.
$$x = \frac{-1 \pm \sqrt{2a + 2b + 1}}{2}$$
$$y = \frac{-1 \pm \sqrt{2a - 2b + 1}}{2}.$$

657. $$x = \frac{\pm(c\sqrt{a} + d\sqrt{b} \pm \sqrt{(c\sqrt{a} \pm d\sqrt{b})^2 \pm 4ch\sqrt{ab}}}{2c\sqrt{a}}$$

$$y = \frac{\mp(c\sqrt{a} + d\sqrt{b}) \pm \sqrt{(c\sqrt{a} \pm d\sqrt{b})^2 \pm 4ch\sqrt{ab}}}{2c\sqrt{b}}$$

658. $$x = \frac{1 \pm \sqrt{(4a+1)} + \sqrt{4a - 6 \mp 6\sqrt{4a+1}}}{4}$$

$$y = \frac{1 \pm \sqrt{4a+1} - \sqrt{4a - 6 \pm 6\sqrt{4a+1}}}{4}.$$

659. $$x = \frac{g}{2a}\left(1 \pm \sqrt{\frac{h + 3abg}{h + abg}}\right)$$

$$y = \frac{g}{2b}\left(-1 \pm \sqrt{\frac{h + abg}{h - 3abg}}\right)$$

660. $$x = \frac{\sqrt{2b - a} \pm \sqrt{a}}{2\sqrt[6]{2b - a}}$$

$$y = \frac{\sqrt{2b - a} \mp \sqrt{a}}{2\sqrt[6]{2b - a}}.$$

661. $$x = \frac{d\sqrt{a - b}}{c + d}$$

$$y = \frac{\sqrt{2acd + b(c^2 + d^2)}}{c + d}.$$

$$z = \frac{c\sqrt{a - b}}{c + d}.$$

662. $$x = \pm\sqrt{\frac{(a + b - c)(a + c - b)}{2(b + c - a)}}$$

$$y = \pm\sqrt{\frac{(a + b - c)(b + c - a)}{2(a + c - b)}}$$

$$z = \pm\sqrt{\frac{(b + c - a)(a + c - b)}{2(a + b - c)}}.$$

663.

$$x=\pm\sqrt{\frac{2abc(ab-ac+bc)}{(ab+ac-bc)(bc+ac-ab)}}$$

$$y=\pm\sqrt{\frac{2abc(bc+ac-ab)}{(ab+ac-bc)(ab-ac+bc)}}$$

$$z=\pm\sqrt{\frac{2abc(ab+ac-bc)}{(ab-ac+bc)(bc+ac-ab)}}.$$

664. En faisant, pour abréger,

$$cp-ap'-bp''+abc=\mathrm{A}$$
$$cp-ap'+bp''-abc=\mathrm{B},$$

on a

$$x=\frac{-\mathrm{A}\pm\sqrt{\mathrm{A}^2-4p(p'-bc)(p''-ac)}}{2(p'-bc)}$$

$$y=\frac{-\mathrm{A}\pm\sqrt{\mathrm{A}^2-4p(p'-bc)(p''-ac)}}{2(p''-ac)}$$

$$z=\frac{-\mathrm{B}\mp\sqrt{\mathrm{B}^2-4p'(p-ab)(p''-ac)}}{2(p-ab)}.$$

665.

$$x=\mathrm{A}(a'b''-a''b')$$
$$y=\mathrm{A}(a''b'-ab'')$$
$$z=\mathrm{A}(ab'-a'b),$$

dans lesquelles

$$\mathrm{A}=\pm\sqrt{\frac{k}{(ab'-a'b)^2+(a'b''-a''b')^2+(a''b-ab'')^2}}.$$

666. On trouvera, pour déterminer x, l'équation du deuxième degré :

$$(a''x+b'')[(bb'-ad')x+(b'c-cd')]$$
$$+(c''x+d'')[(ac'-a'b)x+cc'-a'd]=0.$$

x étant connu, on déterminera facilement y et z.

Problème du deuxième degré à une seule et à plusieurs inconnues.

Pour mettre le problème en équation, on aura toujours égard à la règle énoncée précédemment, et qui peut s'appliquer à toute espèce de questions algébriques.

Nous donnerons quelques exemples comme application de la règle générale.

PROBLÈME. — En revendant un cheval n louis, j'ai gagné autant pour 100 que le cheval m'a coûté (de louis).

Soit x louis le prix d'achat du cheval : le gain sera $n-x$ louis, et d'après l'énoncé du problème, il faut exprimer que ce gain $n-x$ est les x pour 100 du prix x. On aura donc l'équation

$$n-x=\frac{x}{100}x=\frac{x^2}{100};$$

d'où

$$x=-50\pm10\sqrt{25+n}.$$

PROBLÈME. — Il existe un nombre de deux chiffres tel, qu'en le divisant par la somme de ses chiffres, puis renversant le nombre et divisant ce nouveau nombre par la somme de ses chiffres, la différence des deux quotients est égale à la différence des chiffres, et le produit des deux quotients au nombre lui-même.

Quel est ce nombre?

Soit x le chiffre des dizaines, y celui des unités ; le nombre cherché sera exprimé par $10x+y$, le nombre renversé par $10y+x$; enfin, la somme de ses chiffres par $x+y$. On aura, d'après l'énoncé, les deux équations

$$\frac{10x+y}{x+y}-\frac{(10y+x)}{x+y}=x-y, \qquad [1]$$

$$\frac{10x+y}{x+y}\cdot\frac{10y+x}{x+y}=10x+y. \qquad [2]$$

L'équation [1] se réduit à

$$\frac{9(x-y)}{x+y}=x-y,$$

et donne par conséquent

$$x+y=9.$$

L'équation [2] mise sous la forme

$$\frac{[9x+(x+y)][9y+(x+y)]}{(x+y)^2}=9x+(x+y),$$

à cause de la valeur de

$$(x+y),$$

devient $(x+1)(y+1)=9(x+1)$;

et, supprimant le facteur commun $x+1$, donne

$$y=8; \quad \text{d'où} \quad x=1.$$

Le nombre est 18.

PROBLÈME. — Combien de mètres contient la pièce d'étoffe que vous avez achetée, et combien l'avez-vous payée? — Je l'ai payée 90 francs. Je ne me souviens plus du nombre de mètres qu'elle contient, mais je me rappelle que le marchand voulait me vendre, pour le même prix, une autre pièce d'étoffe de qualité inférieure, et qui mesurait 6 mètres de plus, en me disant que le mètre me reviendrait à 0,50 centimes de moins.

Combien de mètres?

Soit x le nombre de mètres que contient la pièce achetée. Puisqu'elle coûte 90 francs, le prix du mètre revient à $\frac{90^f}{x}$.

La pièce de drap que proposait le marchand mesurant $x+6$ mètres et coûtant le même prix, 90 francs, le prix du mètre eût été $\frac{90^f}{x+6}$.

Par conséquent, d'après l'énoncé du problème, on aura l'équation

$$\frac{90}{x}=\frac{90}{x+6}+0,50,$$

ou

$$0,50x(x+6)=90.6,$$

et

$$x(x+6)=180.6;$$

d'où

$$x=30,$$

en négligeant la valeur négative.

La pièce de drap contient donc 30 mètres, et le mètre revient à 3 francs.

Problème. — Quand ses deux soupapes sont ouvertes, un réservoir est vidé en 15 heures; la petite seule met à le vider 16 heures de plus que la grande. Combien en met la grande?

Soit x le nombre d'heures que la grande soupape seule met à vider le bassin de c litres; la petite met $x+16$; et en une heure les deux soupapes vident, la grande $\frac{c}{x}$, et la petite $\frac{c}{x+16}$ du bassin. Par conséquent, en 15 heures, ouvertes ensemble, elles videront évidemment $\frac{15c}{x} + \frac{15c}{x+16}$.

L'équation du problème sera donc

$$\frac{15}{x}c + \frac{15}{x+16}c = c;$$

d'où $$x(x+16) = 15(2x+16),$$

et $$x = 24.$$

On peut encore mettre ce problème en équation en cherchant le temps que les soupapes qui, seules, videraient le réservoir en x heures et $x+16$ heures, mettraient ensemble à le vider. Or, ce temps est exprimé par $\frac{x(x+16)}{x+(x+16)}$, et par conséquent l'équation du problème sera

$$\frac{x(x+16)}{2x+16} = 15,$$

d'où l'on tire la même valeur pour x.

Problème. — Deux fontaines coulent dans un même bassin successivement, la première pendant une fraction $\frac{m}{n}$ du temps que la deuxième mettrait seule à le remplir. Alors on l'arrête et on laisse couler la deuxième fontaine jusqu'à ce que le bassin soit rempli.

Si les deux fontaines avaient coulé ensemble, la première n'aurait donné qu'une fraction $\frac{p}{q}$ de ce qu'a fourni la deuxième, et le bassin aurait été rempli t heures plus tôt.

Trouver le temps que chaque fontaine, coulant seule, mettrait à remplir le bassin.

Soient x et y les nombres d'heures que chaque

fontaine mettrait à remplir le bassin. Si l'on désigne par c la capacité du bassin, c'est-à-dire le nombre de litres d'eau qu'il peut contenir, il est évident qu'en 1 heure chaque fontaine donne

$$\frac{c}{x} \quad \text{et} \quad \frac{c}{y} \text{ litres d'eau},$$

et d'après l'énoncé, en $\frac{n}{m}y$ heures, la première fontaine aura fourni

$$\frac{mcy}{nx} \text{ litres d'eau.}$$

Il restera par conséquent à remplir par la seconde fontaine

$$c - \frac{mcy}{nx} \quad \text{ou} \quad \frac{c(nx - my)}{nx}.$$

La seconde fontaine fournissant $\frac{c}{y}$ litres en 1 heure, donnera 1 litre en $\frac{y}{c}$ heures; et par conséquent, pour fournir $\frac{c(nx - my)}{nx}$ litres, elle mettra

$$\frac{y}{c}\left(\frac{nx - my}{nx}\right)c \quad \text{ou} \quad \frac{y}{nx}(nx - my) \text{ heures.}$$

Les deux fontaines, coulant successivement, ont donc mis à remplir le bassin un temps exprimé par

$$\frac{m}{n}y + \frac{y}{nx}(nx - my) \quad \text{ou} \quad \frac{y}{nx}[(m+n)x - my].$$

Les deux fontaines, coulant ensemble, donneront $\frac{c}{x} + \frac{c}{y}$ litres en 1 heure, ou $\frac{c(x+y)}{xy}$, et par conséquent

c litres en $\frac{xy}{x+y}$ heures. Dans ce temps la première fontaine, qui donne $\frac{c}{x}$ litres en 1 heure, donnera

$$\frac{c}{x} \cdot \frac{xy}{x+y} \quad \text{ou} \quad \frac{cy}{x+y},$$

et la première condition du problème sera exprimée par l'équation

$$\frac{cy}{x+y} = \frac{p}{q} \cdot \frac{c(nx - my)}{nx},$$

ou

$$\frac{y}{x+y} = \frac{p(nx - my)}{qnx}. \qquad [1]$$

Enfin, pour satisfaire à la seconde condition, on aura l'équation

$$\frac{xy}{x+y} = \frac{y}{nx}[(m+n)x - my] - t, \qquad [2]$$

puisque les deux fontaines, coulant ensemble, mettent à remplir le bassin t heures de moins que lorsqu'elles coulent successivement.

L'équation [1], résolue par rapport à y, donne

$$\frac{y}{x} = \frac{p(n-m) - nq}{2pm} \pm \sqrt{\left[\frac{p(n-m) - nq}{2pm}\right]^2 + \frac{n}{m}},$$

et par conséquent une valeur de la forme

$$y = \frac{k}{l} x,$$

sans tenir compte de la valeur négative de $\frac{k}{l}$. Substituant cette valeur dans l'équation [2], on trouvera, toute réduction faite

$$x = \frac{nl^2(l+k)t}{k[(l^2-k^2)m+nlk]},$$

et
$$y = \frac{nl(l+k)t}{(l^2-k^2)m+nlk}.$$

Problème. — Un lévrier vient d'atteindre un lièvre qui avait 77 sauts d'avance sur lui. On a remarqué que 12 sauts du lévrier en valent 17 du lièvre, et que pendant le temps que le lévrier aurait fait le même nombre de sauts que le lièvre, celui-ci en aurait fait 216 de plus.

Combien le lièvre a-t-il fait de sauts avant d'être atteint par le lévrier ?

Soit x le nombre de sauts qu'a faits le lièvre. Puisque, pendant que le lièvre fait $x+216$ sauts, le lévrier en fait x; pendant que le lièvre fait 1 saut le lévrier en fait $\frac{x}{x+216}$, et enfin aux x sauts du lièvre correspondent dans le même temps $\frac{x^2}{x+216}$ sauts du lévrier; mais 12 sauts du lévrier en valent 17 du lièvre, et par conséquent un saut du lévrier vaut $\frac{17}{12}$ sauts du lièvre : donc les $\frac{x^2}{x+216}$ sauts du lévrier valent $\frac{17x^2}{12(x+216)}$ sauts du lièvre, et, d'après l'énoncé du problème, doivent être égaux à $x+77$ sauts du lièvre. On aura donc l'équation

$$\frac{17x^2}{12(x+216)} = x+77,$$

d'où l'on tire $\quad 5x^2 - 3516x = 199584,$

et
$$x = 756.$$

On peut déterminer le rapport des nombres de sauts que le lévrier et le lièvre font dans le même temps. En effet, d'après l'énoncé, ce rapport est

$$\frac{756}{972}=\frac{7}{9}.$$

Pour vérifier la solution précédente, désignons par l et l' les longueurs du saut du lièvre et du lévrier. Le lièvre a été atteint par le lévrier à $756l$ de son point de départ, et à $(756+77)\ l=833l$ du point de départ du lévrier.

Or celui-ci, dans le temps que le lévrier a fait 756 sauts, a fait $\frac{7}{9}\,756=588$ des siens, et par conséquent a parcouru une distance $588l'$, et comme $l'=\frac{17}{12}l$,

$$\frac{17}{12}.588l=17.49l=833l.$$

667. x le nombre cherché.

Éq. $\frac{x}{2}\cdot\frac{x}{3}=864.$

Rép. 72.

668. x le nombre cherché.

Éq. $\dfrac{\frac{x}{7}\cdot\frac{x}{8}}{3}=298\frac{2}{3}.$

Rép. 224.

669. x le nombre cherché.

Éq. $(94+x)\,(94-x)=8512.$

Rép. 18.

670. x et y les deux nombres.

Éq. $xy = 750$, $\frac{x}{y} = 3\frac{1}{3}$.

Rép. 50, 15.

671. x et y les deux nombres.

Éq. $xy = a$, $\frac{x}{y} = b$.

Rép. $\sqrt{ab}$, $\sqrt{\frac{a}{b}}$.

672. x et y les deux nombres.

Éq. $x^2 + y^2 = 13001$, $x^2 - y^2 = 1449$.

Rép. 85, 76.

673. x et y les deux nombres.

Éq. $x^2 + y^2 = a$, $x^2 - y^2 = b$.

Rép. $\sqrt{\frac{a+b}{2}}$, $\sqrt{\frac{a-b}{2}}$.

674. x et y les deux nombres.

Éq. $\frac{x}{y} = \frac{3}{4}$, $x^2 + y^2 = 324900$.

Rép. 342, 456.

675. x et y les deux nombres.

Éq. $\frac{x}{y} = \frac{m}{n}$, $x^2 + y^2 = b$.

Rép. $\frac{m\sqrt{b}}{\sqrt{m^2+n^2}}$, $\frac{n\sqrt{b}}{\sqrt{m^2+n^2}}$.

676. x et y les deux nombres.

Éq. $\frac{x}{y} = \frac{m}{n}$, $x^2 - y^2 = b$.

Rép. $\frac{m\sqrt{b}}{\sqrt{m^2-n^2}}$, $\frac{n\sqrt{b}}{\sqrt{m^2-n^2}}$.

677. x le capital.

Éq. $\frac{x^2}{60}=117041\frac{2}{3}$.

Rép. 2650.

678. x la quantité achetée de la première espèce.

Éq. $x^2+\frac{16x^2}{9}+\frac{196x^2}{9}=5525$.

Rép. 15, 20, 70.

679. x le nombre de kilog. de sa marchandise.

Éq. $\frac{13x^2}{5}-155=155-\frac{x}{2}$.

Rép. 10 kilogrammes.

680. x le nombre pensé.

Éq. $\frac{\frac{7x}{3}+7}{14}\,8x-4x=2352$.

Rép. 42.

681. x, y, z les trois nombres.

Éq. $xy=x$, $xz=b$, $y^2+z^2=c$.

Rép. $\sqrt{\frac{a^2+b^2}{c}}$, $a\sqrt{\frac{c}{a^2+b^2}}$, $b\sqrt{\frac{c}{a^2+b^2}}$.

682. x, y, z les trois nombres.

Éq. $\frac{xy}{z}=a$, $\frac{xz}{y}=b$, $\frac{yz}{x}=c$.

Rép. $\sqrt{ab}$, $\sqrt{ac}$, $\sqrt{bc}$.

683. x, y, z les trois nombres.

Éq. $xy=a$, $yz=b$, $xz=c$.

Rép. $\sqrt{\frac{ac}{b}}$, $\sqrt{\frac{ab}{c}}$, $\sqrt{\frac{bc}{a}}$.

684. x, y, z, t, u, v les cinq nombres demandés.

Éq. $xy=a$, $yz=b$, $zu=c$, $uv=d$, $vx=e$ *.

Rép.

$$\sqrt{\frac{ace}{bd}},\quad \sqrt{\frac{abd}{cc}},\quad \sqrt{\frac{bcc}{ad}},\quad \sqrt{\frac{acd}{be}},\quad \sqrt{\frac{bde}{ac}}.$$

685. x, y, t, u, v, w les nombres demandés.

Éq. $xy=a$ [1], $yz=b$ [2], $zt=c$ [3], $tu=d$ [4], $uv=e$ [5], $vw=f$ [6], $wx=g$ [7].

Pour avoir la valeur d'une inconnue quelconque, w par exemple, multipliez toutes les équations entre elles, ce qui donne

$$xyztuvw=\sqrt{abcdefg},$$

et divisez par le produit des trois équations [1], [3] et [5] : il viendra

$$w=\frac{\sqrt{abcdefg}}{ace}=\sqrt{\frac{bdfg}{ace}}.$$

Rép. $\sqrt{\frac{aceg}{bdf}},\quad \sqrt{\frac{abdf}{ceg}},\quad \sqrt{\frac{bceg}{adf}},\quad \sqrt{\frac{acdf}{beg}},$

$$\sqrt{\frac{bdeg}{acf}},\quad \sqrt{\frac{acef}{bdg}},\quad \sqrt{\frac{bdfg}{ace}}.$$

686. x, y les deux nombres.

Éq. $x-y=8$, $xy=240$.

Rép. 12 et 20.

* Faire le produit des équations du problème, et diviser l'équation résultante par le produit de deux équations qui ne contiennent pas l'inconnue dont on veut avoir la valeur.

687. x, y, les deux nombres.

Éq. $x+y=a,\quad xy=b.$

Rép. $\frac{a+\sqrt{a^2-4b}}{2}$, $\frac{a-\sqrt{a^2-4b}}{2}$.

688. x le nombre cherché.

Éq. $x^2-x=306.$

Rép. 18.

689. x le nombre.

Éq. $\frac{x^2}{12}+5x-200=280-x.$

Rép. 48.

690. x l'âge demandé.

Éq. $x(x+20)=(2x+20)+2500.$

Rép. 42.

691. x kilogrammes de la première espèce, y de la seconde.

Éq. $\frac{x}{y}=\frac{4}{3}$, $\frac{x^2}{2}+y\left(\frac{x}{2}-6\right)=5240.$

Rép. 80 kilogrammes, 60 kilogrammes.

692. x le nombre de mètres de la première espèce.

Éq. $x^2+(x+3)(x+10)+(x+5)(x+20)$
$=9530.$

Rép. 50 mètres.

693. x l'avoir de A.

Éq. $\frac{9x^2}{5}+\frac{18x^2}{5}+\frac{24x}{5}=8832.$

Rép. A 40, B 72, C 80 francs.

694. x le nombre de mouchoirs.

Éq. $\frac{60}{x}=\frac{60}{x+3}+1$.

Rép. 12.

695. x le nombre de pauvres antérieurement.

Éq. $\frac{864}{x}+2=\frac{864}{x-6}$.

Rép. 54.

696. x le nombre d'enfants.

Éq. $\frac{46800}{x}+1950=\frac{46800}{x-2}$.

Rép. 8 enfants.

697. x le nombre.

Éq. $\frac{c}{x}+\frac{c}{x-a}=d$.

Rép. $-\frac{a}{2}\pm\sqrt{\frac{a^2}{4}+\frac{ac}{d}}$.

698. x le nombre d'hommes.

Éq. $\frac{24}{x}=\frac{24}{20-x}+1$.

Rép. 8 hommes, 12 femmes.

699. x le prix d'achat.

Éq. $\frac{x^2}{100}+x=144$.

Rép. 80 francs.

700. x le prix d'achat.

Éq. $\frac{26x}{25}+\frac{13x^2}{15000}=390$.

Rép. 300 francs.

701. x le nombre d'œufs de la première.

Éq. $\frac{20x}{140-x}=\frac{160(140-x)}{3x}$.

Rép. 80, 60.

702. x ce qu'a vendu le premier.

Éq. $\frac{24x}{x+3}+\frac{25(x+3)}{2x}=35$.

Rép. 15 mètres et 18, ou 5 et 8.

703. x nombre de myriamètres parcourus par B.

Éq. $\frac{4(x+30)}{x}+\frac{9x}{x+30}$.

Rép. 150 myriamètres.

704. x le chemin parcouru par B.

Éq. $a(x+d)^2=bx^2$.

Rép. $\frac{d\sqrt{b}+\sqrt{a}}{\sqrt{b}-\sqrt{a}}$.

705. x la mise du premier.

Éq. $\frac{450-x}{5x}+\frac{x-50}{2(500-x)}$.

Rép. 200, 300.

706. x la mise de la première.

Éq. $\frac{1710-x}{17x}+\frac{x-960}{12(2000-x)}$.

Rép. 1200, 800.

707. x et y les deux nombres.

Éq. $x+y=41$, $x^2+y^2=901$.

Rép. 15, 26.

708. x, y les deux parties.

Éq. $x+y=a, \quad x^2+y^2=b.$

Rép. $\frac{a+\sqrt{2b-a^2}}{2}, \quad \frac{a-\sqrt{2b-a^2}}{2}.$

709. x, y les deux nombres.

Éq. $x-y=8, \quad x^2+y^2=544.$

Rép. 12 et 20.

710. x, y les deux nombres.

Éq. $xy=255, \quad x^2+y^2=514.$

Rép. 15 et 17.

711. x, y les deux parties.

Éq. $x+y=16, \quad xy+x^2+y^2=208.$

Rép. 4 et 12.

712. x et y les deux parties.

Éq. $x+y=39, \quad x^3+y^3=17199.$

Rép. 15 et 24.

713. x ce qu'il a, y et $y+10$ les racines exprimées dans l'énoncé.

Éq. $x-142=y^3, \quad x+1578=(y+10)^3.$

Rép. 150.

714. x le nombre demandé.

Éq. $x+\sqrt{x}=1332.$

Rép. 1296.

715. x le nombre.

Éq. $x-\sqrt{x}=48\frac{3}{4}.$

Rép. $56\frac{1}{4}.$

716. x une des parties de a, y une de b.

Éq. $\frac{x}{y}=\frac{m}{n}$, $(a-x)(b-y)=p$.

Rép. Si, pour abréger, l'on fait

$$\frac{na+mb\pm\sqrt{(na-mb)^2+4mnp}}{2mn}=\text{A},$$

la première partie de $a=m\text{A}$,
et la première partie de $b=n\text{A}$.

717. x et y étant encore les premières parties de a et de b.

Éq. $\frac{x}{y}=\frac{m}{n}$, $(a-x)^2+(b-y)^2=s$.

Rép. En représentant par A la quantité

$$\frac{am+bn\pm\sqrt{(m^2+n^2)s-(an-bm)}}{m^2+n^2},$$

la première partie de a serait $m\text{A}$;
la première partie de b serait $n\text{A}$.

718. x et y les deux nombres.

Éq. $x-y+x^2-y^2=150$, $x+y+x^2+y^2=350$.

Rép. 9, 15.

719. x et y les deux nombres.

Éq. $x+y=xy$, $x+y=x^2-y^2$.

Rép. $\frac{3\pm\sqrt{5}}{2}$, $\frac{1\pm\sqrt{5}}{2}$.

720. x et y deux des nombres demandés.

Éq. $x+y+\frac{y^2}{x}=126$, $y^3=13824$.

Rép. 6, 24, 96.

721. x, y, z les chiffres des unités, des dizaines et des centaines.

Éq. $x^2+y^2+z^2=104$, $y^2=2xy+4$,

$x+10y+100z-594=100x+10y+z$.

Rép. 862.

722. x le temps que la première fontaine, seule, mettrait à remplir le bassin,

$5y$ la deuxième fontaine.

Les deux équations du problème résultent des considérations suivantes, tirées de l'énoncé :

1° Si l'on diminue de 6 heures le temps que mettent les deux fontaines à remplir le bassin quand elles coulent successivement, le reste doit être égal au temps qu'elles mettraient à remplir ensemble le bassin;

2° Si les deux fontaines eussent coulé ensemble, la quantité d'eau fournie par la première fontaine eût été égale aux deux tiers de la quantité qu'elle a laissé à fournir par la deuxième.

$$\text{Éq.}\ \frac{y}{x}(8x-15y)-6=\frac{5xy}{x+5y},$$

$$\frac{5y}{x+5y}=\frac{2}{3}(x-3y)\frac{1}{x}.$$

Rép. 15 heures la première, 10 la seconde.

Extraction de la racine carrée d'une quantité en partie commensurable et en partie incommensurable, les radicaux étant réels ou imaginaires.

Toute expression de la forme

$$\sqrt{a+\sqrt{b}}$$

peut se mettre sous la forme

$$\sqrt{\frac{1}{2}a+\frac{1}{2}\sqrt{a^2-b}}+\sqrt{\frac{1}{2}a-\frac{1}{2}\sqrt{a^2-b}};$$

de sorte que, si a^2-b est un carré parfait, dont c soit la racine, l'expression précédente deviendra

$$\sqrt{\frac{a+c}{2}}+\sqrt{\frac{a-c}{2}},$$

et ne contiendra plus que deux simples radicaux du deuxième degré.

723. 724. $2+\sqrt{3}$. $5-3\sqrt{2}$.

725. 726. $\sqrt{3}-\sqrt{2}$. $\sqrt{2}-1$.

727. 728. $5+\sqrt{3}$. $3\sqrt{7}-2\sqrt{6}$.

729. 730. $1+\frac{1}{2}\sqrt{2}$. $\frac{1}{2}\sqrt{6}+\frac{1}{2}\sqrt{2}$.

731. 732. $3+\sqrt{2}\sqrt{-1}$. $7+3\sqrt{2}\sqrt{-1}$.

733. 734. $6-2\sqrt{5}\sqrt{-1}$. $1+2\sqrt{-1}$.

735. 736. $2+\sqrt{6}\sqrt{-1}$. $5-6\sqrt{3}\sqrt{-1}$.

737. 738. $\sqrt{14}+2\sqrt{3}\sqrt{-1}$. $\sqrt{3}-\sqrt{5}\sqrt{-1}$.

739. 740. $a+\sqrt{b}$. $c\sqrt{a}+d\sqrt{b}$.

741. 742. $\sqrt{a+b}+\sqrt{a-b}$. $\sqrt{x-1}+1$.

743. 744. $\frac{c+\sqrt{a^2-c^2}}{2}$. $(\sqrt{y}-1)\sqrt{x}$.

745. $\frac{ac}{d}+\sqrt{\frac{3a}{b}-\frac{a^2c^2}{d^2}}.$

746. $\sqrt{ab}+\sqrt{b^2-2ab+\frac{a^2}{4}}.$

747. $\frac{a}{b}\sqrt{c}+\sqrt{cd}\sqrt{-1}.$

748. $\frac{5a\sqrt{d}}{c}-2a\sqrt{\frac{b}{d}}\sqrt{-1}.$

749. $a^2x^2-ab\sqrt{a+b}\sqrt{-1}.$

Problèmes qu'on peut résoudre par des équations du deuxième degré, au moyen d'un choix convenable des inconnues.

750. x et y les deux nombres.

Éq. $(x-y)(x^2-y^2)=160,$

$$(x+y)(x^2-y^2)=580.$$

Soit fait $x+y=t,\ xy=z,$

et les équations seront ramenées à

$$(t^2-4z)t=160,\ (t^2-2z)t=580.$$

Connaissant t et z, c'est-à-dire la somme et le produit de deux nombres, ces nombres seront les racines de l'équation

$$n^2-tn+z=0.$$

Rép. 7 et 3.

751. x et y les deux nombres.

Éq. $x+y+xy=34,\ x^2+y^2-(x+y)=42.$

Soit fait $x+y=t$, $xy=z$,

on aura les deux équations

$$t+z=34,\quad t^2-t-2z=42.$$

Rép. 4 et 6.

752. Résoudre les équations générales

$$t+z=a,\quad t^2-t-2z=b.$$

Soit fait $-1\pm\sqrt{4b+8a+1}=2A$,

$$2a+1\mp\sqrt{4b+8a+1}=2B,$$

les deux nombres cherchés seront

$$\frac{A+\sqrt{A^2-4B}}{2},\quad \frac{A-\sqrt{A^2-4B}}{2}.$$

753. x et y les deux parties.

Éq. $x+y=a$, $x^4+y^4=b$.

Soit fait $x-y=d$,

d'où $x=\frac{a+d}{2}$, $y=\frac{a-d}{2}$;

et la seule équation du problème sera

$$\left(\frac{a+d}{2}\right)^4+\left(\frac{a-d}{2}\right)^4=b.$$

L'équation finale ne contiendra plus que les puissances de degrés pairs de l'inconnue d.

Si l'on prend pour inconnue d la différence de ces parties, on aura

$$d=\sqrt{-3a^2\pm\sqrt{8a^4+8b}}$$

et les deux parties seront

$$\frac{a+d}{2},\quad \frac{a-d}{2}.$$

754. x et y les deux nombres.

Eq. $x+y=a,\ (x^5+y^5)=b.$

Soit fait $$xy=p,$$

le produit p des deux nombres sera exprimé par

$$p=\frac{1}{2}\left(a^2+\sqrt{\frac{a^5+4b}{5a}}\right),$$

et les deux nombres

$$\frac{1}{2}(a+\sqrt{a^2-4p}),\quad \frac{1}{2}(a-\sqrt{a^2-4p}).$$

On peut encore résoudre le problème en prenant pour inconnue

$$d=x-y.$$

755. x, y, les deux nombres.

Éq. $x+y=a,\ xy(x^2+y^2)=b.$

Soit fait $$xy=p,$$

le produit $$p=\frac{1}{4}(a^2\pm\sqrt{a^4-8b}),$$

et par conséquent

$$\frac{1}{2}(a+\sqrt{a^2-4p}),\quad \frac{1}{2}(a-\sqrt{a^2-4p}),$$

sont les deux nombres. On peut aussi prendre

$$x-y=d.$$

756. x, y, les deux nombres.

$$\text{Éq. } x+y+x^2+y^2=a,\quad m(x^2+y^2)+nxy=b.$$

Soit fait $\quad x+y=s,\ xy=p,$

et l'on aura

$$s^2+s-2p=a,\quad s^2-2mp+np=b.$$

La somme s et le produit p des deux nombres seront donnés par les équations

$$ns^2+(n-m)s=2b+(n-2m)a,\quad 2p=s^2+s-a,$$

et les valeurs des deux nombres par l'équation

$$x^2-sx+p=0$$

(4 valeurs pour chaque nombre).

757. x, y, les deux premiers termes.

$$\text{Éq. } \frac{y}{x}=\frac{a-x}{b-y},\quad y^2+x^2+(a-x)^2+(b-y)^2=c.$$

Soit fait $\quad x(a-x)=y(b-y)=p,$

p, le produit des moyens, $=$ le produit des extrêmes

$$=\frac{a^2+b^2-c}{4},$$

et la proportion

$$\frac{1}{2}(b-\sqrt{c-a^2}):\frac{1}{2}(a-\sqrt{c-b^2})$$

$$::\frac{1}{2}(a+\sqrt{c-b^2}):\frac{1}{2}(b+\sqrt{c-a^2}).$$

758. x, y les deux premiers termes.

$$\text{Éq. } \frac{y}{x}=\frac{x+a}{y+b},\quad y^2+x^2+(x+a)^2+(y+b)^2=c.$$

Soit encore

$$x(x+a)=y(y+b)=p.$$

Le produit des moyens = le produit des extrêmes

$$=\frac{c-a^2-b^2}{4},$$

et la proportion

$$\frac{1}{2}(-b+\sqrt{c-a^2}):\frac{1}{2}(-a+\sqrt{c-b^2})$$

$$::\frac{1}{2}(a+\sqrt{c-b^2}):\frac{1}{2}(b+\sqrt{c-a^2}).$$

759. Soit A la différence entre la somme des extrêmes et des moyens : la somme des extrêmes et celle des moyens seront exprimées par

$$\frac{b+A}{2},\quad \frac{b-A}{2}.$$

Désignant par x la différence entre les extrêmes, et par y la différence entre les termes moyens, on pourra représenter la proportion par

$$\frac{\frac{b+A}{2}+x}{2}:\frac{\frac{b-A}{2}+y}{2}::\frac{\frac{b-A}{2}-y}{2}:\frac{b+A}{2}-x;$$

multipliant d'abord entre eux les moyens et les extrêmes, on obtiendra deux équations dont la somme sera

$$2b^2+2A^2-4(x^2+y^2)=32a;$$

faisant ensuite la somme des carrés des quatre termes, il viendra

$$4b^2+4A^2+8(x^2+y^2)=16c.$$

Éliminant x^2+y^2 on aura la valeur de A.

Si l'on fait pour abréger,

$$\pm\sqrt{8a+2c-b^2}=\text{A},$$

la somme des moyens sera

$$\frac{b-\text{A}}{2},$$

et la somme des extrêmes

$$\frac{b+\text{A}}{2}.$$

Connaissant la somme et le produit de deux nombres, on connaîtra ces nombres eux-mêmes et la proportion cherchée sera

$$\frac{1}{4}(b+\text{A}-\sqrt{2c-8a+2b\text{A}})$$
$$:\frac{1}{4}(b-\text{A}-\sqrt{2c-8a-2b\text{A}})$$
$$::\frac{1}{4}(b-\text{A}+\sqrt{2c-8a-2b\text{A}})$$
$$:\frac{1}{4}(b+\text{A}+\sqrt{2c-8a+2b\text{A}}).$$

760. D'après une analyse semblable à la précédente soit fait

$$\pm\sqrt{8a+2c-b^2}=\text{A},$$

la somme des moyens sera

$$\frac{\text{A}-b}{2},$$

et la somme des extrêmes

$$\frac{\text{A}+b}{2},$$

et la proportion

$$\frac{1}{4}(A + b - \sqrt{2c - 8a + 2bA})$$

$$: \frac{1}{4}(A - b - \sqrt{2c - 8a - 2bA})$$

$$:: \frac{1}{4}(A - b + \sqrt{2c - 8a - 2bA})$$

$$: \frac{1}{4}(A + b + \sqrt{2c - 8a + 2ba})$$

761. Soient x la somme des deux extrêmes, y leur différence, z la différence des moyens, dont la somme est $b - x$ d'après l'énoncé.

La proportion cherchée aura la forme

$$\frac{x+y}{2} : \frac{b-x+z}{2} :: \frac{b-x-z}{2} : \frac{x-y}{2}.$$

Multipliant les moyens entre eux ainsi que les extrêmes, et retranchant les deux résultats l'un de l'autre, on obtient

$$b^2 - 2bx + y^2 - z^2 = 0.$$

Faisant la somme des carrés des extrêmes et celle des carrés des moyens, on aura, d'après l'énoncé,

$$2(y^2 - z^2) + 4bx - 2b^2 = 4c.$$

Éliminant $y^2 - z^2$ entre ces deux équations, on obtient la valeur de x.

La somme des moyens égale

$$\frac{b^2 - c}{2b},$$

et celle des extrêmes

$$\frac{b^2 + c}{2b},$$

et la proportion

$$\frac{b^2+c-\sqrt{(b^2+c)^2-16ab^2}}{4b}$$

$$:\frac{b^2-c-\sqrt{(b^2-c)^2-16ab^2}}{4b}$$

$$::\frac{b^2-c+\sqrt{(b^2-c)^2-16ab^2}}{4b}$$

$$:\frac{b^2+c+\sqrt{(b^2+c)^2-16ab^2}}{4b}$$

762. Soient x la somme du premier et du troisième terme, et y leur différence.

La proportion continue

$$\frac{x+y}{2}:a-x::a-x:\frac{x-y}{2};$$

d'où l'on tire $$\frac{x^2-y^2}{4}=(a-x)^2 \qquad [1]$$

et, d'après l'énoncé,

$$\frac{x^2+y^2}{2}+(a-x)^2=b. \qquad [2]$$

Une simple soustraction entre les équations [1], [2], fera connaître x, et par conséquent le terme moyen. Connaissant le terme moyen, il suffit d'en faire le carré et de le retrancher de b pour avoir la somme des carrés des extrêmes, et par conséquent le problème est ramené à déterminer les deux extrêmes, connaissant leur somme et la somme de leurs carrés.

Le terme moyen sera

$$\frac{a^2-b}{2a}$$

et les deux extrêmes

$$\frac{a^2+b-\sqrt{(3b-a^2)(3a^2-b)}}{4a}$$

$$\frac{a^2+b+\sqrt{(3b-a^2)(3a^2-b)}}{4a}$$

763. Les notations restant les mêmes qu'au problème précédent, on aura, outre l'équation [1], l'équation

$$\frac{x^2+y^2}{2}-(a-x)^2=b. \qquad [3]$$

d'où l'on tirera, par une simple élimination entre [1] et [3], la valeur de x, et par suite on connaîtra le terme moyen g.

Connaissant la somme des extrêmes $a-g$ et leur produit g^2, on déterminera ces deux extrêmes.

g étant le terme moyen on trouvera

$$g=\frac{-a\pm\sqrt{3a^2-2b}}{2},$$

et pour les deux autres termes

$$\frac{1}{2}(a-g\mp\sqrt{a^2-2ag-3g^2})$$

$$\frac{1}{2}(a-g\pm\sqrt{a^2-2ag-3g^2}).$$

764. On prendra pour inconnues la demi-somme s et la demi-différence d des termes moyens, ce qui permettra d'exprimer le deuxième et le troisième terme en fonction de ces inconnues s et d; faisant le carré du deuxième et divisant par le troisième, on aura le premier; carrant le troisième et divisant par le deuxième, on aura le quatrième.

D'après les conditions de l'énoncé, on aura les équations

$$\frac{4s(s^2+d^2)}{s^2-d^2}=a, \qquad 1$$

$$\frac{4s^6+28s^4d^2+28s^2d^4+4d^6}{(s^2-d^2)^2}=b,$$

d'où l'on tirera

$$s=\frac{-b\pm\sqrt{b^2+2a^2(a^2-b)}}{4a},\ d=s\sqrt{\frac{a-4s}{a+4s}},$$

et la progression sera

$$\div\frac{(s-d)^2}{s+d}:s-d:s+d:\frac{(s+d)^2}{s-d}.$$

765. Les inconnues étant les mêmes, on trouvera pour équations de condition, d'après l'énoncé,

$$\frac{8s^2}{s^2-d^2}=a,\quad \frac{32s^4d^2+32s^2d^4}{(s^2-d^2)}=b,$$

d'où l'on tirera

$$s=\frac{b-a^2}{4a}\text{ et }d=\frac{b-a^2}{4\sqrt{2b-a^2}},$$

et la progression sera

$$\div\frac{(s-d)^2}{s+d}:s-d:s+d:\frac{(s+d)^2}{s-d}.$$

766. Mêmes inconnues, s et d étant la demi-somme et la demi-différence des termes moyens, on trouvera

$$d=\frac{b\pm\sqrt{b^2+2a^2(a^2-b)}}{4a},$$

$$d=d\sqrt{\frac{a+4d}{a-4d}},$$

et la progression sera encore

$$\div\frac{(s-d)^2}{s+d}:s-d:s+d:\frac{(s+d)^2}{s-d}.$$

767. s, la demi-somme des moyens,

$$=\frac{a^2-b}{4a},$$

et d, la demi-différence,

$$=\pm s\sqrt{\frac{b}{8as+d}}.$$

On déterminera sans peine les éléments de la progression d'après ce qui précède.

768. Soit q la raison de la progression, on trouvera

$$q=\frac{a+b\pm\sqrt{(a-b)(a+3b)}}{2b}$$

et le premier terme

$$\frac{a}{q^3+1}=\frac{b}{q(q+1)}.$$

769. Si l'on désigne par p le produit des termes moyens ou extrêmes, on aura

$$p=\frac{a^3+b^3-c}{3(a+b)},$$

et la proportion sera

$$\frac{1}{2}(b-\sqrt{b^2-4p}):\frac{1}{2}(a-\sqrt{a^2-4p})$$

$$::\frac{1}{2}(a+\sqrt{a^2-4p}):\frac{1}{2}(b+\sqrt{b^2-4p}).$$

770. En prenant pour inconnue le produit p des moyens ou des extrêmes, on aura

$$p = \frac{a^3 - 3ab + 2c}{6a};$$

la différence entre la somme des extrêmes et celle des moyens sera

$$d = \pm \sqrt{\frac{a^3 - 6ab + 8c}{3a}},$$

et par conséquent la somme des extrêmes

$$= \frac{a + d}{2}$$

et celle des moyens

$$\frac{a - d}{2}.$$

On trouvera sans peine la proportion

$$\frac{1}{4}[a + d - \sqrt{(a + d)^2 - 16p}]$$

$$: \frac{1}{4}[a - d - \sqrt{(a - d)^2 - 16p}]$$

$$:: \frac{1}{4}[a - d + \sqrt{(a - d)^2 - 16p}]$$

$$: \frac{1}{4}[a + d + \sqrt{(a + d)^2 - 16p}].$$

771. La somme des quatre termes sera $\frac{b}{a}$, la somme des extrêmes

$$s = \frac{b + a^2}{2a},$$

et celle des moyens $s' = \frac{b - a^2}{2a}$;

le produit des extrêmes ou des moyens

$$p=\frac{a^4+3b^2-4ac}{12a};$$

et ayant déterminé s, s' et p, la proportion sera

$$\frac{1}{2}(s-\sqrt{s^2-4p}):\frac{1}{2}(s'-\sqrt{s'^2-4p})$$
$$::\frac{1}{2}(s'+\sqrt{s'^2-4p}):\frac{1}{2}(s+\sqrt{s^2-4p}).$$

772. Soit fait, pour abréger,

$$\pm\sqrt{\frac{4c+12ab-b^2}{3b}}=\text{A},$$

la somme des extrêmes sera

$$\frac{b+\text{A}}{2},$$

et

$$\frac{b-\text{A}}{2}$$

celle des moyens : on en déduira, d'après ce qui précède, la proportion cherchée

$$\frac{1}{4}[b+\text{A}-\sqrt{(b+\text{A})^2-16a}]$$
$$:\frac{1}{4}[b-\text{A}-\sqrt{(b-\text{A})^2-16a}]$$
$$::\frac{1}{4}[b-\text{A}+\sqrt{(b-\text{A})^2-16a}]$$
$$:\frac{1}{4}[b+\text{A}+\sqrt{(b+\text{A})^2-16a}].$$

773. Si l'on fait, pour abréger,

$$\sqrt{\frac{4c-a^3-4b^3+3a^2b}{3(a+b)}}=\text{A},$$
$$\sqrt{\frac{4c-4a^3-b^3+3ab^2}{3(a+b)}}=\text{B},$$

la proportion demandée sera

$$\frac{a-A}{2} : \frac{b-B}{2} :: \frac{b+B}{2} : \frac{a+A}{2}.$$

774. On fera successivement

$$x'+x''=y', \quad x'x''=y'',$$
$$y'+y''=z', \quad y'y''=z'',$$
$$z'+z''=w', \quad z'z''=w'',$$

et l'on trouvera pour équations finales

$$w'+w''=a, \quad w'w''=b;$$

et les inconnues x' et x'' seront déterminées au moyen des quatre équations suivantes du deuxième degré :

$$w^2-aw+b=0,$$
$$z^2-w'z+w'=0,$$
$$y^2-z'y+z''=0,$$
$$x^2-y'x+y''=0,$$

dont la première donne w' et w'', la deuxième z' et z'', la troisième y' et y'', et la quatrième x' et x''. Ces valeurs sont

$$w'=\frac{a\pm\sqrt{a^2-4b}}{2}, \quad w''=\frac{a\mp\sqrt{a^2-4b}}{2},$$
$$z'=\frac{w'\pm\sqrt{w'^2-4w''}}{2}, \quad z''=\frac{w'\mp\sqrt{w'^2-4w''}}{2},$$
$$y'=\frac{z'\pm\sqrt{z'^2-4z''}}{2}, \quad y''=\frac{z'\mp\sqrt{z'^2-4z''}}{2},$$
$$x'=\frac{y'\pm\sqrt{y'^2-4y''}}{2}, \quad x''=\frac{y'\mp\sqrt{y'^2-4y''}}{2},$$

d'où résultent pour x' et x'' seize valeurs différentes. Si l'on avait effectué le calcul par l'élimination directe, on aurait obtenu une équation finale du seizième degré.

Questions sur les maxima et les minima dont la solution dépend de la résolution des équations du deuxième degré.

Un exemple suffira pour rappeler la méthode.

PROBLÈME. Quelle est la valeur de x qui rend maximum ou minimum la fonction

$$\frac{16-4x+x^2}{2x+2}?$$

Je fais
$$\frac{16-4x+x^2}{2x+2}=z,$$

et, résolvant par rapport à x, je trouve

$$x=2+z\pm\sqrt{z^2+6z-16}=2+z\pm\sqrt{(z+3)^2-25}.$$

La valeur minimum de z est déterminée par la relation

$$(z+3)^2=25,\quad \text{d'où } z=-3\mp5=2 \text{ et } -8;$$

d'où résultent pour x les valeurs 4 et -6.

775. Égalant cette expression à z, et résolvant par rapport à x, on trouvera $x=4$, et la valeur $z=32$.

776. $y=5$, et la valeur $z=2\sqrt{5}$.

777. $x=\frac{1}{2}a$, $z=4a$.

778. $z=\frac{[b(a+b)\pm\sqrt{2(a^2+b^2)}]}{a}$.

779. $z = \frac{a}{2}$.

780. Le carré dont le côté est $\frac{a}{4}$.

781. Le triangle isocèle dont les deux côtés sont égaux à

$$s - \frac{b}{2}.$$

782. Le triangle équilatéral.

783. Le cube dont le côté est $\frac{a}{3}$.

784. Le carré dont les sommets touchent les milieux du carré proposé.

785. Le cylindre qui a pour rayon de base et pour hauteur la moitié du rayon de la base et de la hauteur du cône.

RÉSOLUTION DES ÉQUATIONS INDÉTERMINÉES DU PREMIER ET DU DEUXIÈME DEGRÉ, EN NOMBRES ENTIERS ET POSITIFS.

Quelques exemples suppléeront au défaut de la règle, qui ne peut être exprimée d'une manière générale.

Premier exemple. — Soit à résoudre en nombres entiers et positifs l'équation

$$27x-19y=43.$$

Je prends la valeur de l'inconnue qui est affectée du moindre coefficient, et, effectuant la division autant que possible, j'obtiens

$$y=\frac{27x-43}{19}=x-2+\frac{8x-5}{19}.$$

Pour que y soit un nombre entier, il faut que $\frac{8x-5}{19}$ soit aussi un nombre entier. Je fais donc

$$\frac{8x-5}{19}=t;\quad \text{d'où}\, x=\frac{19t+5}{8}=2t+\frac{3t+5}{8}.$$

Je pose pour la même raison

$$\frac{3t+5}{8}=t';\quad \text{d'où}\ t=\frac{8t'-5}{3}=3t'-1-\frac{t'+2}{3}.$$

Et enfin posant $\qquad \frac{t'+2}{3}=n,$

il vient $\qquad t'=3n-2;$

d'où

$$t=3t'-1-n=8n-7, \quad x=2t+t'=19n-16,$$

et $$y=x-2+t=27n-25.$$

Les valeurs générales de x et de y sont donc

$$x=19n-16, \quad y=27n-25,$$

dans lesquelles on donnera à n toutes les valeurs entières et positives $n=1, 2, 3\ldots$ à l'infini; d'où résulteront une infinité de valeurs pour x et pour y.

Lorsqu'on connaît un couple de valeurs convenables α et β d'une équation $ax+by=c$, les valeurs générales sont

$$x=\alpha+bt, \ y=\beta-at \text{ ou } x=\alpha-bt, \ y=\beta+at.$$

Ainsi $3x+7y=39$ donne sur-le-champ

$$x=13-7t, \quad y=3t.$$

(Voir le n° **1039**, *fractions continues*.)

Deuxième exemple. — Résoudre en nombres entiers et positifs les équations

$$2x+3y+z=15, \quad 10x-4y+3z=10.$$

La première donne $z=15-2x-3y$; substituant dans la deuxième et réduisant, j'obtiens

$$4x-13y+35=0; \text{ d'où } x=\frac{13y-35}{4}=3y-9+\frac{y+1}{4}.$$

Faisant $$\frac{y+1}{4}=t,$$

j'ai

$$y=4t-1, \quad x=3y-9+t=13t-12, \text{ et } z=42-38t$$

Les valeurs générales sont donc

$$x=13t-12,\quad y=4t-1,\quad z=42-38t.$$

On ne peut donner à t que la valeur $t=1$; le problème n'a qu'une solution

$$x=1,\quad y=3,\quad z=4.$$

Troisième exemple.—Résoudre en nombres entiers et positifs l'équation

$$3x+4y+5z=29.$$

J'ai d'abord

$$x=\frac{29-4y-5z}{3}=9-y-2z+\frac{z-y+2}{3};$$

je fais

$$z-y+2=3t,$$

et

$$y=t' :$$

alors il vient

$$z=3t+t'-2,\quad y=t',\quad x=9-5t-3t',$$

valeurs générales des inconnues en fonction de deux indéterminées t et t'.

Quatrième exemple.—Résoudre en nombres entiers l'équation du deuxième degré

$$3xy-7x-7y=5.$$

Résolvant par rapport à y, il vient

$$y=\frac{7x+5}{3x+7}=\frac{7}{3}+\frac{\frac{64}{3}}{3x-7}\quad \text{ou}\quad y=\frac{7+\frac{64}{3x-7}}{3}.$$

Il faut donc 1° que $3x-7$ soit un des diviseurs de 64; 2° que $7+\frac{64}{3x-7}$ soit un multiple de 3. Pour satisfaire à la première condition, il faut que l'on ait pour $3x-7$ une des valeurs suivantes :

$$3x-7=1,\ 2,\ 4,\ 8,\ 16,\ 32,\ 64.$$

De plus, pour que x soit entier, il faut que ce diviseur, augmenté de 7, soit un multiple de 3.

Les seules valeurs admissibles sont

$$3x-7=2,\quad \text{d'où}\quad x=3,\ y=13;$$
$$3x-7=8,\quad \text{d'où}\quad x=5,\ y=5.$$

On peut résoudre de la même manière les équations du deuxième degré dans lesquelles manque un des carrés, au moins, des inconnues. La résolution de l'équation générale du deuxième degré à deux inconnues sortirait des limites que nous avons dû nous prescrire ; elle est préparée par quelques-uns des problèmes qui suivent.

786. 787. $x=t.$ $\quad y=10-t.$ $\qquad$ $x=23t-7.$ $\quad y=17t-6.$

788. 789. $x=24-5t.$ $\quad y=11t-2.$ $\qquad$ $x=253+56t.$ $\quad y=176+39t.$

790. 791. $x=98+31t.$ $\quad y=63+20t.$ $\qquad$ $x=210t+36.$

792. 793. $x=30t+23.$ $\qquad$ $x=9883+2184t.$

794. 795. $x=6061t-153458.$ $\qquad$ $x=211+595t.$

796. 797.	$x=35t-20.$	$x=5t.$
	$y=124-42t.$	$y=60-18t.$
	$z=15t.$	$z=13t+40.$
798. 799.	$x=2t.$	$x=3t+1.$
	$y=45-5t.$	$y=y.$
	$z=3t-15.$	$z=27-19t-3y.$
		$u=72+2y+16t.$
800.	$x=0,\ 1,\ 3,\ 4,\ 7.$	
	$y=79,\ 39,\ 19,\ 15,\ 9.$	
801.	$x=0,\ 1,\ 3,\ 5,\ 9,\ 13.$	
	$y=14,\ 10,\ 6,\ 4,\ 2,\ 1.$	
802. 803.	$x=1,\ 3,\ 7.$	$x=4,\ 5.$
	$y=10,\ 2,\ 1.$	$y=21,\ 7.$

Problèmes indéterminés du premier et du deuxième degré.

Problème. — Trouver un nombre qui, divisé par 8 et par 15, donne pour restes 3 et 7.

Soit N ce nombre. En désignant par x et par y les quotients inconnus de ce nombre divisé par 8 et par 15, on aura

$$N=8x+3,\quad N=15y+7,$$

et par conséquent

$$8x+3=15y+7 \quad \text{ou} \quad 8x-15y=4.$$

Prenant la valeur de x, on aura

$$x=\frac{15y+4}{8};$$

qu'on peut mettre sous la forme

$$x = \frac{16y - y + 4}{8} = 2y + \frac{4 - y}{8};$$

et faisant $$\frac{4 - y}{8} = n,$$

on aura $y = 4 - 8n$; d'où $x = 8 - 15n$.

Substituant l'une ou l'autre de ces valeurs dans l'expression de N, on aura

$$N = 67 - 120n.$$

En donnant à n les valeurs 0, —1, —2, —3.... à l'infini, on obtiendra les nombres demandés

67, 187, 307, 427....

PROBLÈME. — Pour compter des pièces de 5 francs renfermées dans un sac, on a fait une première fois des piles de 10, et une seconde fois des piles de 20 pièces. Il en restait dans la première opération 8, et 18 dans la deuxième. Combien y avait-il de pièces?

Soient N le nombre de pièces, x et y les nombres inconnus de piles de 10 et de 20 pièces, on aura évidemment

$$N = 10x + 8, \quad N = 20y + 18;$$

d'où $10x + 8 = 20y + 18$ ou $x - 2y = 1$;

d'où $$x = 2y + 1,$$

et par conséquent

$$y = n, \ x = 2n + 1; \quad \text{d'où} \quad N = 20n + 18.$$

Il y avait donc dans le sac les nombres de pièces 18,

38, 58, 78...., qui correspondent aux sommes 90, 190, 290, 390 francs....

Problème. — On veut faire avec deux marchandises, dont le prix de l'unité (kilogramme, litre, etc.) est p et p', un mélange dont le prix de l'unité soit m. Combien doit-on prendre en nombres entiers de chaque marchandise?

Soient x et y ce qu'on doit prendre de chacune d'elles ; on aura l'équation

$$px + p'y = m(x + y);$$

d'où $$(p - m)x - (m - p')y = 0,$$

et $$\frac{x}{y} = \frac{m - p'}{p - m}.$$

D'où l'on voit que les quantités que l'on doit prendre sont inversement proportionnelles aux différences entre le prix de chaque substance et le prix moyen. On en conclut la règle arithmétique, car l'équation précédente est évidemment satisfaite par

$$x = m - p', \quad y = p - m.$$

En général, on aura

$$y = n, \quad x = \frac{m - p'}{p - m} n,$$

et l'on donnera à n toutes les valeurs entières 1, 2, 3....

Problème. — Un marchand veut, avec des vins à 1 fr. 50 c., 1 franc et 0,60 c. le litre, faire un mélange de 100 litres qu'il puisse vendre à 0,80 c. le litre. Combien doit-il prendre de chaque qualité?

x, y, z, désignant les quantités de chaque espèce, on aura les deux équations

$$x+y+z=100,$$
$$1,50x+y+0,60z=80 \quad \text{ou} \quad 15x+10y+6z=800.$$

De la première on tire

$$z=100-x-y;$$

et, substituant dans la seconde, on obtient, toute réduction faite,

$$9x+4y=200;$$

d'où $$y=\frac{200-9x}{4}=50-2x-\frac{x}{4};$$

si l'on fait $$\frac{x}{4}=n, \quad \text{ou} \quad x=4n,$$

on trouve $$y=50-9n,$$

et enfin $$z=50+5n.$$

La valeur de n ne pouvant dépasser 5, on aura les cinq valeurs

$$x=4,\ 8,\ 12,\ 16,\ 20,$$
$$y=41,\ 32,\ 23,\ 14,\ 5,$$
$$z=55,\ 60,\ 65,\ 70,\ 74.$$

PROBLÈME. — Partager le nombre 120 en trois parties divisibles, la première par 3, la deuxième par 4, la troisième par 5, et telles que l'une d'elles, la seconde par exemple, soit moyenne arithmétique des deux autres.

Soient p, p', p'', les trois parties demandées. Si l'on désigne par x, y, z, les quotients inconnus de la division de ces nombres par 3, 4 et 5, on aura

$$p=3x, \quad p'=4y, \quad p''=5z;$$

et, d'après l'énoncé, les deux équations

$$3x+4y+5z=120, \quad 4y=\frac{3x+5z}{2}.$$

Substituant dans la première la valeur de $4y$, tirée de la deuxième, on trouve

$$3x+5z=80,$$

et par conséquent $4y=\frac{80}{2}=40.$

Ensuite on obtiendra sans difficulté

$$x=5n, \quad z=16-3n,$$

et par conséquent les trois parties demandées seront

$$p=15n, \quad p'=40, \quad p''=80-15n;$$

d'où l'on voit qu'il n'y a qu'une valeur pour p', et 5 pour les deux autres, p et p''.

PROBLÈME. — Partager 157 en trois parties dont la première, divisée par 3, donne pour reste 2; la seconde, divisée par 5, donne pour reste 4; et la troisième, divisée par 7, donne pour reste 6.

Les trois parties p, p', p'', seront de la forme

$$p=3x+2, \quad p'=5y+4, \quad p''=7z+6;$$

et par conséquent on aura

$$3x+2+5y+4+7z+6=57;$$

d'où $$3x+5y+7z=45.$$

Résolvant par rapport à x, on obtient

$$x=\frac{45-5y-7z}{3}=15-2y-2z+\frac{y-z}{3}.$$

Faisant $$\frac{y-z}{3}=t,$$

ou aura $$y=z+3t;$$

et posant $z=n$, les trois valeurs exprimées en fonction des deux indéterminées n et t seront

$$x=15-4n-5t,\quad y=n+3t,\quad z=n.$$

Les valeurs de t sont comprises entre les limites -2 et $+2$, et ne peuvent être par conséquent que -2, -1, 0, 1, 2, auxquelles répondent les valeurs suivantes de n :

$t=-2$ $n=6$,
$t=-1$ $n=0, 1, 2, 3, 4, 5$,
$t=0$ $n=0, 1, 2, 3$,
$t=1$ $n=0, 1, 2$,
$t=2$ $n=0, 1$.

En tout 16 solutions.

Si l'on prend les valeurs

$$t=2,\quad n=1,$$

on trouvera $p=5$, $p'=39$, $p''=13$.

Problème. — Avec des lingots d'argent à trois titres différents, 0,900, 0,860, 0,750, un orfévre veut faire un alliage dont le titre soit 0,840 : combien doit-il prendre, en nombres entiers, de chaque lingot?

x, y, z, étant les trois quantités demandées, on aura pour les déterminer l'équation

$$0,900x+0,860y+0,750z=0,840(x+y+z),$$

qui se réduisent facilement à

$$6x+2y-9z=0;$$

d'où l'on tire

$$y=\frac{9z-6x}{2}=4z-3x+\frac{z}{2}.$$

Faisant $\qquad x=n,\ \frac{z}{2}=n',$

on aura, en fonctions de deux indéterminées, n, n',

$$x=n,\ y=9n'-3n;\ z=2n'.$$

Le problème a un nombre infini de solutions.

Si l'on fait $\qquad n=3,\ n'=6,$

on trouvera $\quad x=3,\ y=45,\ z=12.$

Problème. — Trouver deux nombres tels que l'excès de leur produit sur leur somme soit 34.

x et y étant les deux nombres, on aura l'équation

$$xy-(x+y)=34;$$

d'où $\qquad y=\frac{x+34}{x-1}=1+\frac{35}{x-1}.$

On voit, d'après cela, que $x-1$ doit être un des diviseurs de 35. On aura donc

$$x-1=1,\ 5,\ 7,\ 35;$$

d'où $$x = 2, \ 6, \ 8, \ 36;$$

et $$y = 36, \ 8, \ 6, \ 2.$$

Les seules solutions admissibles sont donc 2 et 36, 6 et 8.

Problème. — Trois chasseurs ont porté au marché, le premier 10 pièces de gibier, le deuxième 25, et le troisième 20 pièces du même gibier. Au retour du marché, ils se questionnent sur la vente et sur l'argent qu'ils rapportent, et il se trouve qu'ils ont vendu au même prix la pièce de gibier, et que chacun rapporte la même somme. On demande comment cela a pu se faire?

Pour que la chose soit possible, il faut que les chasseurs aient vendu au moins à deux différentes fois et à différents prix, quoique à chaque fois ils aient vendu tous ensemble au même prix : car, si celui qui avait le moins de pièces de gibier en a vendu un très-petit nombre au prix le plus bas, et qu'il ait vendu le reste au plus haut prix, tandis que celui qui avait le plus de pièces de gibier en a vendu la plus grande partie au plus bas prix, et n'a pu en vendre qu'un petit nombre au plus haut, il est évident qu'ils auront pu faire des sommes égales.

Nous admettons donc qu'il y a eu deux prix de vente, et, pour éviter une trop grande indétermination, nous supposerons que ces prix de vente sont des nombres entiers tels, que ni l'un ni l'autre ne soit divisible par leur différence.

Cela posé, soient x, y, z, les nombres de pièces de gibier que les chasseurs ont vendues au premier prix p, et $(10-x)$, $(25-y)$, $(30-z)$, les nombres de pièces de gibier vendues au deuxième p'. D'après l'énoncé du problème on aura

$$px+p'(10-x)=py+p'(25-y)=pz+p'(30-z);$$

d'où l'on tire les trois équations

$$x-y=\frac{15p'}{p-p'},\quad x-z=\frac{20p'}{p-p'},\quad y-z=\frac{p-p'}{5p'}.$$

Pour que x, y et z, soient des nombres entiers, il faut que $p-p'$ divise exactement les trois nombres 15, 20, 5, et par conséquent leur plus grand commun diviseur qui est 5. On a donc nécessairement

$$p-p'=5;$$

d'où l'on tire les différents systèmes de valeurs

$$p=6,\ 7,\ 8,\ 9,\ 10\ldots,$$
$$p'=1,\ 2,\ 3,\ 4,\ \ 5\ldots.$$

Prenant un de ces systèmes, par exemple

$$p=6,\ p'=1,$$

et, substituant dans les deux dernières équations, on aura à résoudre les deux équations indéterminées

$$x-z=4,\ y-z=1.$$

On pourra donner à z des valeurs entières arbitraires, d'où l'on déduira les valeurs de x et de y correspondantes.

Si l'on fait

$z=0$, on aura $x=4$, $y=1$,
$z=1$, $\quad x=5$, $y=2$,
etc., $\quad$ etc.

On verra facilement qu'on ne peut faire $y > 6$; car on aurait $x = 10$, le nombre de pièces que le premier chasseur aurait à vendre.

On ne peut admettre non plus

$$p = 8,\ p' = 3,$$

car elles donneraient pour x une valeur > 10.

Le problème n'admet en tout que les 10 solutions suivantes :

$p = 6$	$z = 0,$	$1,$	$2,$	$3,$	$4,$	$5,$	$6.$	
$p' = 1$	$x = 4,$	$5,$	$6,$	$7,$	$8,$	$9,$	$10.$	
	$y = 1,$	$2,$	$3,$	$4,$	$5,$	$6,$	$7.$	
$p = 7$	$z = 0,$	$1,$	$2.$					
$p' = 2$	$x = 8,$	$9,$	$10.$					
	$y = 2,$	$3,$	$4.$					

Problème. — Quel est le nombre de deux chiffres égal au carré de la somme de ses chiffres?

x et y étant les chiffres des dizaines et des unités, on aura

$$10x + y = (x + y)^2 = x^2 + 2xy + y^2;$$

d'où $$x = -y + 5 \pm \sqrt{25 - 9y}.$$

On voit facilement que la seule valeur entière de y qui rende $\sqrt{25 - 9y}$ rationnel est $y = 1$; d'où l'on tire $x = 8$.

Le nombre cherché est 81.

804. n le nombre demandé; x et y les quotients obtenus en divisant le nombre par 3 et par 5.

On aura $\quad N = 3x + 1, \ N = 5y + 2.$

Et par conséquent l'équation

$$3x+1=5y+2.$$

Rép. 7, 22, 37, 52, 67, etc.;
forme générale, $15n+7$.

805. x, y, les quotients du nombre cherché par 8 et par 11.
Éq. $8x+5=11y+4$.
Rép. 37, 125, 213, 301, etc.;
forme générale, $88n+37$.

806. x et y les quotients.
Éq. $9x=14y+8$.
Rép. 36, 162, 288, 414, etc.;
forme générale, $126n+36$.

807. x, y, le nombre de quinzaines et de douzaines.
Éq. $15x+4=12y+10$.
Rép. 154.

808. x et y, les nombres de tas de 13 et de 17.
Éq. $13x+9=17y+14$.
Rép. 269.

809. x, y, z, les quotients inconnus par 3, 7 et 10.
Éq. $3x+2=7y+3$, $3x+2=10z+9$.
Rép. 59, 269, 479, 689, etc.;
forme générale, $210n+59$.

810. x, y, z, les quotients par 6, 12 et 15.
Éq. $6x+1=12y+1$, $6x+1=15z+10$.
Rép. 25, 85, 145, 205, 265, etc.;
forme générale, $60n+25$.

811. 133, 973, 1813, 2653, etc.;
forme générale, $840n+133$.

812. 147, 327, 507, 687, etc.;
forme générale, $180n+147$.

En général, d, d', d'', etc., étant les diviseurs, et k le plus petit nombre qui satisfait aux conditions de l'énoncé, la forme générale est

$$dd'd''\ldots n+k.$$

813. Le problème revient à trouver un nombre qui, divisé par 5, 6, 7, 11 et 13, donne pour restes 0, 0, 0, 9 et 8.
Rép. 1890 hommes.

814. Trouver un nombre qui, divisé par 2, 4, 8, 10, 6 et 12, donne pour restes 1, 1, 1, 1, 5 et 5.
Rép. 161 hommes.

815. Chercher la forme générale du nombre d'après la première condition, ensuite d'après la seconde. Ajouter 6 au deuxième nombre de la deuxième forme, et égaler entre elles la première et la deuxième forme modifiées.
Rép. 86 pièces d'or, 1241, 2396, etc.

816. x et y les nombres de pièces de 20 francs et de 40 francs.
Éq. $21x+26y=1000$.
Rép. $x=26t-200$ pièces de 20 francs, 8, 34.
$y=200-21t$ pièces de 40 francs, 32, 11.

817. x, y, les deux nombres.

Éq. $17x - 26y = 7$.

Rép. 5 et 3, 31 et 20, 57 et 37, etc.

818. x, y, les nombres de pièces.

Éq. $16x = 25y + 1$.

Rép. 1re espèce : 11, 36 .... etc.
2e — : 7, 23 .... etc.

819. x, y, z, les trois nombres.

Éq. $7x + 1 = 9$, $7x = 11z + 2$.

Rép. 1er nombre : 5, 104, 203, etc.
2e — : 4, 81, 158, etc.
3e — : 3, 66, 129, etc.

820. x, y, z, les nombres d'hommes, de femmes et d'enfants.

Éq. $19x = 10y + 7$, $19x = 8z + 15$.

Rép. Hommes : 13, 53, etc.
Femmes : 24, 100, etc.
Enfants : 29, 124, etc.

821. x, y, les quotients des deux parties par 9 et 14.

Éq. $9x + 14y = 142$.

Rép. 72, 70.

822. Éq. $23x + 34y = 1591$.

Rép. 1081 et 510, ou 299 et 1292.

823. x, y, les quotients des deux parties par 37 et 54.

Éq. $37x + 3 + 54y + 6 = 4890$.

Rép. 1re partie : 780, 2778, 4776.
2e — : 4110, 2112, 114.

824. x, y, les nombres d'hommes et de femmes.

Éq. $19x+13y=876$.

Rép. Hommes : 3, 16, 29, 42.
Femmes : 63, 44, 25, 6.

825. x, y, les nombres demandés.

Éq. $124x+84y=7080$.

Rép. Chevaux : 9, 30, 51.
Vaches : 71, 40, 9.

826. x, y, z, les nombres.

Éq. $x+y+z=124$, $54x+38y+15z=4800$.

Rép. Porcs : 17, 40, 63.
Chèvres : 99, 60, 21.
Brebis : 8, 24, 40.

827. x, y, z, les trois parties.

Éq. $x+y+z=30$, $7x+19y+38z=745$.

Rép. 6, 11, 13.

828. x, y, z, les trois parties.

Éq. $x+y+z=100$, $17x+11y+3z=880$.

Rép. 2, 69, 29; 6, 62, 32; 10, 55, 35; etc., de dix manières différentes.

829. x, y, z, les trois nombres.

Éq. $5x+13y+18z=997$.
$11x+20y+30z=1866$.

Rép. 16, 20, 30.

830. x, y, z, u, les quatre nombres.

Eq. $x+y+z+u=76$,
$40x+21y+14z+8u=1414$.

Rép. 2, 46, 24, 4; 10, 30, 16, 20; etc.

831. x, y, z les trois nombres.
Éq. $x+y+z=30$, $84x+33y+6z=1392$.
Rép. 10 hommes, 16 femmes, 4 enfants.

832. x, y les deux nombres.
Éq. $x+y=xy$.
Rép. $y=\frac{x}{x-1}=1+\frac{1}{x-1}$.

833. x et y les deux nombres.
Éq. $\frac{x+y}{xy}=\frac{m}{n}$.
Rép. $y=\frac{nx}{mx-n}$.

834. x et y les deux nombres.
Éq. $x+y+xy=139$.
Rép. 1 et 69, 3 et 34, 4 et 27, 6 et 19, 9 et 13.

835. x et y les deux nombres.
Éq. $xy-2(x-y)=100$.
Rép. 10 et 10, 14 et 8, 22 et 6, 30 et 5, 36 et 4, 94 et 3.

836. x, y les côtés contigus du rectangle.
Éq. $xy=y(x+y)$.
Rép. Côtés : 3 et 6, 6 et 12, 4 et 4.

837. x et y les numérateurs des fractions demandées.
Éq. $\frac{x}{7}+\frac{y}{11}=\frac{230}{77}$.
Rép. $\frac{5}{7}$ et $\frac{25}{11}$, $\frac{12}{7}$ et $\frac{14}{11}$, $\frac{19}{7}$ et $\frac{3}{11}$.

838. x, y les côtés de l'angle droit.
Éq. $\frac{xy}{2}=x+y+\sqrt{x^2+y^2}$,

qui se réduit à

$$xy-4(x+y)+3=0.$$

Rép. 12, 5, 13; 8, 6, 10.

839. x, y étant les deux nombres, il faut que x^2+y^2 soit un carré et par conséquent aussi que

$$\frac{x^2+y^2}{y^2}=\frac{x^2}{y^2}+1$$

soit un carré. Soit $\frac{x}{y}=z$, z^2+1 étant un carré, sa racine sera rationnelle. Soit

$$\sqrt{z^2+1}=z+m;$$

d'où $$z=\frac{1-m^2}{2m}.$$

Faisant $$m=\frac{p}{q},$$

on aura $$z^2+1=\frac{(p^2-q^2)^2}{2pq}+1=\frac{(p^2+q^2)^2}{2pq};$$

d'où $$(p^2-q^2)^2+4p^2q^2=(p^2+q^2)^2.$$

La dernière relation étant satisfaite quels que soient p et q, les nombres cherchés auront la forme suivante :

$$x=p^2-q^2,\quad y=2pq$$

(p et q étant des nombres entiers quelconques).

De là, 3 et 4, 6 et 8, 5 et 12, etc.

On pourra résoudre de même le problème suivant :

Trouver deux nombres entiers dont la différence des carrés soit un nombre carré.

840. $x = cn^2 - m^2, \quad y = 2amn$

(m et n étant des quantités rationnelles quelconques).

En effet,

$$a^2x^2 + cy^2 = a^2(cn^2 - m^2)^2 + c(2amn)^2 = a^2(cn^2 + m^2)^2.$$

841. $$x = \frac{cn^2 - m^2}{2amn},$$

car $$a^2\left(\frac{cn^2 - m^2}{2amn}\right)^2 + c = \left(\frac{cn^2 + m^2}{2mn}\right)^2.$$

842. $x = m^2 - cn^2, \quad y = bn^2 - 2amn.$

En effet,

$$a^2(m^2 - cn^2)^2 + b(m^2 - cn^2)(bn^2 - 2amn) + c(bn^2 - 2amn) = (am^2 - bmn + acn^2)^2.$$

843. $$x = \frac{m^2 - cn^2}{bn^2 - 2amn}.$$

En effet,

$$a^2\left(\frac{m^2 - cn^2}{bn^2 - 2amn}\right)^2 + b\left(\frac{m^2 - cn^2}{bn^2 - 2amn}\right) + c = \left(\frac{am^2 - bmn + acn^2}{bn^2 - 2amn}\right)^2.$$

844. $$x = \frac{bn^2 - 2cmn}{m^2 - an^2},$$

car $$a\left(\frac{bn^2 - 2cmn}{m^2 - an^2}\right)^2 + b\left(\frac{bn^2 - 2cmn}{m^2 - an^2}\right) + c^2 = \left(\frac{cm^2 - bmn + acn^2}{m^2 - an^2}\right)^2.$$

845. En substituant $w + py$ à la place de x, on obtiendra une nouvelle expression de la forme

fy^2+gy+h^2, qui deviendra un carré parfait par la valeur

$$y=\frac{gn^2-2hmn}{m^2-fn^2},$$

et par conséquent

$$x=\omega+p\left(\frac{gn^2-2hmn}{m^2-fn^2}\right).$$

846. $x=np^2-n'q^2,\quad y=m'q^2-mp^2,$

car alors

$$mx+ny=(m'n-mn')q^2,\quad m'x+n'y=(m'n-mn')p^2,$$

et par conséquent

$$\begin{aligned}ax^2+bxy+cy^2&=(mx+ny)(m'x+n'y)\\&=(m'n-mn')^2p^2q^2.\end{aligned}$$

847. Soit $\frac{p}{q}$ une des fractions réduites de l'irrationnelle $\sqrt{A}$: on a toujours (voir la réduction des radicaux en fraction continue, avant le n° **1046**)

$$p^2-Aq^2=1\,;$$

donc $x=p,\quad y=q.$

848. $$x=\frac{(m+n\sqrt{A})^k+(m-n\sqrt{A})^k}{2},$$

$$y=\frac{(m+n\sqrt{A})^k-(m-n\sqrt{A})^k}{2\sqrt{A}}.$$

En faisant successivement

$k=0$, on trouve	$x=1$,	$y=0$.
$k=1$,	$x=m$,	$y=n$,
$k=2$,	$x=m^2+An^2$,	$y=2mn$.
$k=3$,	$x=m^3+3amn^2$,	$y=3m^2n+An^3$.
$k=4$,	$x=m^4+6Am^2n^2+A^2n^4$,	$y=4m^3n+4Amn^3$.
	Etc.	Etc.

849. On a

$$x+y+z=p^2,\ x+y=q^2,\ x+z=r^2,\ y+z=s^2;$$

on pourra faire

$$q=p-1,\ r=p-2,\ s=p-3,$$

et, par une élimination facile, on obtiendra les valeurs $x=41$, 22, etc. $y=80$, 42, etc. $z=320$, $60\frac{1}{4}$, etc.

850. $\frac{5}{7}$ et $\frac{3}{7}$, $\frac{8}{13}$ et $\frac{7}{13}$, $\frac{16}{19}$ et $\frac{5}{19}$, etc.

851. Si l'on observe que tous les nombres peuvent être exprimés par

$2n$ ou $2n+1$,
$3n$ ou $3n+1$, $3n+2$,
$4n$ ou $4n+1$, $4n+2$; $4n+3$,
etc.,

on trouve facilement que

le diviseur	2	donne	0	ou	1	pour reste,
	3		0		1,	
	4		0		1,	
	5		0		1, 4;	
	6		0		1, 3, 4;	
	7		0		1, 2, 4;	
	8		0		1, 4;	
	9		0		1, 4, 7;	
	10		0		1, 4, 5, 6, 9;	
	Etc.					

852. Diviseur 7; restes, 0, 1, 6.
8; 0, 1, 3, 5, 7.
9; 0, 1, 8.

853. On a généralement

$$(xx'-yy')^2+(xy'-yx')^2=(x^2+y^2)(x'^2+y'^2);$$

les nombres sont donc

$$xx'-yy' \quad \text{et} \quad xy'-yx',$$

x, x', y, y' pouvant recevoir toutes les valeurs entières ou fractionnaires.

854. On a généralement

$$(xx'+yy')^2+(xy'-yx')^2+(zx')^2+(zy')^2$$
$$=(x^2+y^2+z^2)(x'^2+y'^2).$$

855. On a généralement

$$(xx'+yy'+zz')^2+(xy'-yx')^2+(xz'-zx')^2$$
$$+(yz'-zy')^2=(x^2+y^2+z^2)(x'^2+y'^2+z'^2).$$

856. On a

$$(xx'+yy'+zz'+uu')^2+(xy'-yx'+zu'-uz')^2$$
$$+(xz'-zx'+uy'-yu')^2+(yz'-zy'+xu'$$
$$-ux')^2=(x^2+y^2+z^2+u^2)(x'^2+y'^2+z'^2+u'^2).$$

857. $x=mm'+\text{A}nn', \; y=mn'-nm',$

car

$$(mm'+\text{A}nn')^2+\text{A}(mn'-nm')^2=(m^2+\text{A}n^2)(m'^2+\text{A}n'^2).$$

ARRANGEMENTS, PERMUTATIONS, COMBINAISONS.

858. 859. m^n. $(m-1).(m-2)\dots(m-n+1)$.

860. $n(n-1).(n-2)\dots3.2.1.$

ou $1.2.3\dots(n-1).n.$

861. $\frac{1.2.3\dots(n-2)(n-1)n}{(1.2.3\dots p)(1.2.3\dots q)(1.2.3\dots r)(1.2.3\dots s)\dots}$,

qu'on peut mettre sous la forme

$$\frac{(p+1)(p+2)(p+3)\dots(n-1)n}{(1.2.3\dots q)(1.2.3\dots r)(1.2.3\dots s)\dots},$$

et de même pour les autres quantités q, r, s, etc.

862 $\frac{m(m-1)(m-2)\dots(m-n+1)}{1.2.3\dots n}$.

863. $\frac{m(m+1)(m+2)\dots(m+n-1)}{1.2.3\dots n}$.

864. 40320.

865. 620448401733239439360000.

D'après un calcul approximatif, tous les hommes de la terre ne pourraient pas dans mille millions d'années écrire toutes ces permutations, en supposant que chacun écrivît par jour 40 pages dont chacune contiendrait 40 permutations différentes.

866. 867. 720. 120 par *ab*, 24 par *abc*, 6 par *abcd*.

868. 869. 870. 24. 576. 27720.

871. 872. 873. 504. 140. 6930. 720.

874. 875. 144. 7740.

876. Extraits, 90; ambes, 4005; ternes, 117480; quaternes, 2555190; quines, 43949268.

877. Extraits, 60; ambes, 1770; ternes, 34220; quaternes, 487655; quines, 5461512.

878. 879. 565722720. $\frac{(n+1)(n+2)\ldots(2n-1)2n}{(1.2.)^n}$.

880. $\frac{(n+1)(n+2)\ldots(3n-1)3n}{(1.2.2)^n}$.

881. $\frac{(n+1)(n+2)\ldots(mn-1)mn}{(1.2.3\ldots m)^n}$.

882. $(m+1)(n+1)(p+1)\ldots$, etc.

883. a, b, c, etc., étant des nombres premiers quelconques, si n est un nombre premier, le nombre a^{n-1} répondra à la question.

Si n n'est pas un nombre premier, soient m', m'', m''', etc., ses facteurs premiers, on prendra le nombre $a^{m'-1}.b^{m''-1}.c^{m'''-1}$. etc.

884. $\frac{(N+1)(N+2)(N+3)\ldots(N+n)}{1.2.3\ldots n}$.

885. $$\frac{(N+1)(N+2)\ldots(N+n)}{1.2\ldots n} - \frac{(N-p+1)(N-p+2)(N-p+3)\ldots(N-p+n)}{1.2.3\ldots n}.$$

886. $$\frac{(N+1)(N+2)(N+3)\dots(N+n)}{1.2\dots 3n}$$
$$-\frac{(N-p+1)(N-p+2)(N-p+3)\dots(N-p+n)}{1.2.3\dots n}$$
$$-\frac{(N-q+1)(N-q+2)(N-q+3)\dots(N-q+n)}{1.2.3\dots n}$$
$$+\frac{[N-(p+q)+1][N-(p+q)+2]\dots[N-(p+q)+n]}{1.2\dots n}.$$

887. $\frac{m}{n}$ pour qu'il arrive, $\frac{n-m}{n}$ pour qu'il n'arrive pas.

888. Extrait, $\frac{2}{15}$; ambe, $\frac{44}{267}$; terne, $\frac{5}{267}$; quaterne, $\frac{5}{5162}$; quine, $\frac{2}{110983}$.

889. 43949268 billets.

890. 425 billets avec quaterne, 35700 avec terne, 987700 avec ambe, 10123925 avec extrait, 32801517 sans numéro sortant.

891. Les deux chances sont entre elles comme les nombres 11 et 67425.

892. De 18643560 manières différentes.

893. De 42325920 manières.

894. De 523783260 manières.

895. A 3792416540640O combinaisons différentes.

896. 28443124054800.

897. 85651261978511517978614440000.

898. $\frac{14629050}{43949268}=\frac{28025}{84194}=\frac{1}{3}$ environ.

899. $\frac{14885700}{43949268}=\frac{171100}{505164}=\frac{1}{3}$ à peu près.

900. $\frac{7186200}{43949268}=\frac{82600}{5\ 0516}=\frac{8}{49}$ environ.

901. $\frac{142566}{43949268}=\frac{273}{84194}=\frac{1}{308}$ à peu près.

902. $\frac{595056}{28048800}=\frac{12397}{584350}=\frac{1}{47}$ environ.

903. $\frac{35700}{43949268}=\frac{2975}{3662439}=\frac{1}{1231}$ environ.

904. 905. $\frac{m}{n}\times\frac{m'}{n'}\times\frac{m''}{n''}=\frac{m.m'.m''}{n.n'.n.''}$. $\frac{5}{490314}$.

906. 36 avec 2, 216 avec 3, 1296 avec 4, et 6^n avec n dés.

907. 908. $\frac{6}{1296}=\frac{1}{216}$. $\frac{90}{216}=\frac{5}{12}$.

909. Pour 4 dés $\frac{720}{1296}=\frac{5}{9}$,

pour 5 dés $\frac{3600}{7776}=\frac{25}{54}$,

pour 6 dés $\frac{10800}{46656}=\frac{25}{108}$,

pour 8 dés $\frac{15120}{279936}=\frac{35}{648}$,

pour 8 dés 0, c'est impossible.

910. $\frac{120}{1296}=\frac{5}{54}$.

911. Avec 5 dés $\frac{1200}{7776}=\frac{25}{162}$,

avec 6 dés $\frac{7200}{46656}=\frac{25}{162}$,

avec 7 dés $\frac{25200}{279936}=\frac{175}{1944}$,

avec 8 dés $\frac{40320}{1679616}=\frac{35}{1458}$,

avec 9 dés 0, le cas n'est pas possible.

912. Les probabilités sont $\frac{15}{216}=\frac{5}{72}$ et $\frac{224}{4960}=\frac{7}{155}$, le rapport des probabilités $=\frac{775}{504}$.

913.

La probabilité pour le $1^{er}=\frac{356400}{2176782336}=\frac{275}{1679616}$,

et pour le $2^e=\frac{5148}{2598960}=\frac{33}{16660}$;

le rapport $=\frac{4581500}{55427328}=\frac{104125}{1259712}$.

DÉVELOPPEMENT DES PUISSANCES DES BINOMES ET DES POLYNOMES.

914.

$$2\left(a^m + \frac{m(m-1)}{1.2}a^{m-2}b^2 + \frac{m(m-1)(m-2)(m-3)}{1.2.3.4}a^{m-4}b^4 + \text{etc.}\right).$$

915. $2\left(\frac{m}{1}a^{m-1}b + \frac{m(m-1)(m-2)}{1.2.3}a^{m-3}b^3 + \text{etc.}\right).$

916. $625 - 2000x + 24000x^2 - 1280x^3 + 256x^4.$

917. $243a^5c^5 - 810a^4c^4bd + 1080a^3c^3b^2d^2 - 720a^2c^2b^3d^3$
$+ 240acb^4d^4 - 32b^5d^5.$

918. 919. $1820a^{12}b^4.$ $-161700a^{97}b^3.$

920. 921. $192192a^6b^6c^8d^8.$ $12870a^8b^8.$

922. $-92378a^{10}b^9 + 92378a^9b^{10}.$

923. De $\frac{n(n+1)(n+2)\ldots.(n+m-1)}{1.2.3\ldots.m}$ termes, et la somme de tous les coefficients n^m.

924. $a^3 + 6a^2b - 3a^2c + 12ab^2 - 12abc + 3ac^2$
$+ 8b^3 - 12b^2c + 6bc^2 - c^3.$

925. $\frac{(1.2.3\ldots.p)(1.2.3\ldots.q)(1.2.3\ldots.r)}{1.2.3\ldots.m}a^pb^qc^r\ldots.$

926. 927. 60. 4.7.11.13.14.15.17.18.19.20.

928.

$$2\left(a^m + \frac{m(m-1)}{1.2}a^{m-2}b^2 + \frac{m(m-1)(m-2)(m-3)}{1.2.3.4}a^{m-4}b^4 \ldots \text{etc.}\right).$$

929. $2\left(\frac{m}{1}a^{m-1}b - \frac{m(m-1)(m-2)}{1.2.3}a^{m-3}b^3 \ldots\right)\sqrt{-1}.$

EXTRACTION DE LA RACINE CUBIQUE DES NOMBRES ET DES QUANTITÉS ALGÉBRIQUES.

L'extraction de la racine cubique des nombres entiers et des quantités algébriques s'opère d'une manière analogue à l'extraction de la racine carrée, avec cette différence qu'on doit partager le nombre en tranches de 3 chiffres chacune, et qu'au lieu de diviser successivement par le double de la racine, il faut diviser par le triple carré de cette racine. La vérification des chiffres ou des termes obtenus à chaque division offre quelques difficultés. En désignant par a la racine déjà obtenue et par x le chiffre ou le terme suivant, il faut retrancher du nombre ou du polynome sur lequel on opère

$$3a^2x + 3ax^2 + x^3.$$

EXEMPLE DE CALCUL POUR L'EXTRACTION DE LA RACINE CUBIQUE DES NOMBRES.

		3,2710663										
		·12										
35												
		36		147								
80.00												
	2	27		1344		3						
22320.00												
		18	7	3072		1962		108				
342170.00												
		4		672	1	320787		1177560		108		
2124890000.00												
		———		49		,981	0 | 6	2309832300		11775816		
2025542929840.00												
		2884		———		1		588780	6	320995005708		
99569362845040.00												
				313969		———		36		5887908	3	3209961832
						32088511		———		36		
								320989117836		———		
										32099559449916		

* Lorsqu'on a obtenu à la racine les deux tiers plus un des chiffres qu'elle doit contenir, on peut obtenir les autres chiffre divisant le reste auquel on est arrivé par le triple carré de la racine déjà obtenue.

Les triples carrés servant de diviseurs, tels que 27, s'écrivent en regard des dividendes correspondants, tels que 80.00 ; le quot obtenus tel que 2, placé à la gauche du diviseur, se vérifie facilement en observant qu'en le désignant par x on a $2700=3a^2$, $180=$ $4=x^2$, et par conséquent $2884\times2=3a^2x+3ax^2+x^3$; retranchant ce produit de 800, on obtient le reste 2232, à la suite du on abaisse la tranche suivante; alors la racine se compose de $(a+x)$, et pour en former le triple carré, qui doit servir de nou diviseur, on remarquera que $2700=3a^2$, $360=2.180=3.2ax$ et $12=3.4=3x^2$: donc $3072=3(a+x)^2$.

930. 931. 932. 933. 37. 96. 74. 135.

934. 935. 936. 223. 106. 258.

937. 938. 939. 368. 401. 683.

940. 941. 942. 1854. 4835. 2,28942....

943. 944. 945. 6,43927.... 8,82373.... 1,79670....

946. 947. 948. 4,68565.... 3,04559.... 38,76...

949. 950. 951. $7\frac{3}{4}$. $37\frac{1}{3}$. 0,87358....

952. 953. 954. 0,94103.... 1,56049.... 2,50222....

955. 956. $2a-7x$. y^2-2ay.

957. 958. $3z^2-2az+a^2$. $2x^2+4hx-3h^2$.

CALCUL DES RADICAUX ET DES EXPOSANTS FRACTIONNAIRES.

959. 960. 961. $\sqrt[12]{648000}$. $\sqrt[24]{432}$. $\sqrt[42]{\frac{2}{27}}$.

962. $5\sqrt{6}+5\sqrt{5}+2\sqrt[4]{125}+2\sqrt[4]{180}+\sqrt[6]{2000}+2\sqrt{54}$.

963. 964. $2\sqrt[6]{\frac{16}{3}}$. $1+\frac{\sqrt[6]{18}}{2}+\frac{\sqrt[4]{8}}{4}$.

965. 966. $a^2\sqrt[12]{a^2}$. $a\sqrt[20]{a}$.

967. 968. $\frac{c}{b}\sqrt[10]{\frac{a}{b^6}}$. $\sqrt{a}\sqrt[120]{a}$.

969. 970. $c\sqrt[12]{\frac{b^6c}{a^2}}$. $a\sqrt{a}-\sqrt[5]{b^4}$.

971. $(5a^2-41ab+42b^2)\sqrt[12]{a}$.

972. $\left(1-\frac{2bc}{a}-\frac{b}{a}+\frac{2b^2c}{a^2}\right)\sqrt[30]{\frac{1}{a^3b^{10}}}$.

973. 974. $a^2\sqrt{a}-2\sqrt[4]{b^3}$. $(5a-6b)\sqrt[4]{a^3}$.

975. 976. $\sqrt{a}+\sqrt{b}+\sqrt[4]{ab}$. $\sqrt[30]{a^9b^8}$.

977. 978. $\sqrt[6]{\frac{(a+b)^3}{c^4d^3}}$. $\sqrt[8]{a^4b}$.

PROGRESSION PAR DIFFÉRENCE.

Soient a le premier terme d'une progression par différence, d la raison, n le nombre de termes, l le $n^{ième}$ terme, s la somme des n termes : on a les formules générales

$$l=a+(n-1)d, \quad s=(a+l)\frac{n}{2},$$

dont chacune donne lieu à quatre combinaisons, et l'élimination de l entre les deux formules donne une troisième formule

$$s=[2a+(n-1)d]\frac{n}{2},$$

qui fournit encore quatre combinaisons.

Les problèmes des numéros suivants ne sont que des applications de ces formules.

979. 980. $l=50$, $s=442$. $l=10\frac{3}{4}$, $s=142$.

981. 982. 983. $a=\frac{5}{7}$. $n=100$. $l=3\frac{7}{8}$.

984. $l=-\frac{d}{2}\pm\sqrt{2ds+\left(a-\frac{d}{2}\right)^2}$.

985. $a=\frac{d}{2}\pm\sqrt{\left(l+\frac{d}{2}\right)^2-2ds}$.

986. 816 francs, et 8976 francs en tout.

987. 6 fr. 40 c., 78 fr. 40 c.

988. 989. 11 fr. 50 c., 135 francs. 6672 francs.

990. 10 lieues et 232 lieues $\frac{3}{4}$.

991. 992. 993. $\frac{2}{3}$. 100. 16 ans.

994. En 14 mois, et le dernier mois il donnera 1250 francs.

995. 996. 609 pieds $\frac{3}{8}$, 6250 pieds. 16 secondes.

997. 25 mois, 30 francs.

998. Dans 16 mois, et 4 francs de plus.

999. 1000. 420 boulets. 16°.

1001. Au deuxième, 54 fr. 75 c.; au quatrième, 47 fr. 75 c.; au septième, 37 fr. 25 c.; au onzième, 23 fr. 25 c.

1002. Le premier $=3$, et la raison $=1\frac{1}{2}$.

1003. 17 jours; A a fait 154 lieues, et B 136.

1004. 10 ans.

1005. x et y étant le premier terme et le produit des extrêmes, on aura les deux équations

$$x^2+3dx=y^2,$$

$$y^2+3d^2y=a;$$

d'où l'on obtient pour x les quatre valeurs

$$x = -\frac{3d}{2} \pm \sqrt{\frac{5d^2}{4} + \sqrt{a + d^4}},$$

$$x = -\frac{3d}{2} \pm \sqrt{\frac{5d^2}{4} - \sqrt{a + d^4}}.$$

1006. x étant le premier terme et y le produit des extrêmes, on aura les équations

$$x^2 + 5dx = y,$$

et

$$y^3 + 10d^2y^2 + 24d^4x = a.$$

Le problème général, déterminer une progression par différence de $2m$ termes, dont la raison d et le produit b de tous les termes sont donnés, conduit toujours à deux équations, l'une du deuxième degré, l'autre du $m^{ième}$.

PROGRESSION PAR QUOTIENT.

Les mêmes lettres désignant les mêmes quantités que dans les progressions par différence, à l'exception de q, qui exprime la raison.

Les formules générales des progressions par quotient sont

$$l = aq^{n-1}, \quad s = \frac{ql - a}{q - 1},$$

et par suite de l'élimination de l entre les deux formules

$$q > 1, \quad s = \frac{a(q^n - 1)}{q - 1},$$

$$q < 1, \quad s = \frac{a(1 - q^n)}{1 - q},$$

d'où la limite $$L = \frac{a}{1 - q}.$$

1007. $l = 327680, \quad s = 436905.$

1008. 1009. $l = 106\frac{403}{512}, \quad s = 307\frac{441}{512}. \quad l = 64.$

1010. $q = \sqrt[n-1]{\frac{l}{a}}, \quad s = \frac{\sqrt[n-1]{l^n} - \sqrt[n-1]{a^n}}{\sqrt[n-1]{l} - \sqrt[n-1]{a}}.$

1011. 1012. $L = 70. \qquad L = 27.$

1013. 8857 fr. 35 c. et 13286 francs.

1014. 42949672 fr. 95 c.

1015. 18446744073709551615.

Toute la terre pourrait à peine en 70 ans produire cette quantité de blé.

1016. 1017. 1018. 400 pour 100. $\frac{1}{10}$. 1,105....

1019. 1,0935 la raison, 881,62 la somme, 27,351 le 20e terme.

1020. $2\frac{1}{2}$, 5, 10, 20, 40, 80, 160.

1021. A, B, C, D, E étant les 5 termes de la progression cherchée, on déterminera d'abord le terme du milieu

$$C=\frac{-b\pm\sqrt{b^2+4x^2}}{2};$$

et ensuite on aura

$$A=\frac{(a-\sqrt{a^2-4C^2})^2}{4C},\qquad B=\frac{(a-\sqrt{a^2-4C^2})^2}{2},$$

$$D=\frac{(a+\sqrt{a^2-4C^2})^2}{2},\qquad E=\frac{(a+\sqrt{a^2-4C^2})^2}{4C}.$$

1022. La raison sera

$$q=\frac{a}{b},$$

et le premier terme

$$\frac{b^3}{a^2+b^2}.$$

1023. La raison sera

$$q=\frac{a}{b},$$

et le premier terme

$$\frac{b^{2n-1}(a^2-b^2)}{a^{2n}-b^{2n}}.$$

1024. p le produit des moyens

$$=\frac{a}{2}\cdot\frac{5a\pm\sqrt{4ab+5b^2}}{5a-b}.$$

Connaissant a et p, on obtiendra les deux moyens

$$\frac{1}{2}\left[a-\sqrt{a^2-4p}\right],\qquad \frac{1}{2}\left[a+\sqrt{a^2-4p}\right],$$

par conséquent la raison, et enfin la progression cherchée.

1025. La raison sera

$$q=\frac{a^4+2ac-3b^2\pm\sqrt{12a(ac-b^2)(a^2-c)}}{a^4+3b^2-4ac},$$

et le premier terme

$$\frac{b(1+q)+a^2(1-q)}{2a}.$$

Connaissant la somme des termes d'une progression dont le premier terme et la raison sont connus, on pourra déterminer le nombre des termes et la progression elle-même.

1026. La raison sera

$$q=\frac{a^4b-b^3\pm 2a\sqrt{(c-a^2b)(b^3-a^2c)}}{b^3+a^4b-2a^2c},$$

et le premier terme

$$\frac{b(1+q)+a^2(1-q)}{2a}.$$

SOMMATION DES PUISSANCES SEMBLABLES D'UNE PROGRESSION PAR DIFFÉRENCE.

1027. En désignant cette somme par la notation $s_{(m)}$, on obtient

$$s_{(m)} = l^m + \frac{l^{m+1} - a^{m+1}}{(m+1)r} - \frac{mr}{2}\left(s_{(m-1)} - l^{m-1}\right)$$
$$- \frac{m(m-1)}{2.3} r^2 \left(s_{(m-2)} - l^{m-2}\right) - \text{etc.}$$

1028. $s_0 = n$,

$$s_1 = \frac{n(n+1)}{1.2},$$

$$s_2 = \frac{2n^3 + 3n^2 + n}{6} = \frac{n(n+1)(2n+1)}{1.2.3},$$

$$s_3 = \left(\frac{n(n+1)}{1.2}\right)^2,$$

$$s_4 = \frac{6n^5 + 15n^4 + 10n^3 - n}{30}.$$

1029. La $n^{ième}$ rangée,

$$\frac{n(n+1)}{1.2},$$

la pyramide totale $\frac{n(n+1)(n+2)}{1.2.3}$.

1030. $$\frac{n(n+1)(n+2) - (m-1)m(m+1)}{1.2.3}.$$

1031. $$\frac{n(n+1)(2n+1)}{1.2.3}.$$

1032. $$\frac{n(n+1)(2n+1) - (m-1)m(2m-1)}{1.2.3}.$$

1033. $$\frac{n(n+1)(3k+2n+1)}{1.2.3}.$$

Si l'on veut introduire dans la formule le deuxième côté du rectangle de la dernière rangée, on fera

$$k+n=m,$$

d'où $$k=m-n,$$

et la pile contiendra

$$\frac{n(n+1)(3m-n+1)}{1.2.3} \text{ boulets.}$$

1034. $$\frac{n(n+1)(3m-n+1)-(n'-1)n'(3m'-n'-1)}{1.2.3},$$

1035. $$\frac{n(n+1)(3k-2n-1)}{1.2.3};$$

et si l'on fait $$k-n=m,$$

$$\frac{n(n+1)(3m+n-1)}{1.2.3}.$$

1036. $$\frac{mn(n+1)}{1.2}.$$

1037. $$\frac{mn(n+1)}{1.2}-\frac{m'(n'-1)n'}{1.2}.$$

1038. Boulets de 24, 2184;
boulets de 36, 1108;
bombes, 385;
obus, 154.

FRACTIONS CONTINUES.

Pour convertir une fraction ordinaire en fraction continue, cherchez le plus grand commun diviseur entre les deux termes de la fraction : les quotients successifs seront les dénominateurs des fractions intégrantes, dont le numérateur est toujours l'unité.

Pour avoir les réduites successives d'une fraction continue, formez d'abord les deux premières réduites; puis, pour former la troisième, multipliez le numérateur de la dernière réduite formée, c'est-à-dire la seconde, par le quotient incomplet auquel vous vous arrêtez, et ajoutez au produit le numérateur de la réduite précédente : le résultat sera le numérateur de la réduite. Multipliez de même le dénominateur de la dernière réduite par le même quotient incomplet, et ajoutez au produit le dénominateur de la troisième réduite : le résultat sera le denominateur de la réduite.

Avec la deuxième et la troisième réduite, vous formerez de même la quatrième, et ainsi de suite, jusqu'à la dernière réduite, qui est toujours équivalente à la fraction ordinaire d'où provient la fraction continue sur laquelle on opère.

La valeur de la fraction ordinaire génératrice est toujours comprise entre deux réduites consécutives, plus petites ou plus grandes selon qu'elles sont de rang impair ou de rang pair.

La différence entre deux réduites consécutives est une fraction dont le numérateur est toujours égal à 1, et qui a pour dénominateur le produit des deux dénominateurs ; évidemment la différence entre la fraction génératrice et une réduite quelconque est plus petite que l'unité divisée par le carré du dénominateur de la réduite.

Sa propriété précédente fournit le moyen de déterminer sur-le-champ un couple de valeurs convenables d'une équation indéterminée du premier degré : ainsi, dans l'équation

$$27x - 19y = 45,$$

si l'on réduit $\frac{27}{19}$ en fraction continue, on trouvera

$$\frac{27}{19} = 1 + \cfrac{1}{2 + \cfrac{1}{2 + \cfrac{1}{1 + \cfrac{1}{2}}}},$$ et pour réduites $\frac{1}{1}, \frac{9}{2}, \frac{7}{4}, \frac{10}{7}, \frac{27}{19}$;

d'où l'on tire $$\frac{27}{19} - \frac{10}{7} = -\frac{1}{19.7},$$

et par suite

$$27.(-7.43) - 19(-10.43) = 43,$$

équation qui s'accorde avec la proposée si l'on a

$$\alpha = -7.43 = -301, \quad \beta = -10.43 = -430.$$

Les valeurs générales seront donc

$$x = -301 + 19t, \quad y = -430 + 27t.$$

Otant de 301 et de 430 les plus grands multiples de 19 et de 27, ces valeurs se réduisent à

$$x = 19t - 16, \quad y = 27t - 25,$$

comme on les a trouvées précédemment au n° **786**. (*Résolution des équations indéterminées du premier et du deuxième degré.*)

1039. $$\cfrac{1}{3+\cfrac{1}{22+\cfrac{1}{1+\cfrac{1}{4+\cfrac{1}{2}}}}}. \qquad \frac{1}{3},\ \frac{22}{67},\ \frac{23}{70},\ \frac{114}{347},\ \frac{251}{764}.$$

1040. $$\cfrac{1}{3+\cfrac{1}{7+\cfrac{1}{1+\cfrac{1}{2+\cfrac{1}{4+\cfrac{1}{5+\cfrac{1}{1+\cfrac{1}{2}}}}}}}}. \qquad \frac{1}{3},\ \frac{7}{22},\ \frac{8}{25},\ \frac{23}{72},\ \frac{100}{313},\ \frac{523}{1637},\ \frac{623}{1950},\ \frac{1769}{5537}.$$

1041. $$\cfrac{1}{20+\cfrac{1}{2+\cfrac{1}{7+\cfrac{1}{5+\cfrac{1}{2+\cfrac{1}{1+\cfrac{1}{3}}}}}}}. \qquad \frac{1}{20},\ \frac{2}{41},\ \frac{15}{307},\ \frac{77}{1576},\ \frac{169}{3459},\ \frac{246}{5035},\ \frac{907}{18564}.$$

1042. 1043. $\frac{351}{965}.$ $\frac{587}{1943}.$

1044. $\frac{1}{2},\ \frac{1}{3},\ \frac{3}{8},\ \frac{4}{11},\ \frac{31}{85},\ \frac{35}{96},\ \frac{66}{181},\ \frac{101}{277},\ \frac{268}{735},\ \frac{369}{1012},\ \frac{5065}{13891}.$

1045. $\frac{19}{81}.$

Réduire les radicaux en fractions continues.

Soit à réduire $\sqrt{40}$ en fraction continue :

Extrayant le plus grand carré contenu dans 40, on aura

$$\sqrt{40} = 6 + \frac{1}{x};$$

d'où $x = \dfrac{1}{\sqrt{40} - 6} = \dfrac{\sqrt{40} + 6}{40 - 36} = \dfrac{\sqrt{40} + 6}{4} = 3 + \dfrac{1}{y}.$

De
$$\frac{\sqrt{40} + 6}{4} = 3 + \frac{1}{y}.$$

on tire

$$y = \frac{4}{\sqrt{40} - 6} = \frac{4\sqrt{40} + 24}{4} = \sqrt{40} + 6 = 12 + \frac{1}{z}.$$

De
$$\sqrt{40} + 6 = 12 + \frac{1}{z}$$

on tire
$$z = \frac{1}{\sqrt{40} - 6} = x;$$

par conséquent

$$\sqrt{40} = 6 + \cfrac{1}{3 + \cfrac{1}{12 + \cfrac{1}{3 + \cfrac{1}{12 + \cdots + \text{etc.}}}}};$$

d'où l'on tire les réduites

$$\frac{6}{1}, \frac{19}{3}, \frac{234}{37}, \frac{719}{114}, \frac{8862}{1495}, \ldots, \text{etc.}$$

En réduisant un radical carré en fraction continue

on trouve toujours des quotients incomplets périodiques, comme on le voit dans l'exemple précédent.

Une particularité remarquable de ces quotients, c'est que, la réduite correspondante au quotient qui précède la fin de la période étant désignée par $\frac{p}{q}$, et $\sqrt{A}$ étant le radical donné, on a toujours

$$p^2 - Aq^2 = \pm 1,$$

selon que la réduite est de rang pair ou impair. Ainsi, dans l'exemple précédent, la réduite $\frac{19}{3}$, correspondante au quotient incomplet 3 qui précède la fin de la période 3,12, donne

$$(19)^2 - 40(3)^2 = 361 - 360 = 1.$$

Dans l'exemple du n° **1046** qui suit, on a de même

$$(127)^2 - 28(24)^2 = 16129 - 16128 = 1,$$

et dans celui du n° **1048**,

$$(182)^2 - 53(25)^2 = 33124 - 33125 = -1.$$

Étant donnée la fraction continue périodique

$$x = 2 + \cfrac{1}{3 + \cfrac{1}{5 + \cfrac{1}{3 + \cfrac{1}{5 + \cdots + \text{etc.}}}}}:$$

si l'on fait $$y = 3 + \cfrac{1}{5 + \cfrac{1}{3 + \cfrac{1}{5 + \cdots + \text{etc.}}}},$$

on aura en même temps

$$x=2+\frac{1}{y},\qquad x=3+\cfrac{1}{5+\cfrac{1}{y}},$$

d'où l'on tire $\quad xy=2y+1,\qquad y=\dfrac{16y+3}{5y+1};$

et éliminant y entre ces deux équations, on obtient

$$3x^2+3x-23=0.$$

1046. $\sqrt{28}=5+\cfrac{1}{3+\cfrac{1}{2+\cfrac{1}{3+\cfrac{1}{10+\cfrac{1}{3+\cfrac{1}{2+\cfrac{1}{3+\cfrac{1}{10+\text{etc.}}}}}}}}}$ $\quad\dfrac{1}{5},\ \dfrac{16}{3},\ \dfrac{37}{7},\ \dfrac{127}{24},\ \dfrac{1307}{247}$, etc.

$\qquad+$ etc.

1047.

$6+\left(\cfrac{1}{1+\cfrac{1}{1+\cfrac{1}{1+\cfrac{1}{2+\cfrac{1}{1+\cfrac{1}{1+\cfrac{1}{1+\cfrac{1}{12}}}}}}}}\right)+\ \vdots\ +\text{etc.}$ $\quad\dfrac{6}{1},\ \dfrac{7}{1},\ \dfrac{13}{2},\ \dfrac{20}{3},\ \dfrac{53}{8},\ \dfrac{73}{11},\ \dfrac{126}{19},\ \dfrac{199}{30},\ \dfrac{2514}{479}$, etc.

1048. $7+\left(\cfrac{1}{3+\cfrac{1}{1+\cfrac{1}{1+\cfrac{1}{3+\cfrac{1}{14}}}}}\right)+\cdots+\text{etc.}$ $\frac{7}{1}, \frac{22}{3}, \frac{29}{4}, \frac{51}{7}, \frac{182}{25}, \frac{2599}{357}$, etc.

1049. $27x^2-156x+223=0.$

1050. 1051. $x^2-ax-1=0.$ $bx^2-abx-a=0.$

1052. $d(x-a)^2-cd(x-a)[1-b(x-a)]$
$-c[1-b(x-a)]^2=0.$

LOGARITHMES.

1053. $\operatorname{Log} x = \log a + \frac{m}{n} \log c - \log b - \frac{1}{2} \log d.$

1054. $\operatorname{Log} y = \frac{1}{m} \log (a+b) + \frac{1}{m} \log (a-b).$

1055. $n = \frac{\log l - \log a}{\log q} + 1.$

1056. $n = 1 + \frac{\log l - \log a}{\log (s-a) - \log (s-l)}.$

1057. $\operatorname{Log} q = \frac{1}{n-1} (\log l - \log a).$

1058. 1059. 7,1601626. 7,0058135.

1060. 1061. 6,8509608. 8,7048888.

1062. 1063. 0,5580721. 5,3252023.

1064. 1065. 3,1307882. 4,5067320.

1066. 1067. 5,7177339. log 6,044254...

1068. 1069. log 10013,07... log 413602,7...

1070. 1071. log 1,701222... 2,485522.

1072. 1073. 0,959322. 26,06356.

1074. 1075. 11767,35. 31,71402.

1076. 1077. 1,295695. 2016,914.

1078. **1079.** 1,792020. 1,264848.

1080. **1081.** $x=\frac{\log c}{m\log a+n\log b}$. $x=11$.

1082. **1083.** $x=9,586839\ldots$ $x=-13,701172\ldots$

1084. **1085.** $x=0,309928$ $x=11,040270$.

1086. **1087.** $x=0,759965$. $x=\frac{nc}{an+b}$, $y=\frac{c}{an+b}$.

1088. **1089.** $x=\sqrt[4]{nk^3}$, $y=\sqrt[4]{\frac{k^3}{n}}$. $x=\frac{\sqrt{a}}{\sqrt[4]{b}}$.

1090. $y=a^m e^{-nx}$,

e étant la base du système logarithmique.

1091. $x=a^m b^n e^{az-r}$.

1092. $x=u^r e^{c-b}-a$.

1093. $a^{mx+f}b^{nx+g}=c^{px+h}d^{qx+k}$.

INTÉRÊTS COMPOSÉS ET ANNUITÉS.

1094. A étant la somme demandée, formée du capital primitif et des intérêts des intérêts,

$$A = a(1+r)^n.$$

1095. 24005 fr. 10 c. environ.

1096. 1097. 34050 fr. 84 c. 66065,808.

1098. Environ 14489276 âmes.

1099. 21673 fr. 32 c. environ.

1100. Environ 16 ans.

1101. $\operatorname{Log} x = \dfrac{\log a' + n \log(1+r') - \log a}{\log(1+r)}.$

1102. 4221 francs environ.

1103. $\operatorname{Log} a = \log a' + n' \log(1+r') - n \log(1+r).$

1104. $\operatorname{Log}(1+r) = \dfrac{\log a' + n' \log(1+r') - \log n}{n}.$

1105. 11696 francs environ.

1106. 2 fr. 47 c. environ pour six mois,
1 23 environ pour trois mois.

1107. $x = \sqrt[p]{(1+r)} - 1.$

1108. De 17 à 18 ans pour le double,

de 28 à 29 ans pour le triple,

et $\frac{\log m}{\log(1+r)}$ en général.

1109. 10 pour 100.

1110. $\operatorname{Log}(1+r)=\frac{\log A-\log a}{n}$.

1111. 1112. 2963 fr. 66 c. environ. $\frac{a}{(1+r)^n}$.

1113. 1114. 14882 Dans 78 ans environ.

1115. $a(1+r)^n \pm \frac{b[(1+r)^n-1]}{r}$.

1116. 1117. 16062 fr. 29 c. 3113 francs environ.

1118. 31593 francs environ.

1119. 38009 fr. 41 c.

1120. Dans 37 ans environ.

1121. $n=\frac{\log(a'r\pm b)-\log(ar\pm b)}{\log(1+r)}$.

1122. $n=\frac{\log b-\log(b-ar)}{\log(1+r)}$.

1123. 1124. $x=\frac{[(1+r)^n-1]k}{r(1+r)^n}$. 2664 fr. 29 c.

1125. 1126. 2356 fr. 46 c. $k=\frac{r(1+r)^n v}{(1+r)-1}$.

1127. 201 francs environ.

1128. 2003 francs environ.

1129. A 30 ans environ.

1130. $\log n = \frac{\log k - \log(k - rv)}{\log(1+r)}$.

1131. $k' = \frac{[(1+r)^n - 1](1+r)^{n'-n}}{(1+r)^{n'} - 1}$.

1132. $k' = \frac{[(1+r)^n - 1](1+r)^{n'-n+m}}{(1+r)^{n'} - 1}$.

1133. $\frac{k[q^n - (1+r)^n]}{[q - (1+r)](1+r)^n}$.

1134. $\frac{1}{r}\left[(1+r)v - \frac{nk}{(1+r)^n}\right]$,

k désignant la rente de la première année, et v la valeur de l'annuité k pendant n années, en supposant l'annuité constante.

RÉSOLUTION DES ÉQUATIONS NUMÉRIQUES DES DEGRÉS SUPÉRIEURS.

Nous allons exposer les résultats principaux de la théorie générale.

Soit $F(x)=0$ une équation du degré m, de la forme

$$ax^m+bx^{m-1}+cx^{m-2}\ldots+sx^2+tx+u=0. \quad [1]$$

On peut la ramener à la forme

$$y^m+Py^{m-1}+Qy^{m-2}\ldots+Ty+U=0 \quad [2]$$

par la substitution de $\frac{y}{a}$ à la place de x, ce qui se fait en multipliant chacun des termes de $F(x)=0$ par les puissances croissantes de a, c'est-à-dire a^0, a^1, a^2, $a^3\ldots$, a^m, et changeant x en y. Les racines de l'équation transformée sont égales aux racines de la proposée multipliées par a.

La même règle sert à faire disparaître les dénominateurs de l'équation sans introduire un coefficient dans le premier terme.

Pour faire disparaître le deuxième terme de l'équation [2], il faut substituer $y-\frac{P}{m}$ à y, ce qui se fait à l'aide des dérivées.

1re dérivée. $F'(y)=my^{m-1}+(m-1)Py^{m-2}+(m-2)Qy^{m-3}+\ldots+s,$

2e dérivée. $F''(y)=m(m-1)y^{m-2}+(m-1)(m-2)Py^{m-3}+(m-2)(m-3)Qy^{m-4}+\ldots$

et ainsi de suite.

Chaque dérivée se forme terme à terme de la précédente, et la première de l'équation proposée, en multipliant le coefficient par l'exposant, et diminuant l'exposant d'une unité.

La substitution de $y+h$ à la place de x dans l'équation [1] donne

$$F(y)+\frac{F'(y)}{1}h+\frac{F''(y)}{1.2}h^2+\frac{F'''(y)}{1.2.3}h^3+\ldots h^m=0,$$

ou bien

$$F(h)+\frac{F'(h)}{1}y+\frac{F''(h)}{1.2}y^2+\frac{F'''(h)}{1.2.3}y^3+\ldots y^m=0,$$

$$F(y),\ F'(y),\ F''(y)\ldots F(h),\ F'(h),\ F''(h)\ldots$$

désignant ce que deviennent

$$F(x),\ F'(x),\ F''(x)\ldots,$$

quand on y change x en y ou en h.

Si r est une racine de l'équation $F(x)=0$, de la forme

$$ax^m+bx^{m-1}+cx^{m-2}+dx^{m-3}+\ldots+sx^2+tx+u=0,$$

le premier membre est divisible par $x-r$, et le quotient

$$a'x^{m-1}+b'x^{m-2}+c'x^{m-3}+\ldots+s'x^2+t'x+u'=0$$

peut s'obtenir immédiatement à l'aide des relations suivantes :

$$a'=a,\ b'=a'r+b,\ c'=b'r+c,\ d'=c'r+d,\ \text{etc.};$$

si

$$a=1,$$

on a

$$a' = 1, \ b' = r + b, \ c' = b'r + c, \ d' = c'r + d, \text{ etc.},$$

chaque terme se formant successivement du précédent.

Racines commensurables.

Pour que r soit racine de $F(x) = 0$, il faut qu'il soit diviseur du dernier terme; qu'il divise exactement la somme qu'on obtient en ajoutant le quotient avec le coefficient du terme en x; qu'il divise exactement la somme du nouveau quotient ajouté au coefficient du terme en x^2, et ainsi de suite, jusqu'à ce qu'on arrive à ajouter le coefficient du premier terme de l'équation avec le dernier quotient, ce qui devra donner une somme égale à zéro.

On essayera donc tous les diviseurs du dernier terme en ne prenant que les nombres compris entre les limites supérieures et inférieures des racines de l'équation.

Limites. — La limite supérieure des racines positives est $L = S + 1$, S désignant le plus grand coefficient négatif. On a encore une limite plus rapprochée en prenant

$$L = \sqrt[n]{S} + 1,$$

n désignant la différence entre le degré de l'équation et le degré du premier terme négatif.

La limite inférieure est $l = \frac{U}{U + R}$, R désignant le plus grand coefficient de signe contraire au dernier terme U.

Connaissant une racine commensurable r, divisez le premier membre de l'équation par $x-r$ autant de fois qu'il sera possible, et répétez la même opération pour toute autre racine commensurable r', r''....

Mais on peut obtenir les racines égales en cherchant le plus grand commun diviseur D entre $F(x)=0$ et $F'(x)=0$; le premier membre de $D=0$ est le produit des facteurs égaux de $F(x)$, pris chacun une fois de moins ; $\frac{F(x)}{D}=0$ ne contiendra plus que des racines inégales.

Racines incommensurables.

Méthode de Newton. — Soit α une racine approchée à $\frac{1}{10}$ près : faites $x=\alpha$ dans $\frac{F(x)}{F'(x)}$, et poussez l'approximation à $\frac{1}{100}$ près ; soit β cette valeur, substituez β à x dans $\frac{F(x)}{F'(x)}$, et poussez l'approximation à $\frac{1}{(100)^2}$ près, et ainsi de suite. Cette méthode n'est pas toujours certaine.

Méthode de Lagrange. — Changez $F(x)=0$ en une autre $f(x)=0$, dans laquelle les racines diffèrent entre elles de plus d'une unité. Soit α la partie entière d'une racine réelle et positive, faites $x=\alpha+\frac{1}{y}$ dans $f(x)=0$, il viendra $f(y)=0$, qui n'aura qu'une racine réelle et positive >1.

Substituez à y les nombres 1, 2, 3..., jusqu'à ce que vous parveniez à deux résultats de signes contraires, et soit β le plus petit des nombres ; faites $y=\beta+\frac{1}{z}$, et substituez dans $f(y)=0$; il viendra $f(z)=0$, qui donnera à son tour $z=\gamma+\frac{1}{u}$, d'où $f(u)=0$, qui donnera pareillement $u=\delta+\frac{1}{t}$, et ainsi de suite; de sorte que

$$x=\alpha+\cfrac{1}{\beta+\cfrac{1}{\gamma+\cfrac{1}{\delta+\cdots+\text{etc.}}}}$$

Racines imaginaires.

Elles sont toujours en nombre pair et de la forme $a\pm b\sqrt{-1}$. Faites dans $F(x)=0$, débarrassée de ses racines commensurables, $x=y+z\sqrt{-1}$, ce qui donnera $f(y,z)+f'(y,z)\sqrt{-1}=0$; d'où $f(y,z)=0$, $f'(y,z)=0$; et l'élimination entre ces deux équations fera connaître les couples de valeurs de x.

Théorème de Descartes. — Une équation complète ou incomplète ne peut avoir plus de racines positives que de variations. Une équation complète ne peut avoir plus de racines négatives que de permanences.

Par conséquent, pour qu'une équation n'ait que des racines réelles, il faut que l'équation aux carrés des différences n'ait que des variations.

Méthode de Sturm. — Étant donnée $F(x)=0$, débarrassée de ses racines égales, divisez $F(x)$ par $F'(x)$, et soit R_1 le reste de la division après qu'on a changé les signes de tous les termes de ce reste; divisez $F'(x)$ par R_1, et soit R_2 le reste après changement des signes; divisez encore R_1 par R_2, et ainsi de suite jusqu'à ce que vous obteniez un reste numérique R_n, dont vous changerez aussi le signe : alors vous aurez la suite $F(x)$, $F'(x)$, R_1, R_2, R_3,... R_n.

Pour savoir combien il y a de racines comprises entre deux limites données α et β, $\alpha < \beta$, substituez α dans la suite précédente, et écrivez par ordre, sur une même ligne, les signes de tous les résultats; puis comptez le nombre de variations contenues dans cette suite de signes.

Substituez de même β, écrivez les signes des résultats, et comptez les variations de cette seconde suite de signes : autant elle aura de variations de moins que la première, autant $F(x)=0$ aura de racines réelles comprises entre α et β.

Si α et β représentent les limites des racines, vous connaîtrez le nombre de racines réelles de l'équation.

Équations réciproques.

Toute équation de degré impair dont les termes à égale distance des extrêmes ont des coefficients égaux et de même signe ou de signe contraire est réciproque, et son premier membre est divisible par $x-1$ ou $x+1$.

Toute équation de degré pair dont les coefficients à égale distance des extrêmes sont égaux et de même signe, si le terme du milieu ne manque pas, et, si ce terme du milieu manque, sont égaux et de même signe ou de signe contraire, est réciproque, et son premier membre est divisible par x^2-1; alors faites

$$x+\frac{1}{x}=z,$$

dans $F(x) = 0$ de la forme

$$x^{2m} + Px^{2m-1} + Qx^{2m-2} \ldots + \text{etc.} = 0,$$

vous aurez en même temps

$$x^2 + \frac{1}{x^2} = z^2 - 2, \quad x^3 + \frac{1}{x^3} = z^3 - 3z,$$

$$x^4 + \frac{1}{x^4} = z^4 - 4z^2 + 2, \quad x^5 + \frac{1}{x^5} = z^5 - 5z^3 + 5z \ldots,$$

et l'équation résultante $f(z) = 0$ sera réduite au degré m.

Équations binomes.

$$x^m \pm A = 0.$$

Les racines dépendent de celles de l'équation

$$y^m \pm A = 0,$$

qu'on appelle les racines de l'unité :

$$1, \alpha, \alpha^2, \alpha^3 \ldots, \alpha^{m-1}.$$

Fonctions symétriques des racines des équations.

$a, b, c, d, \ldots$ étant les racines de l'équation $F(x) = 0$, de la forme

$$x^m + Px^{m-1} + Qx^{m-2} + Rx^{m-3} + \ldots + Tx + U = 0,$$

si

$$S_1 = a + b + c + d \ldots$$
$$S_2 = a^2 + b^2 + c^2 + d^2 \ldots$$
$$S_3 = a^3 + b^3 + c^3 + d^3 \ldots$$
$$\ldots\ldots\ldots\ldots\ldots\ldots$$

on aura

$$S_1+P=0,$$
$$S_2+PS_1+2Q=0,$$
$$S_3+PS_2+QS_1+3R=0,$$
$$\ldots\ldots\ldots\ldots\ldots\ldots$$
$$S_{(m-1)}+PS_{(m-2)}+QS_{(m-3)}+\ldots+(m-1)T=0,$$
$$S_m+PS_{(m-1)}+QS_{(m-2)}+\ldots+TS_1+US_0=0,$$
$$S_{(m+1)}+PS_m+QS_{(m-1)}+\ldots+TS_2+US_1=0.$$
$$\ldots\ldots\ldots\ldots\ldots\ldots\ldots\ldots\ldots\ldots$$
$$S_{(m+n)}+PS_{(m+n-1)}+QS_{(m+n-2)}\ldots+TS_{(n+1)}+US_n=0.$$

Si
$$S_\alpha=a^\alpha+b^\alpha+c^\alpha\ldots.$$
$$S_\beta=a^\beta+b^\beta+c^\beta\ldots.$$
$$S_\gamma=a^\gamma+b^\gamma+c^\gamma\ldots.$$
$$\ldots\ldots\ldots\ldots\ldots$$

on a
$$S(a^\alpha b^\beta)=S_\alpha S_\beta-S_{(\alpha+\beta)},$$
$$S(a^\alpha b^\beta c^\gamma)=S_\alpha S_\beta S_\gamma-S_{(\alpha+\beta)}S_\gamma-S_{(\alpha+\beta)}S_\beta-S_{(\beta+\gamma)}S_\alpha+2S_{(\alpha+\beta+\gamma)}.$$

Équations du troisième degré.

Soit $x^3+px+q=0$ une équation du troisième degré débarrassée de son second terme.

Si l'on fait $x=a+b$, les valeurs de a^3 et de b^3 seront les racines de l'équation

$$t^2+qt-\frac{p^3}{27}=0,$$

qu'on appelle la *réduite* de l'équation proposée, et qui donne

$$t=-\frac{q}{2}\pm\sqrt{\frac{q^2}{4}+\frac{p^3}{27}}.$$

Si l'on fait

$$A=\sqrt[3]{-\frac{q}{2}+\sqrt{\frac{q^2}{4}+\frac{p^3}{27}}},$$

$$B=\sqrt[3]{-\frac{q}{2}-\sqrt{\frac{q^2}{4}+\frac{p^3}{27}}},$$

les trois valeurs de x seront

$$x_1=A+B,$$

$$x_2=-\frac{A+B}{2}+\frac{A-B}{2}\sqrt{-3},$$

$$x_3=-\frac{A+B}{2}-\frac{A-B}{2}\sqrt{-3},$$

A et B représentant des valeurs dont le produit soit $-p$.

Équations du quatrième degré.

Soit $x^4+px^2+qx+r=0$ une équation du quatrième degré débarrassée de son second terme.

Si l'on fait $x=a+b+c$, les valeurs de a^2, b^2, c^2, seront les racines de l'équation

$$t^3+\frac{p}{2}t^2+\frac{p^2-4r}{16}t-\frac{q^2}{64}=0,$$

qu'on appelle la réduite de l'équation proposée; et si l'on désigne par t', t'', t''' les racines de cette équation, les quatre valeurs de l'équation proposée seront

$$x_1=\sqrt{t'}+\sqrt{t''}-\sqrt{t'''},\qquad x_2=\sqrt{t'}-\sqrt{t''}+\sqrt{t'''},$$

$$x_3=-\sqrt{t'}+\sqrt{t''}+\sqrt{t'''},\qquad x_4=-\sqrt{t'}-\sqrt{t''}-\sqrt{t'''},$$

en prenant pour

$$\sqrt{t'},\ \sqrt{t''},\ \sqrt{t'''},$$

trois déterminations (à cause du double signe $\pm$ qui les précède) dont le produit soit de même signe que q.

1135. 1136. $x=2,\ x=3,\ x=4.\ x=-1, 2, 7.$

1137. 1138. $x=-3,\ -5,\ 8.\qquad x=1, 2, 3, 4.$

1139. $x=-3,\ -5,\ -8,\ -13.$

1140. 1141. $x=\frac{1}{2},\ \frac{5}{4},\ -6\qquad x=1,\ \frac{5}{3},\ 2.$

1142. $x=\frac{1}{5},\ -\frac{3}{10},\ -\frac{3}{2}.$

1143. $x=\frac{2}{3},\ \frac{21}{5},\ -9.$

1144. $x=\frac{1}{2},\ \frac{1}{4}\ 1,3.$

1145. $x=\frac{1}{2},\ \frac{3}{4},\ \frac{15}{8},\ 2.$

1146. $x=14,\ +\sqrt{5},\ -\sqrt{5}.$

1147. $x=5,\ 4+\sqrt{7},\ 4-\sqrt{7}.$

1148. $x=8,\ \frac{5+\sqrt{33}}{2},\ \frac{5-\sqrt{33}}{2},$

1149. $x=4,\ 1+\sqrt{-10},\ 1-\sqrt{-10}.$

1150. $x=-\frac{3}{2},\ \frac{1-\sqrt{-251}}{6},\ \frac{1+\sqrt{-251}}{6}.$

1151. $x=1,\ 3,\ \frac{-5+\sqrt{53}}{2},\ \frac{-5-\sqrt{53}}{2}.$

1152. $x=3,\ 3,\ -3,\ \sqrt{-1},\ -\sqrt{-1}.$

1153. $x = \frac{3}{2},\ \pm\sqrt{3+\sqrt{22}},\ \pm\sqrt{3-\sqrt{22}}.$

1154. $x = -1,\ 2,\ 2,\ 3,\ 3,\ 3.$

1155. $x = 2,\ \frac{1}{2},\ 3,\ \frac{1}{3},\ 5.$

1156. $$x = 1 + \cfrac{1}{3 + \cfrac{1}{1 + \cfrac{1}{5 + \cfrac{1}{1 + \cfrac{1}{1 + \dots + \text{etc.}}}}}} = 1{,}25992\dots$$

1157. $$x = 1 + \cfrac{1}{35 + \cfrac{1}{1 + \cfrac{1}{1 + \dots + \text{etc.}}}} = 1{,}02803\dots$$

1158. $$x = 5 + \cfrac{1}{1 + \cfrac{1}{7 + \cfrac{1}{3 + \cfrac{1}{2 + \cfrac{1}{3 + \cfrac{1}{1 + \dots + \text{etc.}}}}}}} = 5{,}879385\dots$$

1159. $$x = 3 + \cfrac{1}{3 + \cfrac{1}{4 + \cfrac{1}{5 + \cfrac{1}{3 + \dots + \text{etc.}}}}} = 3{,}36216\dots$$

1160. $x=4+\cfrac{1}{3+\cfrac{1}{3+\cfrac{1}{4+\cfrac{1}{3+\dots+\text{etc.}}}}}=4,30213\ldots$

1161. 1162. $x=2,125\ldots \quad x=3,975\ldots$

1163. $x=3,\ -3,\ 1,\ -1,\ \sqrt{6},\ -\sqrt{6},\ 1,\ -1,$

$y=2,\ -2,\ \frac{2}{3},\ -\frac{2}{3},\ \sqrt{6},\ -\sqrt{6},\ 1,\ -1;$

$x=\ \sqrt{-6},\ -\sqrt{-6},\quad 1,\ -1.$

$y=-\sqrt{-6},\quad \sqrt{-6},\ -1,\quad 1.$

1164. Équations finales :

$$y(y-2)^2(y^2-1)(y-3)=0,$$
$$x^2(x^2-1)(x+3)(x+2)=0.$$

1165. Équations finales :

$$(x-1)^2(4x^2-1)(x-2)=0,$$
$$(4y^2-25)(y+2)(y+3)(y+5)=0.$$

1166. $x=\pm 3,\ \pm 1,\ \pm\sqrt{6},\ \pm\sqrt{-6},\ \pm 1,\ \pm 1,$

$y=\pm 2,\ \pm\frac{2}{3},\ \pm\sqrt{6},\ \pm\sqrt{-6},\quad 1,\ -1.$

1167. $x=3,\ 5,\ 5,\ 7.$

$y=1,\ 2,\ 3,\ 4.$

1168. L'équation finale en y sera

$$(PR'-P'R)^2+(QP'-PQ')(QR'-RQ')=0.$$

1169.

$$(P'S-PS')^3+[2(P'Q-PQ')(RS'-R'S)+(P'R-PR')(QS'-Q'S)](P'S-PS')-(P'Q-PQ')(RS'-R'S)(QR'-Q'R)-(P'R-PR')^2(RS'-R'S)+(P'Q-PQ')(QS'-Q'S)^2=0.$$

1170. Comme exemples d'élimination, nous rappellerons les problèmes suivants, qui se présentent fréquemment dans la théorie générale des équations.

PROBLÈME. — Former une équation qui ait pour racines les sommes deux à deux des racines d'une équation donnée d'un degré quelconque.

$F(x)=0$ étant l'équation donnée d'un degré m, soient x' et x'' deux racines de cette équation et y la racine correspondante de l'équation demandée.

On aura pour former cette équation les trois équations

$$F(x')=0 \,[1], \quad F(x'')=0 \,[2], \quad x'+x''=y \,[3].$$

De l'équation [3] on tire $x'=y-x''$; et, substituant cette valeur dans [1], on n'aura qu'à éliminer x'' entre les équations

$$F(x'')=0, \qquad F(y-x'')=0,$$

ou, ce qui revient au même, à éliminer x entre

$$F(x)=0. \text{ et } F(y-x)=0.$$

On peut déterminer *a priori* le degré de l'équation finale. En effet, cette équation aura autant de racines que l'on peut faire d'arrangements avec répétition entre m choses prises 2 à 2; le degré sera donc m^2.

Mais il est aussi facile de voir qu'on pourra abaisser

le degré de l'équation, si l'on observe qu'elle devra renfermer les racines

$$x'+x',\ x''+x'',\ \text{etc.,}\quad \text{ou}\quad 2x',\ 2x'',\ \text{etc.};$$

c'est-à-dire qu'elle aura toutes les racines doubles de la proposée. Or il est facile de former une équation qui ait pour racines les doubles racines d'une équation donnée. Il suffit de changer, dans celle-ci, x en $\frac{x}{2}$. Formant donc cette équation aux racines doubles, et divisant par celle-ci l'équation finale obtenue par l'élimination, le quotient égalé à zéro, du degré m^2-m ou $m(m-1)$, n'aura plus pour racines que les sommes différentes de la proposée.

Mais on peut encore abaisser le degré de cette équation, si l'on observe qu'elle aura nécessairement pour racines $x'+x''$ et $x''+x'$, etc., c'est-à-dire que les racines seront égales deux à deux. Le premier membre sera donc un carré parfait ; et, extrayant la racine carrée, on obtiendra pour véritable équation finale une équation du degré $\frac{m(m-1)}{2}$.

Afin de supprimer dès le commencement du calcul les racines doubles de la proposée, au lieu d'éliminer x entre

$$F(x)=0\quad \text{et}\quad F(y-x)=0,$$

on éliminera entre

$$F(x)=0\quad \text{et}\quad F(y-x)-F(x)=0.$$

En effet, cette dernière équation est satisfaite évidemment par $y=2x$; par conséquent son premier membre est divisible par $y-2x$. Effectuant cette division, on obtiendra l'équation du degré $m(m-1)$

qui ne contiendra plus les m racines doubles de la proposée.

Si dans l'équation finale on change y en $2y$, l'équation transformée sera l'équation aux moyennes arithmétiques des racines deux à deux de la proposée.

PROBLÈME. — Former une équation qui ait pour racines les différences deux à deux des racines d'une équation donnée.

Soient x', x'' deux racines quelconques de l'équation donnée, du degré m, $F(x)=0$.

On aura à éliminer x', x'', entre les trois équations

$$F(x')=0\ [1],\quad F(x'')=0\ [2],\quad x'-x''=y\ [3];$$

Substituant dans [1] la valeur de x' tirée de [3], on n'aura plus qu'à éliminer x'' entre

$$F(x'')=0,\quad F(x''+y)=0,$$

ou, ce qui revient au même, à éliminer x entre

$$F(x'')=0,\quad F(x''+y)=0.$$

Si l'on avait tiré de [3] la valeur de x'' pour la substituer dans [2], on aurait eu à éliminer x' entre

$$F(x')=0 \quad \text{et} \quad F(x'-y)=0,$$

ou, ce qui revient au même, à éliminer x entre

$$F(x)=0 \quad \text{et} \quad F(x-y)=0.$$

D'où l'on voit que, pour former l'équation aux différences, on peut substituer à x indifféremment $x+y$ ou $x-y$, et éliminer x entre l'équation proposée et l'équation résultant de cette substitution. Ce qui prouve que l'équation aux différences ne change pas quand on y change y en $-y$, et que par conséquent elle ne contient que des puissances paires ou que des puissances impaires de y. Il était du reste facile de prévoir ce résultat. En effet, l'équation finale doit avoir pour racines

$$x'-x'' \quad \text{et} \quad x''-x' \quad \text{ou} \quad -(x'-x''),$$

et ainsi des autres.

Du reste, le degré de l'équation finale sera généralement du degré m^2, c'est-à-dire égal au nombre d'arrangements avec répétition que l'on peut faire avec m choses prises 2 à 2. Mais comme elle doit avoir pour racines $x'-x'$, $x''-x''$, etc., on voit qu'elle aura m racines nulles. On pourra donc y supprimer le facteur y^m, ce qui réduira le degré à m^2-m ou $m(m-1)$.

Mais après la suppression de ce facteur, l'équation ne contient plus que des puissances paires de y; et par conséquent si l'on y fait $y^2=z$, on obtiendra une équation du degré $\frac{m(m-1)}{2}$, dont les racines seront les carrés des différences des racines de la proposée, et que l'on nomme l'équation aux carrés des différences*.

* Soit l'équation

$$x^m+Px^{m-1}+Qx^{m-2}+Rx^{m-3}+\ldots=0,$$

Représentant l'équation aux carrés des différences de ses racines a, b, c, d...., par

$$z^n+pz^{n-1}+qz^{n-2}+rz^{n-3}+\ldots=0,$$

dans laquelle $\qquad n=\frac{m(m-1)}{2},$

les racines de cette équation seront $(a-b)^2$, $(a-c)^2$, $(b-c)^2$...., et si l'on désigne par s_1, s_2, s_3.... les sommes des puissances semblables de ces racines, on aura $s_1+p=0$, $s_2+ps_1+2q=0$, $s_3+ps_2+qs_1+3r=0$, et ainsi de suite; relations qui détermineront p, q, r...., lorsque s_1, s_2, s_3.... seront connues.

Désignons par S_1, S_2, S_3,... les sommes des puissances semblables

On peut, dès le commencement du calcul, suppri-

des racines de la proposée : ces quantités seront déterminées en fonction de ses coefficients à l'aide des relations

$$S_1+P=0,\ S_2+PS_1+2Q=0,\ S_3+PS_2+QS_1+3R=0,\ldots$$

Or on peut déterminer s_1, s_2, $s_3\ldots$ en fonction de S_1, S_2, $S_3\ldots$ au moyen de la relation générale qui suit :

$$s_k=S_{2k}-\frac{2k}{1}S_1S_{(2k-1)}+\frac{2k(2k-1)}{1.2}S_2S_{(2k-1)}\ldots$$
$$\pm\frac{1}{2}\frac{2k(2k-1)(2k-2)\ldots(k+1)}{1.2.3\ldots k}S_kS_k;$$

d'où l'on tire $s_1=mS_2-2\dfrac{(S_1)^2}{2}$,

$$s_2=mS_4-4S_1S_3+6\frac{(S_2)^2}{2},$$
$$s_3=mS_6-6S_1S_5+15S_2S_4-20\frac{(S_3)^2}{2}.$$

. . . .

Application de ces formules aux équations des troisième et quatrième degrés.

1° $x^2+Px+Q=0$:

Équation aux carrés des différences $z+p=0$.

$$p=-(P^2-4Q).$$

2° $x^3+Px^2+Qx+R=0$

Équation aux carrés des différences $z^3+pz^2+qz+r=0$.

$$p=-2(P^2-3Q)^2,$$
$$q=(P^2-2Q)^2,$$
$$r=\frac{(PQ-3R)^2-4(P^2-3Q)(Q^2-3PR)}{3}.$$

3° $x^4+Qx^2+Rx+S=0$, équation du quatrième degré débarrassée de son second terme.

Équation aux carrés des différences $z^6+pz^5+qz^4+r^3+sz^2+tz+u=0$.

$$p=8Q,$$
$$q=22Q^2+8S,$$
$$r=18Q^3-16QS-26R^2,$$
$$s=17Q^4-24Q^2S-7.16S^2+3.16QR^2,$$
$$t=4Q^5-2.27Q^2R^2-8.27R^2S+3.4^3QS^2-2.4^2Q^3S,$$
$$u=4^4S^3-2^3.4^2Q^2S^2+4^2.3^2R^2QS+4Q^4S-4Q^3R^2-3^3R^4.$$

mer les m racines nulles, en éliminant x entre les équations

$$F(x)=0 \quad \text{et} \quad F(x+y)-F(x)=0.$$

En effet, cette dernière équation est évidemment satisfaite par $y=0$, c'est-à-dire qu'elle contient le facteur commun y, que l'on pourra supprimer.

Ce que l'on peut faire voir d'une autre manière en rappelant que, si l'on désigne par

$$F'(x), \quad F''(x), \quad F'''(x), \text{ etc.},$$

les dérivées successives de $F(x)$, la fonction $F(x+y)$ se développe de la manière suivante :

$$F(x)+\frac{F'(x)}{1}y+\frac{F''(x)}{1.2}y^2+\frac{F'''(x)}{1.2.3}y^3+\ldots.$$

et si l'on retranche le premier terme, on aura une équation qui contiendra y en facteur commun.

Problème. — Former l'équation qui ait pour racines les produits deux à deux des racines d'une équation donnée.

x' et x'' étant deux racines quelconques de l'équation proposée, du degré m, $F(x)=0$, on aura à éliminer x' et x'' entre les équations

$$F(x')=0\,[1], \quad F(x'')=0\,[2], \quad x'x''=y\,[3];$$

de [3] on tire $\qquad x'=\dfrac{y}{x''},$

on aura donc à éliminer x'' entre

$$F(x'')=0 \quad \text{et} \quad F\left(\frac{y}{x''}\right)=0,$$

ou x entre

$$F(x)=0 \quad \text{et} \quad F\left(\frac{y}{x}\right)=0.$$

L'équation finale sera encore du degré m^2, et parmi ses racines il y en aura m qui seront les carrés des racines de la proposée. On pourra supprimer ces m racines en prenant l'équation aux carrés des racines de la proposée, ce qui se fera en substituant $\sqrt{x}$ à x dans celle-ci, et divisant le premier membre de l'équation finale par le premier membre de l'équation transformée.

De plus, le quotient du degré $m(m-1)$ que l'on obtiendra sera un carré parfait, car l'équation finale, après la suppression des m racines, ne doit plus contenir que des racines telles que $x'x''$ et $x''x'$, etc., c'est-à-dire des racines égales deux à deux. On pourra donc extraire la racine carrée de ce quotient, ce qui abaissera le degré de la véritable équation finale au degré $\frac{m(m-1)}{2}$.

On supprimera, dès le commencement du calcul, les carrés des racines de la proposée en prenant pour équations d'élimination

$$F(x)=0 \quad \text{et} \quad F\left(\frac{y}{x}\right)-F(x)=0,$$

dont la deuxième est évidemment satisfaite par $y=x^2$, et par conséquent sera divisible par $y-x^2$.

Pour avoir l'équation aux moyennes proportionnelles deux à deux des racines de la proposée, il suffit de faire dans l'équation finale $y=z^2$.

Problème. — Former l'équation qui ait pour racines les rapports entre les racines d'une équation donnée.

Sans répéter les raisonnements précédents, on

voit qu'on aura à éliminer x' et x'' entre les équations

$$F(x')=0, \quad F(x'')=0, \quad \frac{x'}{x''}=y,$$

ou bien x entre

$$F(x)=0 \quad \text{et} \quad F(xy)=0.$$

L'équation finale sera généralement du degré m^2 par la même raison que précédemment; mais elle contiendra évidemment m racines égales à l'unité, que l'on pourra supprimer en divisant son premier membre par $(y-1)^m$. De plus, l'équation résultante, du degré $m(m-1)$, sera réciproque : car à chaque racine $\frac{x'}{x''}$ correspond une autre racine

$$\frac{x''}{x'} \quad \text{ou} \quad \frac{1}{\left(\frac{x'}{x''}\right)},$$

par conséquent l'équation finale pourra toujours être abaissée au degré $\frac{m(m-1)}{2}$.

On supprimera, dès le commencement du calcul, les m racines égales à l'unité, en éliminant entre les équations

$$F(x)=0 \quad \text{et} \quad F(xy)-F(x)=0,$$

dont la dernière, évidemment satisfaite par $y=1$, sera divisible par $y-1$.

Problème. — Former une équation dont les racines soient une fonction donnée des racines prises deux à deux d'une équation donnée.

Soient x', x'', deux racines quelconques de l'équation proposée $F(x)=0$, et soit la fonction donnée

$p(x'+x'')+qx'x''$, représentant la racine correspondante y de l'équation demandée.

On aura en même temps

$$F(x')=0[1],\ F(x'')=0[2],\ p(x'+x'')+qx'x''=y[3];$$

de [3] on tire $$x''=\frac{y-px'}{p+qx'},$$

et, substituant dans la seconde, il restera à éliminer x' entre

$$F(x')=0 \quad \text{et} \quad F\left(\frac{y-px'}{p+qx'}\right)+0,$$

ou x entre

$$F(x)=0 \quad \text{et} \quad F\left(\frac{y-px}{p+qx}\right)=0.$$

L'équation finale sera encore du degré m^2. On pourra la ramener à une équation du degré m^2-m ou $m(m-1)$, en divisant son premier membre par le premier membre de l'équation qu'on formera en éliminant x entre $F(x)=0$ et $2px+qx^2=u$, et dans laquelle on remplacera u par x. De plus, cette équation du degré $m(m-1)$ pourra être abaissée au degré $\frac{m(m-1)}{2}$: car ses racines seront égales deux à deux, et par conséquent son premier membre sera un carré parfait.

On supprimera, dès le commencement du calcul, les m racines de la forme $2px+qx^2$, en éliminant x entre les équations

$$F(x)=0 \quad \text{et} \quad F\left(\frac{y-px}{p+qx}\right)-F(x)=0,$$

dont la deuxième est satisfaite évidemment par $y=$

$2px + qx^2$; et par conséquent son premier membre sera divisible par $y - 2px - qx^2$.

On résoudrait de la même manière le problème général qui suit :

PROBLÈME. — Former l'équation dont les racines soient liées à n racines quelconques d'une équation donnée du degré m, par une relation donnée.

Soit toujours $F(x) = 0$ l'équation donnée; x', x'', x'''...., n racines quelconques de cette équation, et $F(x', x'', x''', \ldots y) = 0$ la relation donnée entre ces racines et la racine correspondante y de l'équation demandée : on aura en même temps les équations

$$F(x') = 0, F(x'') = 0, F(x''') = 0, \ldots F(x', x'', x''' \ldots y) = 0,$$

entre lesquelles éliminant les n quantités x', x'', x''',.... on obtiendra l'équation finale en y qui aura pour racines les valeurs qui résultent de toutes les combinaisons exprimées par la relation donnée entre n racines de l'équation proposée.

APPLICATION. — Étant donnée l'équation

$$x^3 - 9x^2 + 23x - 15 = 0,$$

former l'équation, 1° aux sommes deux à deux; 2° aux différences; 3° aux produits deux à deux; 4° aux rapports; 5° aux sommes augmentées du double des produits deux à deux, des racines de l'équation proposée.

1° On substituera $y - x$ à la place de x dans l'équation proposée, et l'élimination directe de x entre celle-ci et l'équation transformée donnera une équation finale du neuvième degré, dont on divisera le premier membre par le premier membre de l'équation

$$y^3 - 18y^2 + 92y - 120 = 0,$$

qui est l'équation aux doubles racines de la proposée. Le quotient, du sixième degré, sera un carré parfait; dont on extraira la racine, et l'on obtiendra pour l'équation finale

$$y^3 - 18y^2 + 104y - 192 = 0.$$

On pourra se dispenser de la division en éliminant x entre l'équation proposée et l'équation transformée dont on aura retranché l'équation proposée elle-même. L'équation aux moyennes arithmétiques des racines deux à deux de l'équation proposée sera

$$z^3 - 9z^2 + 26z - 24 = 0.$$

2° Éliminant x entre l'équation proposée et l'équation obtenue par la substitution dans celle-ci de $x+y$ à la place de x, on obtiendra une équation du neuvième degré, qui sera divisible par y^3; et l'équation finale, du sixième degré,

$$y^6 - 24y^4 + 144y^2 - 256 = 0,$$

ne contenant que les puissances paires de l'inconnue, sera l'équation aux différences des racines.

Et l'équation aux carrés des différences sera

$$z^3 - 24z^2 + 144z - 256 = 0.$$

3° L'équation aux produits deux à deux, suppression faite des carrés des racines de la proposée et des racines égales, est

$$y^3 - 33y^2 + 135y - 225 = 0.$$

Si l'on fait $y = z^2$, l'équation

$$z^6 - 23z^4 + 135z^2 - 225 = 0$$

sera l'équation aux moyennes proportionnelles deux à deux des racines de la proposée.

4° L'équation aux rapports, toute réduction faite, est

$$3y^3 - 29y^2 + 85y - 75 = 0.$$

5° L'équation demandée correspondant à la relation donnée

$$\frac{x' + x''}{2} + 2x'x'' = y$$

entre deux racines quelconques de la proposée est

$$y^3 - 55y^2 + 818y - 3536 = 0.$$

Il en serait de même si l'on voulait former une équation qui eût pour racine une combinaison donnée entre les racines de deux ou plusieurs équations données.

Problème. — Étant données deux équations $F(x) = 0$, $F'(y) = 0$, de degrés quelconques m, m', former une équation qui ait pour racines, 1° les sommes deux à deux; 2° les différences deux à deux; 3° les produits deux à deux; 4° les rapports entre les racines des équations proposées.

Pour le cas de la somme, par exemple, on aura à éliminer x et y entre les trois équations

$$F(x) = 0, \quad F'(y) = 0, \quad x + y = z,$$

et, par conséquent, à éliminer x entre les deux équations

$$F(x) = 0, \quad F'(z - x) = 0,$$

et l'équation finale en z, du degré mm' généralement, sera l'équation aux sommes deux à deux des racines des équations proposées.

I. — Former l'équation aux sommes des racines des équations

$$x^2-4x+3=0,\quad y^2-6y+8=0.$$

L'équation demandée sera

$$z^4-20z^3+146z^2-460z+325=0.$$

II. — Former l'équation aux différences des racines des équations

$$x^3-14x^2+59x-70=0,\quad y^2-4y+4=0.$$

L'équation finale sera

$$z^6-16z^5+91z^4-208z^3+100z^2+224z-192=0.$$

1171. $x=1,\ y=2,\ z=3.$

1172. $x=-a,\ x=\frac{a}{2},\ x=\pm a\sqrt{-1}.$

1173. $y=a,\ y=b-a,\ y=\frac{a}{2}\pm\sqrt{\frac{a^2}{4}-ab}.$

1174. $z=b-c,\ z=-\frac{3b+c}{2},\ z=\pm b\sqrt{2}.$

1175. Si $b<a,\ x=a-\frac{b}{4}+\frac{b^2}{64a}+\frac{131b^3}{512a^2}+$ etc.

Si $b>a,\ x=b-\frac{a}{3}-\frac{a^2}{3b}+\frac{55a^3}{81b^2}\mp$ etc.

1176. $(x^2-3x-5)(x^2+2x-3).$

1177. $(x-3)(x^2-x+1)(x^2-2x-2).$

1178. $(y^2+x^2-a^2)[y^2+(x-c)^2].$

Problèmes qui donnent lieu à des équations de degrés supérieurs au deuxième.

PROBLÈME. — D'un tonneau rempli de vin, et de la capacité d'un hectolitre, on tire une certaine quantité de vin et l'on remplace par de l'eau la quantité de vin tirée.

De ce mélange on tire une seconde fois une quantité double de la première, et l'on remplit le tonneau avec de l'eau. On fait sur ce nouveau mélange la même opération, en tirant une quantité de liquide double de la précédente, et l'on remplace par de l'eau la quantité de liquide qu'on vient de tirer du tonneau.

Après ces trois opérations, il ne reste plus que 43litres,2 de vin pur dans le tonneau. Déterminer la quantité de liquide qu'on a tirée chaque fois.

Soit x la quantité de vin pur qu'on a tirée la première fois; $2x$, $4x$, seront les quantités de liquide tirées à la deuxième et à la troisième opération.

Après la première opération, le tonneau contient 100 litres d'un liquide qui ne contient plus que $100-x$ litres de vin pur, et par conséquent 1 litre de ce mélange ne renferme qu'une quantité de vin pur exprimée par $\frac{100-x}{100}$.

Après la deuxième opération, le tonneau contient 100 litres d'un second mélange qui ne contient que $100-2x$ litres du premier; et par conséquent 1 litre de ce second mélange ne contient du premier mélange qu'une quantité exprimée par

$$\frac{100-2x}{100},$$

ou encore ne contient de vin pur qu'une quantité représentée par

$$\left(\frac{100-2x}{100}\right)\left(\frac{100-x}{100}\right).$$

On voit de même qu'après la troisième opération 1 litre du troisième mélange ne contient de vin pur qu'une quantité exprimée par

$$\left(\frac{100-4x}{100}\right)\left(\frac{100-2x}{100}\right)\left(\frac{100-x}{100}\right).$$

D'après l'énoncé du problème, on aura l'équation

$$100\left(\frac{100-4x}{100}\right)\left(\frac{100-2x}{100}\right)\left(\frac{100-x}{100}\right)=43,2.$$

Effectuant les multiplications, et réduisant, on trouve l'équation

$$x^3-175x^2+8750x-71000=0,$$

qui est satisfaite par $x=10$.

On a donc tiré 10 litres la première fois, 20 litres la deuxième, 40 litres la troisième.

Soient en général c la capacité du tonneau exprimée en litres, p la quantité de litres de vin pur qui reste dans le tonneau après la $n^{\text{ième}}$ opération semblable : la valeur de x sera donnée par l'équation

$$c\left(\frac{c-x}{c}\right)\left(\frac{c-2x}{c}\right)\left(\frac{c-2^2x}{c}\right)\cdots\left(\frac{c-2^{n-1}x}{c}\right)=p.$$

Si à chaque fois on retirait la même quantité de liquide, l'équation serait

$$c\left(\frac{c-x}{c}\right)^n=p;$$

et une simple extraction de racine donnerait la valeur de x. C'est le cas du problème **1188**.

Problème. — Un bassin, dont la capacité est de 360 litres, est rempli en 2 heures par quatre fontaines. La deuxième seule met

1 heure plus 12 minutes, la troisième 3 heures, la quatrième 6 heures, de plus que la première pour le remplir. Combien de litres d'eau chacune des fontaines donne-t-elle en une heure?

Soit x le temps que met à remplir le bassin la première fontaine coulant seule; la deuxième mettra $x+1\frac{1}{5}$, la troisième $x+3$, la quatrième $x+6$ heures. Chacune d'elles donnera en 1 heure

$$\frac{360}{x}, \quad \frac{360}{x+1\frac{1}{5}}, \quad \frac{360}{x+3}, \quad \frac{360}{x+6},$$

et, coulant ensemble, elles mettront à remplir le bassin

$$\frac{1}{\frac{1}{x}+\frac{1}{x+1\frac{1}{5}}+\frac{1}{x+3}+\frac{1}{x+6}};$$

on aura donc l'équation

$$\frac{1}{\frac{1}{x}+\frac{1}{x+1\frac{1}{5}}+\frac{1}{x+3}+\frac{1}{x+6}}=2.$$

Effectuant les calculs et réduisant, on trouve

$$5x^4+11x^3-162x^2-468x-216=0,$$

équation qui est satisfaite par $x=6$.

D'où l'on conclut que la première fontaine donne $\frac{360}{6}=60$ litres d'eau par heure, la deuxième $\frac{360}{7\frac{1}{5}}=50$, la troisième $\frac{360}{9}=40$, la quatrième enfin $\frac{360}{12}=30$.

Problème. — Un capitaliste a pris 30 actions de 1000 francs chacune dans une entreprise qui a réussi au point que, chaque année, il prend sept actions, dont il laisse les intérêts s'accumuler avec le capital et les intérêts précédents. Au bout de 5 années, dans lesquelles les dividendes se sont maintenus à la même hauteur, il retire pour solde total une somme de 84 051 francs. A quel intérêt a-t-il placé son argent ?

Soient en général a le capital primitif laissé pendant n années dans l'entreprise, b la somme additionnelle de chaque année, x l'intérêt de 1 franc par an.

Le capital a produira, en n années, le capital total $a(1+x)^n$.

Les sommes additionnelles b, laissées pendant $n-1$, $n-2$, $n-3$ .... 2, 1 années, produisent un capital total exprimé par

$$\frac{b(1+x)[(1+x)^{n-1}-1]}{x};$$

et si l'on désigne par S le capital général provenant du capital primitif a et des sommes additionnelles b, on aura à résoudre, par rapport à x, l'équation

$$a(1+x)^n+\frac{b(1+x)[(1+x)^{n-1}-1]}{x}=\mathrm{S},$$

qui peut se mettre sous la forme

$$(ax+b)(1+x)^n-(\mathrm{S}+b)x-b=0.$$

Les données du problème sont

$$a=30000,\ b=7000,\ n=5.$$

Substituant ces valeurs et effectuant les calculs, on

trouvera une équation du sixième degré, qui se réduit au cinquième :

$$30000x^5 + 157000x^4 + 335000x^3 + 370000x^2 + 220000x - 26051 = 0.$$

Cette équation, traitée par les méthodes ordinaires, donne pour racine $x = 0,1$.

L'entreprise a donné 10 pour 100.

Problème.—Un constructeur a employé, pour faire un ouvrage, un certain nombre d'ouvriers 3 fois moindre que le nombre de centimes contenu dans le prix de la journée de chacun, et ces ouvriers ont travaillé 35 jours de moins que le nombre de francs contenu dans le prix d'une journée de tous les ouvriers ensemble.

Un autre constructeur, pour faire le même ouvrage, ayant employé 10 ouvriers de moins, qui ont travaillé 10 jours de plus, et qu'il a payés à raison de 50 centimes de plus par jour pour chacun, a dépensé 1000 francs de plus.

On demande le nombre d'ouvriers employé par le premier constructeur, le prix de la journée d'ouvrier et le nombre de jours de travail.

Il est évident, d'après l'énoncé, que tous les nombres demandés seraient facilement déterminés si l'on connaissait le prix de la journée de chaque ouvrier. Soit donc x le prix de la journée; le nombre d'ouvriers sera exprimé par $\frac{100x}{3}$, et le prix d'une journée de tous les ouvriers ensemble par $\frac{100x^2}{3}$. Le nombre de jours de travail sera donc $\frac{100x^2}{3} - 35$. Enfin la dépense totale sera $x\,\frac{100x}{3}\left(\frac{100x^2}{3} - 35\right)$.

Le second constructeur paye pour la journée de ses ouvriers $x + 0,50$; il en emploie $\frac{100x}{3} - 10$, et ils ont travaillé $\left(\frac{100x^2}{3}-35\right)+10$. La dépense totale sera donc exprimée par

$$(x+0,50)\left(\frac{100x}{3}-10\right)\left(\frac{100x^2}{3}-25\right);$$

et par conséquent l'équation du problème sera

$$\frac{100x^2}{3}\left(\frac{100x^2}{3}-35\right)+1000$$
$$=(x+0,50)\left(\frac{100x}{3}-10\right)\left(\frac{100x^2}{3}-25\right).$$

Effectuant les calculs indiqués et réduisant, on trouve

$$\frac{2000}{9}x^3+\frac{500}{3}x^2-\frac{500}{3}x-875=0.$$

Chassant les dénominateurs et faisant dans l'équation résultante $x=\frac{y}{20}$ pour débarrasser le premier terme de son coefficient, on obtient, tout calcul fait,

$$y^3+15y^2-300y-31500=0.$$

Appliquant à cette équation la méthode des racines commensurables, on trouve qu'elle est satisfaite par $y=30$; d'où $x=\frac{30}{20}=1,50$.

Le prix de la journée d'ouvrier est donc de 1,50; d'où l'on voit que le nombre d'ouvriers employé par le premier constructeur est 50, et le nombre de jours de travail $75-35=40$.

Le deuxième constructeur a fait travailler 40 ouvriers pendant 50 jours en leur donnant à chacun 2 francs par jour.

PROBLÈME. — Dans quel système de numération le nombre 48569 est-il représenté par [241 35]?

Soit x la base de ce système de numération, on aura pour équation de condition

$$2x^4+4x^3+x^2+3x+5=48569.$$

Appliquant à cette équation la méthode des racines commensurables, on trouvera pour racines $x=12$.

Il est facile en effet de vérifier que le nombre 48569 s'écrit dans le système duodécimal [24135].

Si l'on avait un nombre écrit dans un système quelconque donné, on commencerait par convertir le nombre donné dans le système décimal, et la question reviendrait à la précédente.

PROBLÈME. — Dans quel système de numération le nombre représenté par [142365] dans le système septénaire est-il représenté par [13963]?

Le nombre septénaire [142365] est exprimé par 27291 dans le système décimal ; et la question revient à celle-ci : Dans quel système de numération le nombre 27291 est-il exprimé par [13963] ?

Réponse : dans le système duodécimal.

PROBLÈME. — Une personne avait parié d'amener avec des dés un certain nombre en 10 coups. Pour chaque coup de surplus, elle s'engageait à payer un certain nombre de fois la somme du coup précédent. Le nombre ayant été amené au 17ᵉ coup de dés, elle a payé pour le 16ᵉ coup 12 fr. 15 c., et elle a perdu en tout 18 fr. 20 c. Quelles étaient les conditions du pari ?

On propose de déterminer le premier terme et la

raison d'une progression par quotient dont on connaît le nombre de termes, 6 ; le dernier terme, 12,15 ; et la somme de tous les termes, 18,20.

Soient x le premier terme, y la raison de la progression, on aura, d'après les formules connues, les équations

$$\frac{ly-x}{y-1}=s, \quad l=xy^5.$$

Substituant dans la première la valeur de x tirée de la deuxième, on trouve

$$\frac{l(y^6-1)}{y^5(y-1)}=s \text{ et } (s-l)y^6-sy^5+l=0,$$

équation dans laquelle on devra remplacer l et s par leurs valeurs $l=12,15$, $s=18,20$. Ce qui donne, toute réduction faite,

$$605y^6-1820y^5+1215=0.$$

On en tire facilement $y=3$ et $x=0,05$.

Ainsi les conditions du pari étaient que, pour le premier coup de dés en sus des 10 coups, le parieur donnerait 5 centimes, et pour le deuxième coup 15 centimes, et ainsi de suite, toujours en triplant.

1179. x le nombre.

Éq. $\frac{x^3}{3}=1944.$

Rép. 18.

1180. x le nombre.

Éq. $\frac{x^3}{24} = 460$.

Rép. 48.

1181. x le nombre.

Éq. $\frac{x^4}{\left(\frac{x}{8}\right)} - 12000 = 167$.

Rép. $11\frac{1}{2}$.

1182. x le nombre de paniers.

Éq. $6x^3 = 16464$.

Rép. 14 paniers, 588 oranges.

1183. x le nombre de négociants.

Éq. $\frac{1000x^2 \frac{x}{2}}{100} = 2560$.

Rép. 8.

1184. x le taux de l'intérêt.

Éq. $(x + 100)^3 = 1157625$.

Rép. 5 pour 100.

1185. x, y, z les trois nombres.

Éq. $x^2y = 112$, $y^2z = 588$, $z^2x = 576$.

Rép. 4, 7, 12.

1186. x, y, z les trois nombres.

Éq. $x^2y = a$, $y^2z = b$, $z^2x = c$.

Rép. $\sqrt[9]{\frac{a^4c}{b^2}}$, $\sqrt[9]{\frac{b^4a}{c^2}}$, $\sqrt[9]{\frac{c^4b}{a^2}}$.

1187. x, y, z, u les quatre nombres.

Éq. $x^2y=a,\ y^2z=b,\ z^2u=c,\ u^2x=d$*.

Rép. $\sqrt[15]{\frac{a^8c^2}{b^4d}},\ \sqrt[15]{\frac{b^8d^2}{c^4a}},\ \sqrt[15]{\frac{c^8a^2}{d^4b}},\ \sqrt[15]{\frac{d^8b^2}{a^4c}}.$

On trouverait des valeurs analogues pour une plus grande quantité de nombres demandés.

1188. x la quantité de litres tirés chaque fois.

Éq. $\left(\frac{81-x}{81}\right)^4=\frac{16}{81}.$

Rép. 27 litres.

1189. x un des nombres.

Éq. $(2x+4)(x^2+4x)=1386.$

Rép. 7 et 11.

1190. x le nombre de livres que pèse la pièce d'argenterie.

Éq. $(x+8)x^2+2880$ sous.

Rép. 12 livres.

1191. x le nombre d'officiers.

Éq. $10x^3+160x^3=15360.$

Rép. 8.

1192. x la dépense d'avant-hier.

Éq. $x^3+4x^2-67x+110=0.$

Rép. $x=2,\ x=5$, d'où $x+4=6$ ou 9.

1193. x le nombre de marchands.

Éq. $\frac{10x^2(x+8)}{100}=288.$

Rép. 12.

* Le produit des quatre équations donnera $xyzu$.

1194. x le nombre de marchands.

Éq. $\frac{(40x^2+8240)x}{100}=10x^2+224.$

Rép. 7, 8 ou 10.

1195. x la somme de A.

Éq. $x(x+1)(x+2)(x+3)=(x+3)^3+1168.$

Rép. A 5, B 6, C 7, D 8 francs.

1196. x le prix de la journée d'ouvrier.

Éq. $3x^2(3x^2-100)=3000$ fr. $=60000$ sous; d'où $x=10.$

Rép. 30 journaliers; 200 jours.

1197. x la plus grande partie.

Éq. $\frac{x^2}{63-x}+20\frac{1}{4}=\left(\frac{x}{7}-1\right)^3.$

Rép. 35, 28.

1198. x le temps demandé.

Éq. $\frac{1}{x}+\frac{1}{x+4}+\frac{1}{x+8}+\frac{1}{x+12}=\frac{25}{48}.$

Rép. 4 heures.

1199. La valeur du premier nombre sera donnée par l'équation finale

$$[b-(a-x)^2]^3=[(c-x)^3]^2.$$

Cette équation une fois résolue, les valeurs des deux autres nombres se détermineront sans difficulté.

1200. Le produit p des nombres cherchés dépend de la résolution de l'équation

$$2p^3-2a^2p^2+6a^4p-a^6+b=0.$$

1201. Le produit p des deux nombres dépend de l'équation

$$7ap^3-14a^3p^2+7a^5p-a^7+b=0.$$

En général, la combinaison des équations

$$\begin{pmatrix} x+y=a \\ x^{2n}+y^{2n}=b \end{pmatrix} \quad \text{ou} \quad \begin{pmatrix} x+y=a \\ x^{2n+1}+y^{2n+1}=b \end{pmatrix}$$

conduit à une équation en p du degré n.

1202. Si l'on prend pour inconnues la différence y des deux nombres et leur produit z, ces deux quantités seront déterminées par les équations

$$ny^3-2my^2+2ay-nb=0,$$
$$nz=a-my.$$

Connaissant la différence et le produit, on déterminera sans difficulté les deux nombres.

1203. Équation finale

$$x^3-ax^2+bx-c=0,$$

d'après la composition des équations.

1204. Le produit des trois nombres multiplies entre eux sera par conséquent

$$\frac{ab-c}{3},$$

et l'équation déterminante

$$x^3-ax^2+bx-\frac{ab-c}{3}=0.$$

1205. La somme des produits deux à deux sera

$$\frac{a^2-b}{3},$$

le produit des trois nombres

$$\frac{2c+a^3-3ab}{6},$$

et l'équation finale

$$x^3-ax^2+\left(\frac{a^2-b}{2}\right)x-\frac{2c+a^3-3ab}{6}=0.$$

1206. En prenant pour inconnue la somme s des deux nombres, cette somme sera donnée par l'équation

$$s^3-3as+2b=0;$$

et s étant connue, les deux nombres seront déterminés par l'équation

$$x^2-sx+\frac{s^2-a}{2}=0.$$

1207. La somme des trois nombres sera

$$\pm\sqrt{2a+b},$$

et l'équation

$$x^3\mp x^2\sqrt{2a+b}+ax-c=0.$$

1208. La somme sera

$$\pm\sqrt{2a+b},$$

et le produit

$$\frac{1}{3}\left[c\pm(a-b)\sqrt{2a+b}\right];$$

par conséquent l'équation

$$x^3 \mp x^2\sqrt{2a+b}+ax-\frac{1}{3}\left[c\pm(a-b)\sqrt{2a+b}\right]=0.$$

1209. La somme

$$\pm\sqrt{2a+b},$$

le produit $\frac{1}{3}\left[\pm a\sqrt{2a+b}-c\right]$,

et l'équation

$$x^3 \mp x^2\sqrt{2a+b}+ax-\frac{1}{3}\left[\pm a\sqrt{2a+b}-c\right]=0.$$

1210. Soit y le terme moyen de la proportion, la valeur de cette inconnue sera donnée par l'équation

$$3y^3-3a^2y+a^3-b=0.$$

Désignant une des racines de cette équation par w, les valeurs des extrêmes seront données par l'équation

$$x^2-(a-w)x-\frac{b-w^3}{3(a-w)}+\frac{(a-w)^2}{3}=0.$$

1211. L'équation en y devient

$$y^3-441y+2430=0,$$

dont les racines sont

$$6,\ -3+\sqrt{414},\ -3-\sqrt{414}.$$

En prenant

$$w=6,\quad \text{on a}\quad x^2-15x+36=0;$$

d'où $x=3,\ x=12,$

et la proportion est $\div\!\div 3:6:12$.

1212. En désignant par y la raison de la progression, on aura d'abord pour la déterminer l'équation

$$by^3 - ay^2 - ay - b = 0,$$

et le premier terme sera

$$\frac{b}{y^2+y} = \frac{a}{y^3-1}.$$

1213. On prendra pour inconnue d la différence des moyens; et, si l'on fait $d^2=y$, on aura l'équation
$y^3+(15a^2-2b)y^2+(15a^4+4a^2b)y+a^4(a^2-2b)=0.$
y et par conséquent d étant déterminés, la raison sera

$$\frac{a+d}{a-d},$$

et le premier terme $\frac{(a-d)^2}{2(a+d)}$.

PROBLÈMES DIVERS.

1214. x le nombre des points des trois cartes. Le nombre des cartes superposées, $45 - x$.

Éq. $3 + 45 - x + 8 = 32$.

Rép. 24.

1215. x le nombre des points des premières cartes.

Éq. $n + ns - x + r = a$.

Rép. $n(s + 1) + r - a$.

1216. x le nombre de mètres de la pièce.

Éq. $\frac{16x}{11} - \frac{7x}{5} = 24$.

Rép. 440 mètres.

1217. x ce que B a dépensé.

Éq. $100 - 2x = 3\,(48 - x)$.

Rép. A, 88 francs; B, 44 francs.

1218. x le prix de la reliure.

Éq. $\frac{4{,}20 - x}{48} = \frac{5{,}70 - x}{78}$.

Rép. 1,80.

1219. Le problème revient à trouver le dernier terme d'une progression par différence dont on connaît la somme et le nombre de tous les termes, et le premier terme.

Rép. 13 fr. 50 c., et la raison de la progression, 50 c.

1220. Trouver le premier terme d'une progression par différence, connaissant la somme et le nombre des termes, et la raison.

Rép. 20 fr.

1221. x le temps demandé.

Éq. $\frac{1}{x}+\frac{1}{20}=\frac{1}{12}$.

Rép. 30 minutes.

1222. x le nombre de pommes, y des poires.

Éq. $\frac{x}{4}+\frac{y}{5}=18$, $\frac{x}{8}+\frac{y}{15}=8$.

Rép. 48 pommes, 30 poires.

1223. x le nombre.

Éq. $\frac{x+15}{x+27}=\frac{x+27}{x+45}$.

Rép. 9.

1224. x le premier terme de la progression par différence, y la raison de cette même progression.

On pourra donc écrire les deux progressions, et l'on trouvera, en faisant la somme de tous les termes, d'après l'énoncé,

$$14x+18y=96.$$

Dans la progression par quotient, le carré du moyen

étant égal au produit des deux extrêmes, on aura la seconde équation

$$12x(x+2y)=[3(x+y)]^2.$$

Rép. $\div 3 . 6 . 9$ par différence,

$\div\div 6 : 18 : 54$ par quotient.

1225. x, y, z ce que possèdent A, B, C; p le nombre de pièces de 5 francs que coûte l'objet.

Éq. $x+\frac{y+z}{2}=p$, $y+\frac{x+z}{3}=p$, $z+\frac{y+x}{4}=p$.

Rép. Le prix

= 17 pièces de 5 fr.,	34 pièces de 5 fr.,	etc.
A = 5	10	etc.
B = 11	22	etc.
C = 13	26	etc.

1226. x, y, z, u, v ce que possèdent A, B, C, D, E; p le nombre de pièces de 5 francs nécessaire pour payer la dépense.

Éq. $x+\frac{y+z+u+v}{4}=p$, $y+\frac{x+z+u+v}{5}=p$,

$z+\frac{x+y+u+v}{6}=p$, $u+\frac{x+y+z+v}{7}=p$,

$v+\frac{x+y+z+u}{8}=p$.

Rép. Somme dépensée,

879 pièces de 5 fr.,	1758 pièces de 5 fr.,	etc.
A, 319	638	etc.
B, 459	918	etc.
C, 543	1086	etc.
D, 599	1198	etc.
E, 639	1278	etc.

1227. x le nombre de personnes en partant.

Éq. $(x-3)\left(\frac{342}{x}+19\right)=342.$

Rép. 9.

1228. x le prix qu'on l'avait payé.

Éq. $(570-x)=4(x-420).$

Rép. 450 francs.

1229. Soient h l'herbe dans un mètre carré de la prairie, x l'herbe qui a pu croître pendant 1 semaine dans le même espace : en 7 semaines les 8 chevaux ont donc mangé $400h+2800x$, et par conséquent 1 cheval a mangé par semaine

$$\frac{400h+2800x}{56}.$$

Dans les mêmes circonstances, on trouvera par la deuxième condition, pour la nourriture d'un cheval par semaine,

$$\frac{500h+4000x}{72},$$

d'où l'on tire $$x=\frac{h}{28};$$

et pour la nourriture d'un cheval par semaine

$$\frac{125h}{14},$$

et pendant 12 semaines

$$\frac{750h}{7}.$$

On calculera facilement la quantité de fourrage

d'une prairie de 600 mètres, en tenant compte de l'herbe qui croît pendant 12 semaines, et l'on en conclura le nombre de chevaux demandé.

Rép. 8.

1230. x ce qui revient à la fille.

Éq. $x+2x+6x=45000$ francs.

Rép. La mère, 10000 francs; 30000 francs au fils; 5000 francs à la fille.

1231. x le nombre de jours demandé.

Éq. $\frac{x}{2}(x+1)=12(x-5)$.

Rép. Le huitième jour.

1232. x le nombre de jours à compter du départ du premier voyageur.

Éq. $\frac{x}{2}(a+dx)+b(x-n)$.

Rép. $\frac{-(a-2b)\pm\sqrt{(a-2b)^2-8bdn}}{2d}$ jours.

1233. x, y, les deux nombres.

Éq. $x+y=xy$, $x+y+x^2+y^2=15\frac{3}{4}$.

Rép. 3 et $\frac{2}{3}$.

1234. Trouver un nombre qui, divisé par 4, 6, 9, 7, 13 et 11, donne pour restes 3, 3, 3, 1, 1, 7.

Rép. 183, 36219, etc.

1235. x le nombre de gargousses faites par le premier.

Éq. $\frac{18x}{1000-x}=\frac{8(1000-x)}{x}$.

Rép. Le premier, 400; le second, 600.

1236. x le nombre d'années.

Éq. $(1,05)^x = 1000$.

Rép. De 141 à 142 ans.

1237. x le nombre de fois cherché.

Éq. $\left(\frac{99}{100}\right)^x = \frac{2}{3}$.

Rép. 40 à 41 fois.

1238. x, y, z, les trois parties.

Éq. $x+y+z=70$, $7x+8y+9z=561$.

Rép. 1, 67, 2; ou 2, 65, 3; ou 3, 63, 4, etc.

1239. x le plus petit nombre.

Éq. $\frac{x(x+75)}{x} = 227 + \frac{113}{x} + \frac{1000}{x}$.

Rép. 159, 234.

1240. x la quantité d'eau à ajouter.

Éq. $\frac{b}{a+b+x} = g$.

Rép. $\frac{b}{g} - (a+b)$.

1241. x le nombre.

Éq. $x(x-1)^2 = 1$.

Rép. 1,7548...

1242. x la profondeur du puits.

On exprimera que le temps T se compose du emps que la pierre met à tomber au fond du puits, et du temps que le son met à parcourir la même distance.

$$\text{Éq. } \sqrt{\frac{2x}{g}} + \frac{x}{k} = \mathrm{T}.$$

$$\text{Rép. } \frac{k}{g}\left[(k+\mathrm{T}g) \pm \sqrt{k(k+2\mathrm{T}g)}\right].$$

$$\tfrac{1}{2}g = 4^{\mathrm{m}},9044.$$

$$k = 337^{\mathrm{m}},118.$$

1243. Soit
$$x = \cfrac{1}{q + \cfrac{1}{q + \cfrac{1}{q + \cdots + \text{etc.}}}},$$

on aura aussi

$$x = \frac{1}{q+x} \quad \text{d'où} \quad x^2 + qx = 1.$$

$$\text{Rép. } \frac{-q+\sqrt{q^2+4}}{2}.$$

Soit
$$x = \cfrac{1}{q + \cfrac{1}{r + \cfrac{1}{q + \cfrac{1}{r + \cdots + \text{etc.}}}}} = \cfrac{1}{q + \cfrac{1}{r+x}};$$

d'où
$$qx^2 + qrx = r.$$

$$\text{Rép. } -\frac{r}{2} + \sqrt{\frac{r^2}{4} + \frac{r}{q}}.$$

On trouvera de même les valeurs suivantes :

$$\frac{-(qrs+q+s-r)+\sqrt{(qrs+q+s+r)^2+4}}{2(qr+1)},$$

$$\frac{-(qrst+qr+qt+st-r)+\sqrt{(qrst+qr+qt+st+rs+2)^2-4}}{2(qrs+q+s)}.$$

1244. d, la différence des moyens,

$$=\sqrt{-a^2-2b^2\pm 2\sqrt{c+2a^2b^2}},$$

et la proportion

$$\tfrac{1}{2}(b-\sqrt{b^2-a^2+d^2}):\tfrac{1}{2}(a-d)$$

$$::\tfrac{1}{2}(a+d):\tfrac{1}{2}(b+\sqrt{b^2-a^2+d^2}).$$

1245. Le produit des extrêmes ou des moyens étant p, et d la différence entre la somme des extrêmes et celle des moyens, ces deux inconnues seront données par les valeurs

$$p=\frac{a^2}{2}\pm\sqrt{\frac{(a^2+b)^2-2c}{8}},$$

$$d=\sqrt{2b+8p-a^2},$$

et les quatre termes

$$\tfrac{1}{4}[(a-d)-\sqrt{(a-d)^2-16p}],$$

$$\tfrac{1}{4}[(a+d)-\sqrt{(a+d)^2-16p}],$$

$$\tfrac{1}{4}[(a+d)+\sqrt{(a+d)^2-16p}],$$

$$\tfrac{1}{4}[(a-d)+\sqrt{(a-d)^2-16p}].$$

1246. Si l'on représente par v, v', v'', etc., les valeurs actuelles de chacune des sommes à payer, telles que

$$v=\frac{a}{(1-r)^n},\quad v'=\frac{a'}{(1+r)^n}, \text{ etc.},$$

on trouvera pour l'expression du temps cherché

$$\frac{\log(a+a'+a''+\text{etc.})-\log(v+v'+v''+\text{etc.})}{\log(1+r)},$$

r étant toujours l'intérêt de 1 franc par an.

1247. La somme des produits 2 à 2 sera

$$\frac{1}{2}(a^2-b),$$

la somme des produits 3 à 3

$$\frac{1}{6}(a^3-ab-2c),$$

et le produit des 4 nombres

$$\frac{1}{24}(a^4+2a^2b-3b^2-8ac+12d);$$

par conséquent les 4 nombres seront les racines de l'équation

$$x^4-ax^3+\frac{1}{2}(a^2-b)x^2-\frac{1}{6}(a^3-ab-2c)x$$
$$+\frac{1}{24}(a^4+2a^2b-3b^2-8ac+12d)=0.$$

1248. La somme des produits 2 à 2 sera

$$\frac{1}{2}(a^2-b),$$

la somme des produits 3 à 3

$$\frac{1}{6}(a^3-3ab+2c),$$

et leur produit total

$$\frac{1}{24}(a^4-6a^2b+3b^2+8ac-6d);$$

les 4 nombres cherchés seront les racines de l'équation

$$x^4-ax^3+\frac{1}{2}(a^2-b)x^2-\frac{1}{6}(a^3-3ab+2c)x$$
$$+\frac{1}{24}(a^4-6a^2b+3b^2+8ac-6d)=0.$$

1249. 1250. 31. 2^m-1.

1251. 340.

1252. $\dfrac{n^{n+1}-1}{n-1}$.

1253. x la base du système.

Éq. $x^4+6x^3+5x+3=4497$.

Rép. 7.

1254. x la base du système.

[26226] dans le système septénaire devient 6978 dans le système décimal.

Éq. $4x^3+5x+6=6978$.

Rép. 12.

1255. $(m+1)(n+1)(p+1)\ldots.$

1256. $\left(\dfrac{a^{m+1}-1}{a-1}\right)\left(\dfrac{b^{n+1}-1}{b-1}\right)\left(\dfrac{c^{p+1}-1}{c-1}\right)\ldots.$

1257. $N\left(\dfrac{a-1}{a}\right)\left(\dfrac{b-1}{b}\right)\left(\dfrac{c-1}{c}\right)\ldots,$

$a, b, c\ldots,$ étant les facteurs premiers de N.

1258. Nombre des diviseurs, 120.

Somme des diviseurs, 307520.

Nombres premiers plus petits, 17280.

1259. 9997 fois.

1260. En se bornant à deux facteurs, dont l'un à la première puissance, on aura à satisfaire à l'équation

$$\frac{a^{m+1}-1}{a-1}\cdot\frac{b^2-1}{b-1}-a^m b=a^m b=\mathrm{N},$$

ou

$$\frac{a^{m+1}-1}{a-1}(b+1)=2a^m b;$$

équation satisfaite évidemment par

$$a=2$$

et

$$b=2^{m+1}-1,$$

quel que soit m : donc

$$\mathrm{N}=2^m(2^{m+1}-1),$$

pourvu que $2^{m+1}-1$ soit un nombre premier.

En donnant à m les valeurs 1, 2, 3, 4, etc., on trouve

$$\mathrm{N}=6,\ 28,\ 496,\ 8128,\ \text{etc.}$$

Ces nombres sont appelés *parfaits*.

1261. Ce problème est plus qu'indéterminé, ainsi que le précédent. On voit en effet qu'en supposant ces deux nombres décomposés en leurs facteurs premiers,

$$\mathrm{N}=a^m b^n c^p \ldots,\quad \mathrm{N}'=a'^{m'} b'^{n'} c'^{p'} \ldots,$$

on n'aura qu'à égaler les sommes des diviseurs, car l'on a

$$\mathrm{S}=\frac{a^{m+1}-1}{a-1}\cdot\frac{b^{n+1}-1}{b-1}\cdot\frac{c^{p+1}-1}{c-1}\ldots \mathrm{N}=a'^{m'} b'^{n'} c'^{p'}\ldots=\mathrm{N}',$$

$$\mathrm{S}'=\frac{a'^{m'+1}-1}{a'-1}\cdot\frac{b'^{n'+1}-1}{b'-1}\cdot\frac{c'^{p'+1}-1}{c'-1}\ldots \mathrm{N}'=a^m b^n c^p\ldots=\mathrm{N}.$$

Si l'on fait

$$a=a', \quad m=m', \quad n=n', \quad p=1, \quad p'=0,$$

on aura $$(b+1)(c+1)=b'+1;$$

on prendra donc à volonté b et c pour déterminer b', à la seule condition que ces trois nombres soient des nombres premiers.

En supposant

$$a=a'=2, \quad m=m'=2, \quad b=5, \quad c=11,$$

on trouve $$b'=71,$$

et deux des nombres sont 220 et 224. Ces nombres sont nommés *amiables*.

FIN.

TABLE DES MATIÈRES.

PREMIÈRE PARTIE.

PROBLÈMES D'ALGÈBRE ET EXERCICES DE CALCUL ALGÉBRIQUE.

DEUXIÈME PARTIE.

SOLUTIONS DES PROBLÈMES D'ALGÈBRE ET RÉSULTATS DES EXERCICES DE CALCUL ALGÉBRIQUE.

FIN DE LA TABLE DES MATIÈRES.

Paris. — Imprimerie de Ch. Lahure et Cie, rue de Fleurus, 9.

www.ingramcontent.com/pod-product-compliance
Ingram Content Group UK Ltd.
Pitfield, Milton Keynes, MK11 3LW, UK
UKHW022326190726
13856UKWH00001B/238

9 782011 903